フランスに学ぶ
ジェンダー平等の推進と
日本のこれから

パリテ法制定
20周年をこえて

冨士谷あつ子 / 新川達郎［編著］

50/50

明石書店

はじめに

　この本は日常の活動において男女共同参画を実践している研究者の有志の集い「ジェンダー平等推進機構」が、男女いずれもの人間らしい暮らしの実現をめざし、男女均等参画によってフランスとの交流から学んだことをまとめたものである。特に停滞が著しい女性の地位向上を喫緊の課題と考え、男女の共同研究者がこの課題に向き合ったが、そのことを通して男性の意識や生き方の見直しもはかっている。

　日本における女性への社会的処遇の改善は長年の課題であったが、特に2020年にコロナ禍により、不安定な雇用形態にあった女性の解雇や女性への家庭内暴力が増え、自殺者数増加は男性を上回った。女性への社会的処遇の改善を通しての女性の地位向上へ、官民挙げての努力が必要となっている。

　日本は今、早急に改善しなければならないいくつかの課題と向き合っているが、なかでもグローバルな視点から、性別による社会的処遇の不平等が際立つ。それに対してフランスは、男女不平等解消のために近年、著しい努力を重ねて成果を挙げている。特筆すべき成果として、政治分野における男女の参画の均等をはかる「パリテ法」の制定が注目されている。2020年には、同法制定から20周年を迎えた。

　本書の共著者は、2013年に笹川日仏財団の助成により、フォーラム「フランスに学ぶ　男女共同の子育てと少子化抑止政策」を開催し、翌年、同名共著を明石書店から刊行した。今回、本書においては社会の高齢化深化の中での課題は、高齢期以前のジェンダー格差に起因するものととらえ、その克服を目指すこととする。このような状況の克服には、国として、自治体としての政策が根幹となる。政治領域における男女共同参画という方策が、それを支えることが期待される。

　ところが、わが国では2018年に「政治分野における男女共同参画の推進に関する法律」を公布・施行し、衆議院、参議院及び地方議会の選挙において、男女の候補者の数ができる限り均等となることを目指すことなどを基本原則と

3

し、国・地方公共団体の責務や、政党等が所属する男女のそれぞれの公職の候補者の数について目標を定める等、自主的に取り組むよう努めることなどを定めたが、2019年の統一地方選や参議院選挙の結果、女性議員の比率は3割に満たなかった。にもかかわらず、その後も国は、この目標値に向かって努力することを放置している。

　この結果を前に、2019年秋、日本ジェンダー学会会員を中心とする有志が「男女共同参画推進実行委員会」を発足させた。ジェンダー平等実現に関する研究を報告し論考するに留まらず、男女共同参画を各分野で広げる行動を起こすことが必要であると痛感したからである。

　われわれはまず「男女共同参画推進実行委員会」という名称の団体を発足させたが、2021年に「ジェンダー平等推進機構」と改称した。「男女共同参画」という手段により、結果としての「ジェンダー平等」の達成こそ肝要と考えたからである。ジェンダー研究に関わる有志の合意に基づく集いであり、男女同数で構成されている。構成員のほとんどが所属する日本ジェンダー学会が、1997年の発足以来、会長には男女が交互に推薦され、意思決定に参画する役員は、ほぼ男女均等であることに負うところが大きい。

　2019年の春から夏にかけての統一地方選と参議院選挙の結果から、ジェンダー平等を希求する研究者は、研究成果の公表に留まらず、実際に国会議員や地方議会議員に直接働きかけることが必要であり、それが可能な団体の発足が不可欠と思われた。学会を超える集いを創設したゆえんである。

　今回の共著の編著者の一人、新川達郎氏（同志社大学名誉教授）は行政学を研究領域とし、行政諸機関への指導・助言にあたるほか、各地の地域振興に地域住民や学生と共に関与され、大学の地域への開放にも尽力されている。本書では各政党及び各自治体のジェンダー政策の把握・分析を重ね、今後に向けた提言を試みられた。また同氏は、第3回世界水フォーラム（2003年）の市民ネットワーク代表を務められ、2015年に国連持続可能な開発サミットで採択された「持続可能な開発目標（SDGs: Sustainable Development Goals）」の理念をも遵守される研究者である。

　いま一人の編著者の冨士谷あつ子（評論家・元福井県立大学教授・京都文化創生機構理事長）は、"SDGs"の目標の一つに"ジェンダー平等の推進と女性の

地位向上"が掲げられていることに、漸く到来した新しい時代の潮流を感知
し、いま対応すべき課題の克服への督励と受け止めている。冨士谷は1960年
からの女子学生問題への取り組みを始め、1970年からの生涯教育活動を推進
し、国際文化交流団体の創設にもかかわったことから、特にフランスの教育・
文化機関との交流を重ね、ドイツ・イタリア等のジェンダー平等問題にも向き
合う事業を実施している。

　さて国際的にみて、特に日本が後れを取っている政治分野における男女共同
参画を是正するために国会議員や地方議会議員に働きかける場合、有効な論拠
として、われわれ「ジェンダー平等推進機構」ではまず、パリテ法を2000年
に制定し、成果を挙げているフランスについて学ぶとことから出発した。2020
年にはパリテ法制定20周年に当たることもあって、フォーラム「フランスに
学ぶ パリテ法の成果と課題」を再び笹川日仏財団の助成を得て開催し、一
旦、報告書を公開したうえで学際的な論考を加えて本書を刊行することとした。

　本書の構成としては、第Ⅰ部において冨士谷あつ子が日本におけるジェンダ
ー不平等の実情とその背景について述べ、課題克服の方策を示唆し、新川達郎
氏が日本の政党別のジェンダー政策を紹介し、地方公共団体議会の調査の結果
等を踏まえ、日本の政治分野における女性参画の推進について考察された。第
Ⅱ部において、パリテ法制定20周年を迎えたフランスの成果と課題について
論じられた。

　ところで、このようなフォーラムの開催と、それに続く刊行物の発行には、
何よりもフランスとの交流が必要となるが、2020年に地球規模で蔓延した新
型コロナウイルス感染症は、それを阻んだ。そのような状況の中で、日本在住
のフランス人であり、日本国憲法の研究者であるシモン・サルヴラン氏（上智
大学准教授）と前著以来の交流があったことは、心強い限りであった。同氏の
ご努力により、フランス在住のステファニー・エネット＝ヴォーシュ氏（パリ
第十大学教授）とデイアンヌ・ロマン氏（パリ第一大学教授）によりパリテ法
成立過程を、ZOOM会議で詳しくお伺いすることができた。サルヴラン氏は、
フランス人の法の概念とパリテ法の成果について述べられた。

　また、在京都フランス総領事のジュール・イルマン氏は、官僚を経て外交官
となり、日本に滞在する経験を踏まえながら、フランスにおける女性の進出の

背景について考察された。

　パリテ法制定に至る過程で、フランスでは異なる立場から議論が重ねられたが、日本ではわかりにくい問題がある。伊藤公雄氏（京都大学名誉教授）は、フランスでの論争について日本側からの分析と解説に努められた。さらにフランスで暮らし、子育てを経験しながら取材を重ねた元ジャーナリストの牧陽子氏（上智大学准教授）が帰国後にフランスの課題に関する研究を深め、その成果を披露された。また、フランスで研究生活を経験された藤野敦子氏（京都産業大学教授）は、フランスのフェミニズムの流れについて述べられた。

　第Ⅲ部ではフランス以外の諸国、おもにアジアとアフリカにおける政治分野への女性参画推進の状況に関する研究成果が述べられた。

　各国の政治分野における女性の参画状況に関する研究や報告は、これまで欧米に関する先例が少なくないが、アジア、アフリカに関する研究は今後の課題である。香川孝三氏（神戸大学名誉教授）は、インドで研究生活を送り、大学勤務のかたわらベトナム公使を勤め、帰国後も南アジア中心に現地を訪れて労働におけるジェンダー問題を論考された。佐々木正徳氏（立教大学教授）は韓国で研究生活を送った男性学研究者であるが、本書では男性学を踏まえた女性学の視点から執筆された。小縣早知子氏（国際協力研究家）は、西アフリカ諸国に滞在して環境整備と生活改善等の支援を重ね、本書ではフランスの植民地であったセネガルを中心に報告された。セネガルはまた、大航海時代にアフリカからの奴隷輸出の根拠地であった。

　第Ⅳ部では特に対応を急ぐべき日本の課題について論考するかたわら、日本の市民活動に見られる曙光を提示され、次いで日本文化に見るジェンダー観を歴史的に再考しつつ今後の展望を述べられた。

　国はいま、「子ども庁」の新設を検討している。近年、子どもの人権侵害が多発していることによるが、成人への人権侵害問題のみならず、子どもについても状況を把握し、早急な対応が必要と考えられるからである。斎藤真緒氏（立命館大学教授）は「子ども・若者のケアラーの権利擁護と支援の課題」をテーマとし、フランスとは異なる日本の親子関係と、介護は家庭で完結するものとみなす慣習や施策が根強い中での課題克服を実践する活動の中から論考し提言を試みられた。子どもや若者の人権侵害に、ジェンダー問題が横たわるこ

との指摘もなされている。

　ところで政治分野における男女共同参画推進を志向するには、国民が主体的に政治分野の動向に対して意思を表明することが不可欠であるが、西尾亜希子氏（武庫川女子大学教授）は、近年、中学校高等学校において理解しがたいような校則の束縛があることを警告された。上杉孝實氏（京都大学名誉教授）は、長きにわたる社会教育・生涯教育の研究と指導を重ね、男女共同参画に関する各地の審議会をまとめてきた立場から、国際的な比較も踏まえて考察し提言された。

　かたわら日本からの提言としては、大束貢生氏（仏教大学准教授）が、学校と地域社会の連携が進む日本各地の調査を踏まえ、児童らの送迎のあり方について提言され、塚本利幸氏（福井県立大学教授）は、シニア世代の地域福祉・地域文化振興について日本及び海外での調査を通して、生涯余暇の社会的活用について提言された。

　ところで、諸外国に学ぶところが多い日本の問題に固定的性別役割分業観（男は仕事、女は家庭）や女性蔑視があるが、西野悠紀子氏（女性史研究家）は、歴史学者として本来の日本文化について検証された。

　さて、われわれがフランスを中心に諸外国の女性の地位向上について考察を重ねながら、論考し、提言を試みつつあった2021年2月、東京五輪・パラリンピック組織委員会会長の森喜朗氏（元首相）が、日本オリンピック委員会（JOC）臨時評議員会で女性蔑視発言を行い、内外から激しい批判を受け、ついに同会長を辞任した。「女性がたくさん入っている理事会は時間がかかる」と言い、「わきまえて」発言しないことを良しとする内容であったが、果たしてこれは、森氏だけの考えであろうか。この問題について井谷聡子氏（関西大学准教授）はコラムで記述された。

　ところで日本において、政治参画を望んで立候補する場合の供託金が高額であり、買収によって議席を失う事例も際立った。2019年の参院選において当選した女性が、配偶者である閣僚経験者の差配により、与党中枢部から流れたとみられる資金で買収を重ねて糾弾され、議席を失った。立候補に際して供託金さえ要らないフランス始め海外諸外国に見習い、金権政治への決別を図ることは、本書刊行以後の日本の課題である。

1946年、日本では戦後初の衆議院選挙が行われ、ようやく選挙権を獲得した女性が投票し、39人の女性国会議員が誕生した。2021年はその75周年に当った。停滞をくつがえす時であった。にもかかわらず、またしても日本では2021年10月末の衆院選において女性候補の比率は2割を下回り、当選した女性議員数は選挙前を下回った。選挙期間中にも夫婦別姓問題以外のジェンダー平等問題についてお議論も、ほとんど見受けられなかった。全国的に、まことに嘆かわしい状態から依然として脱却していないことが判明した。かたわら関西では与党候補の落選が目立ち、地域差もうかがえた。さいわいジェンダー平等に関する新聞記事や放送番組が目に付くようになってきている。世論喚起という側面において、日本も少しずつ変わりつつあると言えるが、いまは大きな転換が必要であろう。

　ところで、女性の地位向上を目指すことを主な目的とする本書の共著者に男性もまた意欲的に参画していることを嬉しく思う。日本の男性の中にも、この問題をわがことのように受け止める人たちが現れ始めているのである。

　本書は笹川日仏財団の助成により刊行の運びとなった。同財団東京事務局長の伊藤朋子氏と、出版社として何度目かのご協力を頂いた明石書店編集部の安田伸氏他の方々に、心から厚く感謝申し上げたい。またわれわれジェンダー平等推進機構の顧問の赤松良子氏（公益財団法人日本ユニセフ協会会長・元文部大臣・Qの会代表）には本書をご推薦いただいた。日頃のご指導と併せ、改めて厚く御礼申し上げ、今後、意思決定の場におけるジェンダー平等の推進を志向する人々との連携の広がりを期待したい。

　2021年11月

　　　　　　　　　　　　　　　　　　　　冨士谷あつ子

フランスに学ぶ
ジェンダー平等の推進と
日本のこれから

パリテ法制定20周年をこえて

目　次

はじめに (冨士谷あつ子) 3

■■■■■■■■■■ 第Ⅰ部：日本におけるジェンダー不平等の克服へ ■■■■■■■■■■

第1章　少子高齢社会におけるジェンダー格差克服をめざして … 19
冨士谷あつ子

はじめに　19
第1節　高齢社会の光と影　20
第2節　少子化社会の背景　26
第3節　女性の意思決定参画後進国―日本の課題と展望―　29
おわりに　34

第2章　政治分野における女性参画の推進 ……………………… 39
新川達郎

はじめに　39
第1節　国政における女性の政治参画　39
第2節　地方政治における女性の政治参画　60
おわりに：政治分野の男女共同参画を促進するために　71

コラム　東京五輪・パラリンピック開催をめぐるジェンダー問題 ………… 73
井谷聡子

■■■■■■■■■■ 第Ⅱ部：フランスにおけるパリテ法の成果と課題 ■■■■■■■■■■

第1章　フランスのフェミニズムの流れ ……………………… 81
　―パリテ法との関連において―
藤野敦子

はじめに　81
第1節　フランスの第二波フェミニズム―差異派と平等派の対立―　83

第2節　パリテ法成立をめぐる論争（パリテ論争）　84

第3節　パリテ法成立後のジェンダー関連法に対する論争　86

おわりに　88

第2章　対談：フランスにおけるパリテ法の制定過程と成果 ……　91

（対談者）ステファニー・エネット＝ヴォーシュ／ディアンヌ・ロマン

（聞き手）シモン・サルヴラン

第3章　フランスにおけるパリテ法の継承 ………………………　115

　　　　―「数字」は表象的革命をもたらしたのか―

シモン・サルヴラン

はじめに　115

第1節　「パリテ」概念の誕生　116

第2節　パリテの仕組み　122

おわりに　128

第4章　法律から実質へ：
　　　　フランスの実生活における女性と男性の平等 ……………　133

　　　　―フランス外交官の視点から―

ジュール・イルマン

第5章　過渡期におけるジェンダー平等戦略 …………………　139

　　　　―パリテ法をめぐる議論を通じて―

伊藤公雄

はじめに　139

第1節　ジェンダーをめぐる戦後史　140

第2節　ジェンダーをめぐる日本の現在　143

第3節　ジェンダーの歴史的・文化的重層構造を読む　145

第4節　転換点としての1970年（前後）　147

第5節　多様なポジティブ・アクション　150

第6節　普遍主義か男女の差異か　152

おわりに　155

第6章 フランスにおける女性の就業とケアの外部化 159
―在宅保育・介護を中心に―

牧 陽子

はじめに 159
第1節 保育 160
第2節 介護 166
おわりに 171

■■■ 第Ⅲ部：パリテ法との対比にみる各国の政治分野の男女共同参画 ■■■

第1章 パキスタンにおける女性の政治参加 177

香川孝三

はじめに 177
第1節 歴史的経緯―いつ女性議員留保制度がうまれたか― 178
第2節 連邦議会における女性議員留保 180
第3節 州議会 184
第4節 地方議会 185
第5節 女性大臣 185
第6節 女性の政治参加を促進するための工夫 185
第7節 女性議員の特徴 186
おわりに 187

第2章 バングラデシュにおける女性の政治参加 191

香川孝三

はじめに 191
第1節 歴史的経緯 192
第2節 国レベルの女性議員 193
第3節 地方レベルにおける女性議員 196
第4節 女性大臣 198
第5節 政党 198
おわりに 199

第3章　韓国における女性の政治参加 ………………………… 203

　　　　　　　　　　　　　　　　　　　　　　　佐々木正徳

　　はじめに　203
　　第1節　クオータ制の導入過程　204
　　第2節　クオータ制の選挙への影響　205
　　第3節　クオータ制の成果と課題　208
　　おわりに　210

第4章　セネガルにおける女性の政治参加 ……………………… 215

　　　　　　　　　　　　　　　　　　　　　　　小縣早知子

　　はじめに　215
　　第1節　アフリカにおける女性の政治参画　215
　　第2節　アフリカの女性大統領　220
　　第3節　セネガルという国　221
　　第4節　セネガルの政治と女性　222
　　第5節　セネガルのパリテ　223
　　第6節　セネガルのパリテと女性リーダー　224
　　第7節　セネガルのパリテと女性市民グループ　225
　　第8節　国際協力とセネガルの女性グループ　227
　　第9節　パリテ・キャンペーンと女性グループ　228
　　第10節　今後の課題　230
　　おわりに　231

━━━━━━━━　第Ⅳ部：日本への提言：日本からの提言　━━━━━━━━

第1章　子ども・若者ケアラー支援から考えるケアの政治 ……… 235
　　　　　　─ケアラーをめぐる政治の射程─

　　　　　　　　　　　　　　　　　　　　　　　斎藤真緒

　　はじめに　235
　　第1節　子ども・若者ケアラーの実態　236
　　第2節　ケアラーとジェンダー　239

第3節　政治的アジェンダとしての子ども・若者ケアラー支援　243

おわりに　246

第2章　若者の政治参画の現状と課題 ·················· 249
―主権者教育の広がりと「学校内民主主義」の必要性―

西尾亜希子

はじめに　249

第1節　主権者教育の概要　250

第2節　主権者教育と教員による「学校内民主主義化」が同時に
　　　　実施される必要性　252

第3節　「学校内民主主義」の推進に向けて　256

おわりに　257

第3章　生涯教育における政治教育 ·················· 261

上杉孝實

はじめに　261

第1節　生涯教育論における政治教育　262

第2節　政治的社会化　264

第3節　社会教育における政治教育　266

第4節　仕組みづくりと教育　269

第4章　京都の共同子育てと学校支援からの提言 ············· 273

大束貢生

はじめに　273

第1節　「京都」における地域住民を主体とした学校運営　274

第2節　「京都」近郊における地域住民による子育て・学校支援　275

第3節　「京都」近郊自治体での学校と地域社会の連携　278

おわりに　281

第5章　シニアの社会貢献活動 ……………………………………… 285

　　　　　　　　　　　　　　　　　　　　　　　　　塚本利幸

　　はじめに　285
　　第1節　シニアの社会貢献活動参加状況　286
　　第2節　シニアの社会貢献の意義　288
　　第3節　シニアの社会貢献活動と社会関係資本　292
　　おわりに　295

第6章　日本文化のジェンダー観再考 ……………………………… 297

　　　　　　　　　　　　　　　　　　　　　　　　　西野悠紀子

　　はじめに　297
　　第1節　日本古代史研究におけるジェンダーバイアスの事例　298
　　第2節　日本の親族構造とジェンダー意識の変化　300
　　おわりに　305

おわりに―パリテ法に学ぶ―（新川達郎）　309

第 Ⅰ 部

日本における
ジェンダー不平等の克服へ

第1章

少子高齢社会におけるジェンダー格差克服をめざして

冨士谷あつ子

はじめに

　国それぞれの力が問われるとき、経済力とそれを支える人口と、その構成が問題となる。近年、先進諸国において高齢化が顕著になっているが、それは医療技術や生活環境の改善による長命化と、出生児数の減少による少子化に起因する。長命化は高齢者比率の増大につながるが、活力ある高齢者が増え、労働力を提供し続け、社会貢献活動に参加する生涯余暇の過ごし方を可能とするなら、高齢化が国力の減退に直結するとはかぎらない。かたわら、認知症など介護を必要とする高齢者が増えてくると、それへの対応が課題となる。

　さらに労働市場を離れる高齢期の長期化は、暮らしを支える資金を必要とするが、この資金は有償労働に携わる期間と地位によって左右される。有償労働参加期間を短縮せざるを得なかったり、地位に恵まれなかったりした女性の場合、老後に困窮者となる恐れがある。

　社会の高齢化のいま一つの要因である出生児数の減少は、出産・育児の担当者である女性への社会的処遇の劣悪さが引き金となっている。

　国の経済力は国内総生産（GDP）によってはかられるが、それは有償労働人口に左右される。IMF（国際通貨基金）によれば、2021年のGDPの1位はアメリカ、2位は中国、3位が日本であるが、これは将来、各国の経済人口に

よって左右される。日本についていえば、2020年の国勢調査により、総人口が126,227,000人であり、前回2015年の国勢調査から868,000人（0.7%）減少している。

　厚生労働省が2021年6月に発表した人口動態統計によれば、わが国の2020年度の出生数は840,832人であり、前年より24,407人減少し、過去最少となった。新型コロナウイルスの影響も出生児数の減少に拍車をかけたともみられる。2020年に新型コロナウイルス感染症の蔓延の結果、非正規労働者の比率の高い女性の解雇が相次ぎ、苦境に立つ女性が激増し、自殺者増加数が男性を上回り、家庭内暴力の多発や子育ての困難が増大した（令和3年版「男女共同参画白書」）。これは、根強い「男は職場、女は家庭」という固定的性別役割分業観に支えられた国民の生活慣習と、それに依拠した雇用慣習及び非稼働活動への配慮を欠いた政治によるところが大きい。根本的に国民の意識と国や地方自治体の政策の在り方が問われる。本章では特に高齢期と子育て期の問題とその克服について論考し、政治分野における男女共同参画の推進に向かう提言を試みたい。

第1節　高齢社会の光と影

1.1　高齢社会の光

　短命に終わる人の多かった時代、長命は珍しく、めでたい事であった。婚礼を控えた結納の品々と共に、熊手を持った白髪の老翁（尉：じょう）と箒を持った老媼（姥：うば）の人形「高砂」が飾られることが多い。老翁が手にする熊手は財運をかき寄せ、老媼が手にする箒は邪気を払う道具であり、二人は長寿と夫婦円満を示す常緑の松の精とみられている。高砂人形は男女揃っての長寿を願った古人の心を伝える。

　この古人の願望の基幹となる「長命」に至った人々は世界的にも増えているが、日本では2020年に男性の平均寿命は81.64歳で世界2位、女性の平均寿命は87.74歳で世界1位であった。政府は2013年に高年齢者雇用安定法を改定し、定年を60歳から65歳に引き上げる法整備を行い、現在はその経過措置期

間で、2025年4月から65歳定年制はすべての企業の義務になる。雇用者の場合、2025年以降は男性では定年後に約16年、女性では約22年の生涯余暇があることになる。

　高齢期以降も体力の衰えが顕著ではなく、新たな職場を得て働き続けたり、趣味を楽しんだり、ボランテイア活動に参加する人が増えているが、これは高齢社会の「光」の側面と言えよう。2011年実施の「高齢者の経済生活に関する意識調査」（内閣府）によれば、過去1年に何らかのボランテイア活動に参加した」60歳以上の人は47%（男性51.1%、女性43.0%）であった。

　筆者は1970年から行政等の依頼により成人対象の生涯学習支援活動を推進してきたが、1970年代の受講生には子育て盛り以後に就業再開を希望し、新しい生き方を探る女性が中心であり、1980年代には職業経験を重ねた女性が増え、1990年代以降には定年退職後の男性の参加が目立つようになった。自己実現をはかるばかりではなく、社会貢献活動のリーダーとなる人も少なくない。内閣府の調査結果には、うなずけるところが多い。

　高齢期の人々のボランテイア活動は、社会への貢献となるばかりではなく、肉親や知人・友人の死去などによる孤独感をぬぐう、従来とは異なる身近な「同志」のつながりによって心の支えとなり勇気づけられる場となることが少なくない。また高齢者ばかりではなく、より若い世代を交えた、地域を超える共同参画型・社会貢献的ボランテイア活動の台頭は、まさに高齢社会の新しい「光」であると言えよう。しかし、そのような活動に参加できる要件として、高齢期の経済的生活の安定が必要であることは言うまでもない。

1.2　高齢社会の影

(1)　介護者・要介護者にみるジェンダー

　「長命」が「長寿」となりにくいことの背景に、まず挙げられるのが罹病や障碍の多発である。WHO（世界保健機関）が2000年に「健康寿命」を提唱したが、これは「健康上の問題で日常生活が制限されることなく生活できる期間」と定義されている。「平均寿命」と「健康寿命」の差は「健康ではない期間」を意味する。

　2016年、男性の「平均寿命」は80.98歳、「健康寿命」は71.14歳で、「平均寿

命」と「健康寿命」の差は8.84年であったが、女性は「平均寿命」が87.14歳
で「健康寿命」が74.79歳で、「平均寿命」と「健康寿命」の差が12.35年であ
った（厚生労働省「第1回健康日本21（第二次）推進専門委員会資料2018
年）。女性の場合、罹病などにより生活自立できずに支援や介護を必要とする
期間が男性より3年半長いことに注目しなければならない。

　厚生労働省は2040年までに「健康寿命」を男女平均75歳とすることをめざ
し、施策目標として疾病予防・重症化予防、介護予防・フレイル対策（身体的
機能や認知機能が徐々に低下していく状態への対策）を掲げている。近年、高
齢期の疾病の中で特に注目されているのが認知症であるが、日本では現在、約
460万人（65歳以上の高齢者の15%）が認知症を患っており、2025年には65
歳以上の人口の約20%が認知症となると推定されている。

　認知症では、ものを覚えられない、今まで出来ていたことが出来なくなると
いった認知機能の低下による症状ばかりではなく、怒りっぽく攻撃的になる、
意味もなく徘徊するなどの行動や心理症状がみられるようになる。

　厚生労働省の国民生活基礎調査（2019年）によれば、「要介護」と認定され
た者のうち「在宅」の者のいる世帯の世帯構造を見ると、「核家族世帯」が
40.3%と最も多く、次いで「単独世帯」が28.3%、「その他の世帯」が18.6%と
なっており、「核家族世帯」は上昇傾向にあり、「三世代世帯」の割合は低下し
ている。

　主な介護者をみると要介護者と「同居」が54.4%で最も多く、次いで「別居
の家族等」が13.6%となっている。「同居」の主な介護者の要介護者との続柄
をみると、「配偶者」が23.8%で最も多く、次いで「子」が20.7%、「子の配偶
者」が7.5%となっている。

　同居の主な介護者の性・年齢階層別構成割合をみると、「男」35.0%、「女」
65.0%であり、年齢階層は「男」では「60〜69歳」が最も多く28.5%、次いで
「80歳以上」が22.8%であり、「女」では「60〜69歳」が最も多く31.8%、次
いで「70〜79歳」が29.4%であった。要介護者の家族で主な介護者となるも
のは女性が多い。

　介護を担う者にとって要介護者の年齢により、ケアの困難さが増大すると思
われるが、要介護者の年齢階層は2001年から2019年までの推移をみれば、80

歳以上の階層が増幅しているが、要介護者の年齢階層は女性の方が高い。

　女性の要介護者の年齢階層の構成比は「85〜89歳」27.4%、「90歳以上」28.6%であり、男性では「85〜89歳」が20.6%、「90歳以上」は15.8%である。女性自身は、男性よりも高齢の要介護者が多いのである。しかし、要介護状態になってからのケアを必要としながら、十分なケアが受けられるかどうか。生活保護が申請される場合など、親族を頼れない高齢女性の立場への理解が求められる。

　厚生労働省の人口動態統計（2020年）によれば、初婚年齢は夫31.2歳、妻29.6歳であり、男女の平均寿命にはほぼ6歳の開きがあり、夫が妻より先に死亡することが多い。配偶者の介護者は妻が多いが、あとに残された妻は、夫以外の家族に介護されるか単身で暮らして、要介護状態になった場合、公的支援に恵まれなければ孤独死に至ることもあると思われる。

　高齢者の介護は家族で、主に女性が担うものとされてきた慣習の根強いわが国では、高齢者介護のために女性が正規雇用者から非正規雇用者に転じて勤務時間が短く不安定な状況に陥るか、退職を余儀なくされることが多い。高齢者介護の性別役割が男女の均等化に向けて流動化することと公的支援の充実が必要であり、より長命な女性のケアに関する対策が必要であることがわかる。

(2)　老後保障にみるジェンダー

　老後の課題は介護者・要介護者問題に加えて、生活を支える経済的基盤としての年金にみるジェンダーについて考えてみたい。

　公的年金には定額拠出型の基礎年金と所得比例型の被用者年金とがあるが、そもそも日本の年金の創設は1942（昭和17）年に「労働者年金保険法」が制定され、2年後に「厚生年金保険法」に改称され、1954（昭和29）年にこれが全面的に改正され、老齢給付の開始、定額部分＋報酬比例部分という給付設計が採用され、1961（昭和36）年に国民年金制度の施行という歩みをたどっている。

　わが国では戦後の高度経済成長を支えるには「男は職場、女は家庭」という性別役割分業が望ましいと考えられ、年金制度もそれを支える内容であった。専業主婦の場合、婚姻期間中は夫の扶養家族として生活に必要な経費を依存し

　ながら、夫の死後に遺族年金を受け取ることができるが、「夫に扶養される妻」への優遇措置と言えよう。

　一方、妻も就業し被用者年金に加入しても、夫の死後に夫の遺族年金を受けた方が自分の被用者年金よりも多額とみて夫の遺族年金を受け取れば、自分の被用者年金は受け取れない。

　公的年金は国民年金という基礎年金と会社員や公務員などが加入する厚生年金の2階建てになっているが、年金受給年齢に達したときに受け取る金額は、後者によって差がつく。国民年金に20〜60歳の40年間加入してきた場合、支給額は年間779,300円で月額64,941円である。これに男女差はない。しかし厚生年金は、就業し厚生年金に加入していた期間と給与によって異なり、厚生年金の平均月額は、男性166,000円であるのに比べ、女性は103,000円である。女性は結婚、出産、介護などにより離職したりして厚生年金加入期間が短縮する人や、就業を継続しても地位が上昇せず給与が低い人が多いからである。稲垣（2007）はシミュレーションによる日本の将来社会における人口構造を分析しているが、就業機会に恵まれなかったロスト・ジェネレーションの女性は高齢期の貧困率が50％を超えると予測している（図1）。

　ところで現在80歳代の女性は、1959（昭和34）年の公的年金法制定以前に成人となっており、結婚後も夫の「俺が養ってやる」という理由からの国民年金加入を阻止されていた人や、就業していても無給の家族従業員であったりして、自分名義の老齢年金受給額は僅少に留まる人が少なくない。

　筆者の運営してきた女性のための生涯教育講座の受講生の提供した資料から、安藤幸子・社会保険労務士が1993年に算出した「女性のライフコース別65歳時老齢年金予想年額」がある（図2）。この予測では「1933年生まれ、1953年に20歳、1993年に60歳、1998年に65歳になる女性であり、2021年現在では88歳である。この予測によれば、Ａさん（単身、20歳から55歳まで公務員として勤務、厚生年金加入35年）は1,759,000円で最も高く、次いでＣさん（有配偶、子供2人、厚生年金加入結婚前5年、婚姻期間35年、再就職・厚生年金加入20年、妻60歳で夫死亡）と、Ｅさん（有配偶、子供2人、婚姻期間25年離婚、厚生年金加入結婚前10年、婚姻期間中から再就職、厚生年金再加入20年とは同じく1,049,700円である。Ｂさん（有配偶専業主婦、子供2人、

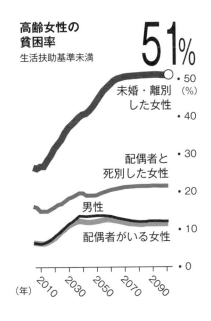

出典：稲垣誠一「ロスジェネ単身女性の老後　半数以上が生活
保護レベル　自助の手遅れ」朝日新聞デジタル（2021
年10月14日）

図1　高齢女性の貧困率

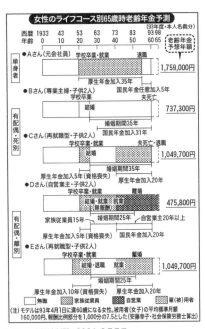

出典：日本経済新聞1993年3月7日

**図2　女性のライフコース別
65歳時老齢年金予測**

　婚姻期間35年、妻60歳で夫死亡）は733,700円で、Dさん（自営業、子供2
人、離婚、国民年金加入20年）475,800円である。厚生年金加入期間の長短が
老齢年金受給額を左右することがわかる。

　1993年における安藤幸子・社会保険労務士の「女性のライフコース別65歳
時老齢年金予測年額」は、2020年に日本の女性の平均寿命に達した高齢女性
の老後保障の基盤となる年金受給額において、ライフコース別の差異が大きい
ことを浮き彫りにしている。現在の80代後半の日本の高齢女性の問題が、
1990年代に予測されたものである。

　女性の老齢年金支給額が最も高いのは、単身で子どもを持たず、厚生年金加
入期間が長い人である。1980年代に生涯学習講座受講生になった女性の中に
は戦争や罹病で配偶者を失った非選択的単身者がみられた。しかし今後は、老
後保障のジェンダー格差を改正しない限り、選択的単身者が増加するであろ

う。結婚前に就業し厚生年金に加入していても結婚退職時に「一時金」が支払われ、厚生年金加入期間を喪失させられたのも、今の高齢女性である。

　女性の結婚退職に際して「一時金」を支払い、加入期間を抹消することは、女性は結婚すれば再び就業することはないと決めつけた固定的性別役割分業観による。女性自身も「一時金支給」による将来の損失に気づかずに受け取ってしまうという側面があった。

　また現在の高齢者の場合、離婚に際して婚姻期間中に被扶養者であって無償の貢献があったとしても夫婦の財産から分与されるということはなかった。現在の年金制度は夫婦単位で受給額が決定される仕組みであり、個人単位ではないことから、著しい女性の不利が生じている。日本における現行の年金制度は、稼働活動従事者及び稼働活動支援者への功績評価となっており、出産・育児・介護など重要な役割ではあるが非稼働活動である行為に対する評価が欠落している。そのことがもたらす弊害は多大である。

第2節 ┃ 少子化社会の背景

2.1　少子化の深化

　日本の少子化の深化が深刻な問題として注目されたのは、1990年に前年の合計特殊出生率が1.57となつたときである。人口問題研究所（厚生省）は、1989年に日本の合計特殊出生率は1.76になると予測していた。ところが、1989年の合計特殊出生率は、それよりも低い1.57であったために"1.57ショック"と言われた。

　では、この見込み違いはどこから来たのか。筆者は、これを「出生率激減 男女戦争の新段階」であると指摘した。女性への社会的処遇の低さや固定的性別役割分業観による非稼働活動の重荷に起因する生きづらさに、女性が反旗を翻した結果であるということを検証した（冨士谷 1991）。しかしながら国は、その後も有効な対策を講じず、2005年に合計特殊出生率は1.26まで低下した。

　1994年、文部・厚生・労働・建設各省の4大臣の合意により、今後の子育てのための施策の基本的計画（エンゼルプラン）を示したが、少子化に歯止めが

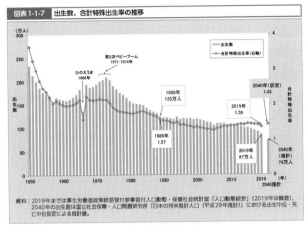

図3　日本の合計特殊出生率の推移

かからなかった。

2.2　少子化の背景

　人口動態統計（2020年）によれば、2020年にわが国の合計特殊出生率は1.34
であり、5年連続低下を続け、生まれた子供の数は過去最少の840,832人であ
った。そもそも妊娠し出産することは男女の性的結合によるが、その機会をも
たらす結婚を回避する傾向がみられる。婚姻件数は525,490であり、戦後最少
となっている。

　人口統計資料集（2019年）によれば、生涯未婚率（50歳まで一度も結婚し
たことのない人の割合）は、2015年に男性23.37％で、女性14.06％であった。
結婚生活を肯定的に受け止める人が減少しているのであるが、わが国における
結婚によって生じる法的取り扱いや慣習への反発がうかがえる。

　夫婦別姓を認めない民法や戸籍法の規定が「両性の平等」を保障した憲法に
違反するとの訴訟が繰り返されているが、2021年6月の最高裁は、依然として
「合憲」との判断を下す判決を示した。結婚後に夫の姓を名乗る女性が多い
が、そのことにより女性は夫の「家」に組み込まれた「嫁」としての慣習に従
いがちとなり、職場では「姓」が変わることでキャリアの持続性が認められに

くいなどの不利が生じる。

　一方、男性の生涯未婚率が女性よりも高いことにも注目すべきである。「婚姻」という場合、日本では両性が同一戸籍となることが規定されているが、いわゆる「入籍」しない男女の共同生活もありうる。しかし、これは統計上、婚姻関係にあるとはみなされない。また結婚しないことによって配偶者と子供を扶養する義務が発生しない。これまで女性に依存してきた家事も、便利な生活機器や市場があれば、男性も生活自立が可能である。「家父長的権威」を期待されることを忌避する男性も増加すると考えられる。

2.3　少子化の克服に向けて

　では少子化を食い止める、その前に男女の結婚忌避を食い止めるにはどうすればよいか。

　第一に女性が出産と育児により生涯所得が減少し、老後保障が貧困になることを防ぐ雇用慣習と社会保障政策を改正することである。第二に結婚における両性の不平等と過度の負担を抑止する法的措置（夫婦別姓の承認を含む）と慣習の改善をあげたい。そのための条件整備として、出産育児期の休業に対する雇用保障と、国を挙げての労働時間短縮の法整備と、ケアシステムの充実が必要である。

　1980年代に全日本労働総同盟は「太陽と緑の週」制定を目指す（4月29日〜5月5日を有給休暇とする）運動を展開した。国民「労働の人間化」が先進諸国で注目された時代である。その後、有給休暇取得が柔軟となったが、いまなお労働時間短縮は重要な支援策である。

　2021年6月3日、わが国では父親が育児のために休みを取りやすくする「改正育児休業法」が衆議院本会議で可決され、成立した。子どもが生まれて8週間以内に夫が計4週間分の休暇を取ることができるようになる「出生時育児休業」が新設され、2022年4月から企業に対して、子どもが生まれる一人ひとりに育児休暇取得を働きかけるよう、義務付けることになった。中小企業など雇用者の少ない中小企業での普及が課題となっており、違反企業の社名公開措置が検討されている。ともあれ世論喚起を促す法的措置であろう。

第3節 ┃ 女性の意思決定参画後進国―日本の課題と展望―

3.1 女性の意思決定参画の低迷

　スイスの非営利財団「世界経済フォーラム」が2021年に発表したジェンダー・ギャップ指数（Gender Gap Index）によれば日本は0.656で、対象となった156か国のうち120位であった。「ジェンダー・ギャップ指数」は、経済・教育・健康・政治の4分野における指標を示したもので、0が完全不平等、1が完全平等を示す。ジェンダー・ギャップ指数の4分野別において日本は、経済分野では117位、教育分野92位、健康分野65位、政治分野147位であって、特に政治分野での劣位が際立つ。

　国連開発計画（United Nations Development Programme）が2019年に公表した「ジェンダー不平等指数」（Gender Inequality Index）によれば、対象となった162か国の中で24位であった。「ジェンダー不平等指数」は、「リプロダクティブ・ヘルス」（妊産婦死亡率、思春期出産率）、「エンパワーメント」（国会議員女性割合、中等教育以上の教育を受けた人の割合）、「労働市場」（労働参加率）の3側面5指標から構成されている（2021年版「男女共同参画白書」）。

　日本は、国会議員に占める女性の割合が2021年に衆議院9.9％、参議院23.0％であり、非常に低率であると言えるが、政党による差異が大きい。おもな政党の衆議院及び参議院併せての議員数と女性議員数をみると、自由民主党387人（女性38人）、立憲民主党158人（女性30人）、公明党57人（女性9人）、共産党25人（女性8人）、国民民主党26人（女性7人）、日本維新の会26人（女性4人）であり、政党別に女性比率をみると自由民主党9.8％、立憲民主党15.8％、公明党15.8％、共産党32.0％、国民民主党26.9％、日本維新の会15.4％である。

　2018年5月に日本では「政治分野における男女共同参画の推進に関する法律」が制定され施行された。国会及び地方公共団体の議会における男女共同参画の推進を目指した内容である。しかし、翌年の統一地方選と参議院議員選挙

の結果にほとんど反映されていない。前田健太郎・東京大学准教授が痛烈に批判した「女性のいない民主主義」国家日本は、国会議員についてみる限り、この法律だけでは変わらなかったのである。

とはいえ、地方公共団体の議会に目を転じる時、注目すべきことがある。2003年4月に行われた統一地方選挙では女性議員が4割を超える市町村が現れた。1位大阪府島本町（44.4%）、2位兵庫県淡路町（41.7%）、3位埼玉県和光市（40.9%）であり、同年5月に行われた神奈川県大磯町議会選挙では、日本で初めての男女同数の議会が現れた（武田・木下 2007: 42-43）。

2019年4月の統一地方選では、政党に特色があることが、京都府と京都市に見られた。京都府議会の共産党議員数は12人中5人（41.7%）が女性議員で、京都市議会の共産党議員は18人中9人（50%）が女性議員である。このような女性議員比率の高い地域や政党では、どのような努力がされたのか分析し、有権者が議会や議員と交流を深めることが望ましい。

ところで、地域に密着した施策の検討は地方公共団体の議会の役割であるが、年金や夫の姓や雇用に関する法律など、国としてジェンダーに関する根本的な施策を検討することは、国会議員の役割である。先進的な地方公共団体の議会に劣らない、ジェンダー平等観に基づく男女共同参画の実現に向けた努力ぶりを、有権者が的確に把握することが肝要である。

3.2　女性の政治分野への進出推進の戦略

ではなぜ日本は、先進諸国中、女性の政治分野への進出が著しく遅れたのか。その克服にどのような方策があるのであろうか。

1975年にメキシコで開催された国際婦人年世界会議では、その後10年にわたる「国連女性（当初は「婦人」）の10年」（1976～1985年）において、[平等・発展・平和]を目標とする国内・国際両面にわたる行動計画が採択された。わが国でも1975年の年頭に「国際婦人年に当たって」という内閣総理大臣のメッセージが出され、同年6月には衆参両院の超党派議員により、「国際婦人年に当たり、婦人の社会的地位の向上を図る決議」が提案され、採択された。

1980年にはデンマークのコペンハーゲンで「国連婦人の10年中間年世界会議」が開催され、「国連婦人の10年後半期行動プログラム」が採択された。こ

の会期中に「女子差別撤廃条約」の署名式が行われ、日本もこれに署名した。

　1985年、「国連女性の10年」最終年にケニアのナイロビで開催された世界会議には、日本から森山真弓外務政務次官を首席代表とする政府代表団が派遣され、衆参両院の女性議員3人も顧問として参加した。同会議では10年間の成果の検討と評価を行い、さらに2000年に向けて各国が実情に応じて効果的措置を取る上のガイドラインとなる「女性の地位向上のためのナイロビ将来戦略」が採択された。女性の地位向上へ、国際的な立場から日本もそれなりに努力したことがうかがわれる。

　1985年には、「勤労婦人福祉法」を抜本的に改正して「雇用の分野における男女の均等な機会及び待遇の確保等女子労働者の福祉や増進に関する法律」（男女雇用機会均等法）が制定され、翌年から施行された。この法律は採用時の女性締め出しを禁じ、採用後も職場における待遇の性別格差を禁じるものであったが、その後も改正が重ねられ、2020年度にはパワーハラスメントの抑止を経営者に義務付ける状況が加えられている。

　1994年には内閣総理大臣官房に「男女共同参画室」が設置され、2001年には内閣府の設置に伴い「男女共同参画局」に改組された。その内閣府男女共同参画局が、2006年に地方公共団体に向けて「ジェンダー・フリー」用語の不使用通達を出している。驚くべきことである。「男は職場、女は家庭」という固定的性別役割への固執こそが、女性の社会進出を阻むものであり、その流動化が男女共同参画社会を実現する要件であるという国際的な観点から甚だしく離脱した措置といえる。

　生物学的性をセックス（sex）と言い、社会的文化的性をジェンダー（gender）と言う。ヨーロッパの言語を学んだ人なら、"gender"による名詞・動詞・定冠詞などの差異に接する。女性の地位向上を目指すフェミニストは、生まれ持っての生物学的性の特質というより、社会的文化的に規定される性別の役割の流動化を必要と考える。しかし、「男は職場、女は家庭」という固定的性別役割の強化による経済成長を維持したいと考える人々にとってはジェンダーの流動化は容認しがたいことであったと思われる。

　「ジェンダー・フリー」というのは和製英語である。英語なら「free from gender」ではないか。それはともかく、「ジェンダー」という用語を使った講

演などが地方公共団体の事業として拒絶されることがあった。いわゆる「ジェンダー・バッシング」の風潮が、日本では色濃くなった。「ジェンダー・バッシング」横行の期間に、日本の諸領域における男女共同参画推進政策は、著しく停滞した。

　2021年、朝日新聞社は「Think Gender」というコラムの充実を宣言した。月刊誌『中央公論』は、2021年1月号において「女子供のいない国——中高年男性社会は変われるか」を特集した。マスメデイアの変貌を告げる変化である。

　女性の社会進出を推進するには、男性の意識改革が必要である。ロバート・コンネルは、1987年に「ジェンダーと権力」に関する著書を通して権力の構築における男性支配について分析を試みているが、伊藤公雄が1990年代に著書を通じて、「優越志向」「所有志向」「権力志向」を「男らしさ」とすることに異議を唱えた。このような男性の出現は、「当事者性」を重視するあまり、男性は被抑圧の当事者ではないとしてフェミニズム研究とそれに沿う活動から排除する根拠とはならないであろう[1]。筆者は男性を交えたフェミニスト集団を志向し、1997年に男女共同参画による「日本ジェンダー学会」を有志と発足させた。

　この学会の役員を中心に「世界女性会議・京都2001」を開催し、ジェンダーと文化に関する国際的な考察を重ねる中で、日本は文化創造において女性性（femininity）尊重の歴史を持つが、労働や福祉において女性の劣位が明確化さ

男女共同参画で開催したフォーラム「フランスに学ぶパリテ法の成果と課題」
同志社大学志高館　2020年11月28日

れた。1984年に日本女性学研究会・教育者会議が「国会議員の男女平等観」に関する調査を実施していたが、この問題に関する与党議員の回収率の低さ、換言すれば関心の低さが浮き彫りにされた。国政の中心となる与党の姿勢が、国として女性の労働や福祉における劣位に繋がっているとみることができる。

　2020年のIPU（Inter-Pariamentary Union）のまとめによれば、日本は対象となった191か国中、女性議員の比率が165位であった。191か国中、主なEU加盟国とアメリカと主なアジアの国について比べると、下院・衆議院における女性議員比率は、スウエーデン47.0％、ノルウェー41.4％、フランス39.5％、イギリス33.9％、ドイツ31.2％、アメリカ23.6％、韓国7.6％、日本9.9％であった。

　フランスはEU加盟国中、女性議員の比率は2005年の調査の段階では低位であったが、その後に著しく上昇している。これは国会及び地方議会の選挙において候補の段階から男女比率の均等を規定した「パリテ法」の効果のあらわれとみることができる。

　では、日本において2018年に制定・施行された「政治分野における男女共同参画推進に関する法律」が、なぜ有効に機能しなかったのであろうか。同法は、議員のみならず有識者や活動家を交えた市民立法として提出されたと三浦まり・上智大学教授は言う[2]。

　にもかかわらず同法には、女性への差別や排除を禁じる規定も、女性の意思決定参画推進への努力を義務とする規定もない。フランスのパリテ法との差異である。このような法の不整備に加え、為政者のやる気のなさ。安倍政権は同法に従う努力を放棄していたのである。

　パリテ法を成立させたフランスでは、国会及び地方公共団体の議会の選挙に立候補するに際して供託金を必要としない。企業からの献金も禁じられている。金権政治との決別への明確な意思がそこにある。わが国では、2019年第25回参議院議員普通選挙の広島県選挙区で、河合案里が初当選したが、衆議院議員で法務大臣であった夫の河合克行と共謀して巨額の買収を行ったことで逮捕され有罪となり、議員を辞職した。日本は現状のままでは、「金のかかる民主主義」「金でどうにかする民主主義」国家と言えよう。

　一方、2021年の東京オリンピック・パラリンピック組織委員会の森喜朗会長が、理事会に4割の女性をという要請を受けた時、「女性の多い会議は時間

がかかる」「わきまえている女性は発言をしない」などの問題発言を繰り返して辞任に追い込まれた。男女共同参画の意義や、討論を尽くすことこそ民主主義の根幹であることをまるで理解していない、与党の中枢にいた人物の発言であった。日本の男女共同参画社会の形成に、為政者の猛省が必須である。

おわりに

　国連の「持続可能な開発計画（SDGs: Sustainable Development Goals）」の17目標の一つに「ジェンダー平等の実現」が掲げられている。「わがこと」としてジェンダー平等の実現に向かう活動と研究と著述を、1960年代から継続している筆者の立場から、この課題の普遍化が明確化された国際的動向には、深い感銘を覚える。

　1979年に筆者は、わが国初の女性学の本『女性学入門』（冨士谷 1979）を刊行した。それに先立ち、国際文化交流の団体（現在財団法人京都国際文化協会）も創設していたことから、多数の国における女性の課題を取り上げるとともに、当たり前のこととして男女共同参画によって執筆した。日本文化の固有性が確立された京都では、文化創造における女性性（femininity）尊重の歴史があり、その流れの中で戦後に先進的な男女共学が進み、筆者を含み京都の児童生徒はそれを享受できたが、かたわら終戦直後の学制改革の進展には地域差がはなはだしかった。男女平等教育を受ける機会に恵まれなかった地域に因習姑息な固定的性別役割観が残存すると思われる。

　非戦闘員も標的にした連合軍の空爆・原爆投下は、大航海時代の白色人種によるアジア諸地域・アメリカ大陸やアフリカ大陸のほぼ全域に及ぶ有色人種の殺戮と略奪につながるものがある。そのような第二次世界大戦の戦火を免れた都市の幸運を思うとき、いかに平和と非差別とが人類のすべての人間らしい（人類らしい）生活の前提であるかを思い知らされる。戦争の中で戦闘は避けられず、瞬発力など生物学的性差から、男女の平等な処遇は成り立ちにくい。平和であってこそ、生物学的性差よりも文化的社会的性差こそが問われることになる。

　テクノロジーの進歩した現代にあっては、生物学的性差に依拠しない生産活動が広がり、女性の就業領域は多様なものとなっている。労働時間の短縮により、男女両性が生命を生み出すことに関わる機会は増大し、また活力のあるシニア世代による若年世代への出産・育児・教育への支援を期待したい。

　パリテ法を制定したフランスにおいて、女性の社会参加の機会が拡大していることに学びながら、日本なりの努力の成果として男女共同参画によるジェンダー平等社会を構築したいと切に思う。

　これまでの女性政策の集積として、老後の社会福祉の観点から、早急な支援を必要とする女性高齢者が少なくないことは第1節で指摘したとおりである。コロナ禍により、雇い止めや失業が相次ぐ女性の増加は、今日ただ将来の「高齢地獄」に陥る女性層の増加をもたらすわけであり、地域の福祉向上を目指す地方公共団体の議員の実情把握と行政措置への提言が期待される。女性議員比率の増大が喫緊の課題であるゆえんである。

　かたわら男性議員がジェンダー平等の視点に立つよう、学習会などの開催も必要である。男性が女性自身でないという理由で、フェミニズムに接近することを忌避すべきではあるまい。「男もすなるフェミニズム」は歓迎すべきであるし、フェミニズムを超えて男性自身の人間としての抑圧に気づき、「男性学」の研究と活動に邁進することから、男女両性の文化的社会的性別役割を洗い直す「ジェンダー学」に、ともに向かうことが一層、望ましい。

　ところで昨今、各方面で多用される「男女共同参画」という用語について考えてみたい。これは「ジェンダー平等」への方策であって目標ではない。国が改定を繰り返す「男女共同参画社会基本法」の英語訳は、「Basic Act for Gender Equal Society」となっている（法律 平成11年法律第78号）。すなわち海外向けには「ジェンダー平等社会」を実現するための法律となっているが、国内的にはそのための手段である「男女共同参画」が実現すればよいことになる。意思決定の場に参画する男女の比率が均等になっていればよい法律というのが日本語の法律名である。結果としてのジェンダー平等社会の実現が問われていない。「ジェンダー」という用語の回避という為政者の逃げ腰がうかがえる。逃げ腰は捉えて正しい方向に向かわせる民意が必要である。

　2021年、国内総生産（GDP）では、日本は世界第3位であるが、国民一人当

たりでは世界で30位である。日本が国として目指してきた高度経済成長はだれのためであったか。そのために犠牲を強いられたのは誰であったか。

　ところで、ジェンダー平等の推進を男女両性の問題として捉える時、最も注目すべきは自殺死亡者における男女それぞれの状況である。厚生労働省と警察庁の「令和2年における自殺の状況」によれば、令和2年（2020年）における男性の自殺死亡率は22.9％で女性の10.9％の約2倍であり、男性の生きづらさが浮き上がっている。自殺の状況は男性の問題であることを注目したい。一方、コロナ禍の蔓延したこの年、男性の自殺死亡率微減のかたわら、女性では1.5ポイントの上昇であることが見逃せない。世界的な疫病の蔓延が日本を襲ったとき、非正規雇用者の多い女性の生活が困難を極めることになったことを示している。

　このような状況は固定的性別役割を流動化する国民の意識の改革と、為政者の努力に負うところが多大である。国民の意識の変革には生涯学習機会の内容の改正と機会の増強及びマスコミによる世論喚起を期待したい。かたわら国政・地方行政にかかわる議員の意識変革とジェンダー平等推進政策の実効性のある取り組みの強化が求められる。女性議員比率の上昇を目指すばかりではなく男女両性の議員、特に与党議員のジェンダー意識の高揚を強く希求したい。

注

(1)　1977年10月、日本女性学研究会はアメリカのアレキシス・ハーマン労働省婦人局長を招聘した京都国際文化協会の男女の役員が中心となって開催した女性問題の交流会開催後に結成され、設立当初、男女共同参画であった。その後に入会した若い女性研究者がフェミニズム研究に男性が参加することを忌避し、男女共同参画の継続を志向する同会の設立メンバーは、同研究会の中に分科会「教育者会議」を設け、のちにこれが日本ジェンダー学会設立の土台となった。

(2)　男女共同参画推進実行委員会「フランスに学ぶパリテ法に学ぶ成果と課題」フォーラム後の第3回研究会における三浦まり氏の講演（2021年2月27日）。

参考文献・資料

稲垣誠一（2007）『日本の将来社会・人口構造分析』日本統計協会.

コンネル, ロバート・W（1993）『ジェンダーと権力：セクシュアリティの社会学』森

重雄他訳，三交社.（Robert Wiliam Connell, *Gender and Power: Society, the Person and Sexial politics*, B. Blackwell, 1987）

武田祐子・木下禮子編著（2007）『地図でみる日本の女性』明石書店.

日本女性学研究会・教育者会議編（1984）『国会議員の男女平等観』さんえい出版.

糠塚康江（2006）『パリテの論理：男女共同参画の技法』信山社.

冨士谷あつ子（1991）「出生率激減　男女戦争の新段階」中央公論1991年7月号，310-321頁.

冨士谷あつ子編著（1979）『女性学入門：女性研究の新しい夜明け』サイマル出版会.

冨士谷あつ子・岡本民夫編著（2006）『長寿社会を拓く：いきいき市民の時代』ミネルヴァ書房.

冨士谷あつ子・塚本利幸（2007）『男女共同参画の実践：少子高齢社会への戦略』明石書店.

前田健太郎（2019）『女性のいない民主主義』岩波新書.

三浦まり編著（2016）『日本の女性議員：どうすれば増えるのか』朝日選書.

Roth Walsh, Mary（ed.）（1996）*Women, Men, and Gender: Ongoing Debates*, Yale University Press.

Digby, Tom（1998）*Men Doing Feminism*, Routledge.

第2章
政治分野における女性参画の推進

新川達郎

はじめに

　本章では、まず国政及び地方政治における女性の政治参画の現状を明らかにする。次いで、国政や地方政治の調査、特に政党及び地方議会への調査を踏まえて、政治分野における男女共同参画の推進と法律制度の活用を考える。そのうえで今後の男女共同参画社会への展望を得ることにしたい。

第1節 　国政における女性の政治参画

1.1　政治分野におけるジェンダー平等の課題
(1)　国政における女性の政治参加の現状と国際比較

　国政における女性の政治参加について、その実態から確認しておくことにしたい（内閣府 2020a）。2021年10月31日の総選挙の結果、国会議員（衆参合わせて定数710人）に占める女性議員（衆参合わせて101人）の割合は、衆議院（いわゆる下院、衆院）議員（定数465人中45人）では9.7％であり、参議院（いわゆる上院、参院）議員（定数345人中56人）は22.9％である。両院全体で議員の14.5％が女性である。今回の衆議院選挙では、女性議員は47人から

39

45人に減っている。

　女性の参政権を認めた第二次世界大戦後の歴史を見ると（仙台市 2019）、衆議院では1946年の選挙では39人の女性議員が誕生したが、その後は10名前後で1〜2％の女性議員割合が続いていた。衆議院では1990年代に女性議員割合が徐々に増え始め、96年には23人、2000年には35人になり、以後は増加して現在の45人に達している。なお、女性の衆議院議員が最も多くなったのは、2009年の総選挙であり、54人が当選し、女性議員割合は11.3％となった。

　参議院議員では、戦後の選挙において10人台の女性議員が長く続いており、議員割合は5〜6％前後であった。1980年頃から徐々に女性議員が増え始めて、1989年の選挙を経て30人台を数えるようになった。90年代にはいると40人台の女性議員に増え、以後、30〜40人台を繰り返しながら、2016年選挙では50人台となり、現在の56人に至っている。なお、参議院では2019年の選挙の結果、女性議員の当選数が最も多く、割合は22.9％となっている。

　議院内閣制をとる日本では内閣の女性閣僚の数と比率も両院の状況を反映しており、歴代内閣でも女性閣僚は極めて少ない。初めて女性閣僚が登場するのは、1960年第1次池田内閣の中山マサ厚生大臣であるが、以後1人あるいはゼロの入閣状況が続き、2人の女性閣僚が誕生するのは1989年の海部内閣からである。以後、今日までゼロのこともあったが2人程度の複数入閣はほぼ定着した。なお、2001年の第1次小泉内閣、そして2014年の第2次安倍改造内閣は、ともに5人の入閣があり、過去最多となっている。いずれにしても閣僚に占める女性大臣の割合は20名程度の全閣僚に対して10〜20％に留まっている。2020年9月に組閣された菅内閣においても、女性閣僚は2人である。また2021年10月に組閣された岸田内閣では女性閣僚は3人である。

　世界の議会制民主主義をとる国々との比較でみても、極めて低い女性の政治参画の割合にある。2021年5月に列国議会同盟が発表したところでは（IPU 2021）、同盟に参加している190か国でいうと、日本の女性議員比率は、議会制度をとる国の中では2院制をとる国の下院（日本では衆議院）と1院制とを合わせた順位では166位であり、G20諸国では最下位にとどまっている。2院制をとっているところは約80か国と少ないが、上院の比較でみても日本の参議院は45位前後にあり、中位以下となっている。なお、世界の議会のうち女

性の議員比率は、一院制と下院を合わせた平均で25.6％、上院（日本では参議院）では24.8％となっている。

　閣僚の中で女性が占める割合でみても世界の中で日本の大臣の女性割合は低い。2020年の菅内閣における閣僚中の女性政治家比率は10％であり（岸田内閣は14.3％）、世界193か国中151位となっている。なお、世界各国においては、女性閣僚が50％を超える国々もあり、欧米諸国を見るだけでも、スペイン、フィンランド、オーストリア、スウェーデン、フランス、カナダなどがあげられる。2021年1月1日現在の世界各国の女性大臣の比率の平均は21.9％であり、前年よりもわずかに増えている（IPU 2021）。

(2) 2020年30％目標をめぐって

　政府は2003年6月20日男女共同参画推進本部（本部長小泉純一郎首相）の決定によって『2020年30％』の目標を定めた。「社会のあらゆる分野において、2020年までに、指導的地位において女性が占める割合が、少なくとも30％程度になるよう期待する」という目標を達成するべく努力しようというのである。

　ここでいう「指導的地位」の定義については、(1) 議会議員、(2) 法人・団体等における課長相当職以上の者、(3) 専門的・技術的な職業のうち特に専門性が高い職業に従事する者とすることが、2007年の男女共同参画会議で決定されている。具体的には、政治分野に関しては男女共同参画を特に国会議員や地方議会議員など政治公職においても実現しようというのである。なお、地方公共団体の長についての目標は管理職と同様のはずであるが、必ずしも明らかにされていない。ともあれ、女性の政治参画を拡大するため、様々なポジティブ・アクションを推進し、関係機関への情報提供・働きかけ・連携を推進することになっていた。

　この間、第2次安倍政権では2013年に「日本再興戦略」を掲げ、その「『日本再興戦略』改訂2014」（2014年6月24日閣議決定）では「女性の活躍推進の取り組みを一過性のものに終わらせず、着実に前進させるための新たな総合的枠組みを検討する」として「すべての女性が輝く社会づくり」を提唱した。そのために2015年には「女性の職業生活における活躍の推進に関する法律（女

性活躍推進法）」を定めた。安倍首相は、その後も2020年30％目標を維持し、所信表明や国際会議等においても発言してきた。

　しかしながら、2020年30％という目標は、政治家を始め民間企業や行政機関の管理職職員（課長級以上）において、2010年代半ばあたりから達成が難しいことは明らかになってきていた。国や地方自治体の審議会の委員など一部では実現できたが、とりわけ政治家など政治分野、行政機関や企業の管理職では大きく遅れたままであった。そのため、2020年6月には、当時の橋本男女共同参画担当大臣が、2020年30％は困難であり、2030年までの可能な限り早い時期に繰り延べるという報告を安倍首相に行った（毎日新聞2020年6月26日）。

　これを踏まえて2020年12月の第5次男女共同参画推進計画の改定においては、30％目標を20年代の可能な限り早い時期に実現を目指すこととした。そのために、2025年を期限として衆参両院議員についてはその選挙の立候補者の35％を女性とする目標を、また地方議会議員についても統一地方選挙において同様に25年を期限に35％の女性立候補者という目標を掲げた（男女共同参画会議2020）。

　政治分野では進捗が遅れている要因として、①立候補や議会活動と家庭生活の両立が困難なこと、②人材育成の機会が不足していること、③候補者や政治家へのハラスメントなどがあるなどと指摘している（佐藤2021）。今後はこうした要因の解消と女性の政治参画を促進するポジティブ・アクションが求められるという。

（3）政治分野男女共同参画推進法の制定

　女性の政治参加をめぐっては、推進しようとする運動が長くあったが、そのための法制度を求める動きが出てきていた。そして、第2次安倍政権の主要政策課題として「女性活躍」が掲げられたことによって、現実化することになった。従来から運動を続けてきていた「クオータ制を推進する会」（代表赤松良子）の活動、そして超党派の国会議員による「政治分野における女性の参画と活躍を推進する議員連盟」（会長中川正春参議院議員）の働きかけによって立法が進んだ。

　法案としては、選挙の立候補者について男女の割合を同数とすることを目指

し、各政党等が努力をする義務を負うという理念法となった。そのこともあって、提案の当初は「候補者男女均等法」と略称されているように、結果としての男女平等を政治の世界において実現するものではなかった。平等の理念を掲げ、そのための努力をすることを促すものであり、法的拘束力ではなく社会的注意喚起としての宣言を旨とした法律になった。もちろん、この法律は、これまでの日本の政治社会では考えられなかった画期的なものであり、制定後の改正を通じて本来の役割を果たしていく期待を込めて日本版パリテ法とよばれるようにもなっている（三浦 2019）。

　2018年5月23日に「政治分野における男女共同参画の推進に関する法律」（2018年法律第28号）が公布・施行された。議員提案により全会一致での議決であった。この法律によれば、衆議院、参議院及び地方議会の選挙において、男女の候補者の数ができる限り均等となることを目指すことを基本原則としている。その実現のために、国・地方公共団体の責務や、政党等が所属する男女のそれぞれの公職の候補者の数について目標を定める等、自主的に取り組むよう努めることとされているのである（内閣府 2018）。

　この法律は、政治分野における男女共同参画を推進することにより民主政治の発展に寄与することを目的としている（同法1条）。基本原則としては、「①国会や地方議会の議員選挙において、政党等の政治活動の自由を確保しつつ、男女の候補者の数ができる限り均等となることを目指す、②男女がその個性と能力を十分に発揮できるようにする、③家庭生活との円滑かつ継続的な両立が可能となるようにする」としている（同法2条）。

　基本原則に従って、政府と地方自治体には、政治分野の男女共同参画を実現するため必要な施策を策定し実施する努力義務が課されている（同法3条）。また、政党や政治団体等には、当該政党等に所属する男女のそれぞれの公職の候補者の数について目標を定める等、自主的に取り組むよう努力義務を課している（同法4条）。

　内閣府男女共同参画局は法律や累次の男女共同参画計画を踏まえ、政治分野における男女共同参画推進のために、調査研究や情報収集、普及啓発活動、人材育成、関係機関への情報提供・働きかけ・連携、そして見える化マップ作成を進める（同法5条関係）。政治分野における男女共同参画の努力を促すに

は、現状を分かりやすく示すという可視化戦略をとるというのである。

　同法第9条に規定されているように、必要と認めるときは、法制上の措置をとることとされており、法制定時の附帯決議の検討等を踏まえて改正が進められた。2021年6月改正においては、政党等や国・地方自治体の取り組みを強化する必要から、多くの具体的な事項が追加されることになった。女性議員に対する暴言など不適切な発言や行為があったことから、セクシャル・ハラスメントやマタニティ・ハラスメント（セクハラ・マタハラと呼ばれる）問題に注目が集まったことも確かで、これらを含めた改正が行われた。

　改正の一つは、政治分野の男女共同参画の関係機関について、国・地方の議会や内閣府・総務省など関係行政機関の役割と責務を明記したことである（同法2条4項）。二つには、国や地方自治体について従来は努力義務であったところを、政治分野の男女共同参画に必要な施策を行う義務付けがされたことである（同法3条）。三つには政党や政治団体等に対して、男女の候補者数の目標設定のほか、取り組み項目の例示として、候補者の選定方法の改善、候補者となるにふさわしい人材の育成、セクハラ・マタハラ等への対策を示したことである（同法4条）。四つには、国・地方自治体の施策の強化に関して、実態調査の調査対象として、社会的障壁の状況を明記し（新第6条）、環境整備の例示として、家庭生活との両立支援のための体制整備（議会における妊娠・出産・育児・介護に係る欠席事由の拡大など）を明記し（新第8条）、セクハラ・マタハラ等への対応について条文を新設して、その防止に資する研修の実施と相談体制の整備などの施策を講ずる新第9条を設け、人材の育成等の施策の例示として、模擬議会・講演会の開催の推進を明記（新第10条）したのである（内閣府 2021a）。

（4）内閣としての取り組み

　政治分野男女共同参画推進法制定当時の安倍内閣総理大臣が率いた第4次安倍内閣（2017年組閣、2018年第1次改造、2019年第2次改造）における取り組みから見ておこう。

　民主党政権下の2011年当時から、毎年のように担当大臣から各政党に対して、男女共同参画推進計画に基づく要請が行われてきていた。安倍内閣におい

て、法制定がされて以後の動向をみると、これまでと同様に2018年12月には片山さつき女性活躍担当大臣・内閣府特命担当大臣（男女共同参画担当）からの要請があり、次いで、2019年12月から2020年1月にかけて、橋本聖子男女共同参画・女性活躍担当大臣（当時）等から、各政党幹事長等の党首脳に対し要請が行われた。

　いずれも基本的には、法律や計画の趣旨に沿って、女性議員を増やすとともに女性議員が活躍しやすい環境の整備等についての要請を行っている。具体的には一つは、女性候補者擁立の数値目標の設定を要請した。二つには、女性の登用に関する人材育成を求めた。三つには、女性の政治参画を実現するポジティブ・アクションの自主的な導入に向けた検討を依頼した。そして、四つには、女性の政治活動と家庭生活の両立支援体制の整備を求めたのである。

　2019年と2020年に大臣が要請を行った政党は、この時点で国会議員を擁している国政政党であり、自由民主党、立憲民主党、国民民主党、公明党、日本維新の会、日本共産党、社会民主党、NHKから国民を守る党、れいわ新選組の各党である。各政党による具体的な動きは一部の党派を除くと特にみられず、立候補者の女性擁立に向けた数値目標の設定大きくは進まなかった。

　なお、前述のように超党派の国会議員による動きは活発で2021年3月には「政治分野における男女共同参画促進議員連盟」がアピールを行い、政治分野男女共同参画推進法の改正に結び付けたが、女性の立候補者擁立の数値目標設定を各政党に義務付ける法改正については一定議論が進む場面も見られたが、最終的には2021年秋の衆議院総選挙を控えて、数値目標設定義務化の提案には至らなかった。実際、2021年第49回総選挙では、女性候補者は186人（17.7％）に留まった。

1.2　国政政党による男女共同参画の取り組み
（1）国政政党等による女性の政治参加への取り組み

　国政においては、男女共同参画、女性活躍、そして政治分野男女共同参画推進法の制定などにおいて、各政党や政治団体等にとっては政治分野における男女共同参画を実現することが重要な責務となっている。国政政党における政治分野に関する男女共同参画への取り組みについては、同志社大学地方自治研究

会による調査結果（2020年9月末現在）に基づいて論じておきたい。なお、内閣府男女共同参画局でも各政党に対する調査を行っており、2018年度以降の取りまとめがあることから、補足的にその結果を参照している。なお内閣府の調査は、2018年度（18年11月調査実施）、19年度（19年11月から20年1月に調査実施）、20年度（20年10月調査実施）の結果が年度末で取りまとめられ公表されている（内閣府 2019a, 2020b）。

　同志社大学地方自治研究会調査（2020年7月から9月調査実施）では、各政党における政治分野における男女共同参画推進のための取り組みに関して、以下のような項目について、資料収集・調査を行った。

　　　（1－1）「党綱領、公約、主要政策」男女共同参画や女性政策の方針や計画
　　　　　　（方針や計画の文書等）
　　　（1－2）「その他の女性政策や関連する運動方針」女性の政治参加や女性政治
　　　　　　家を増やす方針や計画（方針や計画の文書等）
　　　（2）「担当組織」各政党の女性に関する担当部局、委員会、役員などの組織
　　　（3）「運動や運動方針」男女共同参画や女性の政治参加拡大に向けての運動や運
　　　　　　動方針
　　　（4）「教育・啓発」男女共同参画や女性の政治参加拡大のための講座やセミナ
　　　　　　ー、研修会、イベント等の実施状況（テーマ、開催場所、回数、参加者）
　　　（5）「その他」その他、男女共同参画や女性の政治参加に関する活動について

　以上のように各政党の基本的なジェンダー平等の考え方、そして具体的な取り組みについて調査を行った結果について、以下、国政政党ごとにまとめておきたい（表1参照）。

（2）自由民主党

　自由民主党については、自民党の政策集である「政策BANK」の中に、「（3）人生100年時代」があり、その中において「◆女性活躍」が掲げられている。その中で政治分野や指導的な立場での女性の活躍については、次のように述べられている。

- 政治の場への女性のさらなる参画を促進するため、「政治分野における男女共同参画推進法」に基づき、情報の収集・活用、啓発活動、環境整備等の取組みを加速し、男女の候補者の数ができる限り均等となることを目指します。
- 指導的地位に占める女性の割合を3割程度にすることを目指します。また、女性参画の拡大や将来に向けた人材育成を進めます。改正した「女性活躍推進法」により、中小企業にも行動計画の策定を義務付け、情報開示を拡大・徹底して労働市場・資本市場での活躍を促します。人生100年時代において、子育てが一段落した女性の学び、就労、起業を支援します。

その他の関連する女性政策として自民党女性局では、女性ならではの視点で政治・政策を考え、女性活躍、子育て支援などの政策活動を推進することや、全国各地で女性向けの勉強会や対話集会を行っているという。

女性の政治参画推進を担当する組織としては、「自由民主党組織運動本部女性局」が設置されており、役員として当時の女性局長は三原じゅん子参議院議員である。

具体的な運動や運動方針については、女性局ブロック会議を踏まえた申し入れを2020年3月6日に行っている。毎年秋に全国8か所で開催している女性局ブロック会議にてあげられた意見を集約し、党本部各方面において前向きな取り組みをお願いするという形式をとる。

教育啓発に関するものとしては、「女性未来塾」があり、自由民主党本部他を開催場所に、女性局が主催している。開催頻度としては月1回程度で120分程度であり、2018年4月より開催されている。2020年9月現在で計19回開催となっている。参加者は政治に関心のある18歳以上の女性であり、現職議員は除外される。講座の内容としては、子育て支援、女性活躍推進、環境や外交といった各種政策について座学だけでなく、ディスカッションやワークショップも取り入れて、女性の政治参加の促進を目指す。併せて、立候補を検討している女性向けのアドバイスやサポートも実施しており、講座には「女性未来塾女性候補者育成コース」が設けられている。

その他の活動としては、2020年9月9日の自民党総裁選挙公開討論会を自由民主党青年局と女性局とで主催している。総裁選のための討論会における「代

表1　政治分野の男女共同参画に関する国政政党の方針（1/2）

国政政党	自由民主党	立憲民主党	国民民主党
綱領・政策公約	・政治の場への女性参画促進 ・情報収集、啓発活動、環境整備の取組加速 ・男女候補者数均等目標	・ジェンダー平等の推進 ・パリテを実現	・政治分野の男女共同参画推進 ・政治分野男女共同参画推進法の厳格な運用 ・実態調査、情報収集、啓発活動、環境整備、人材育成等の施策策定実施 ・男女候補者数均等目標達成
女性政策	・女性の視点の政策活動推進 ・女性向け勉強会、対話集会	・男女同数の立候補者擁立目標 ・選挙経費、立候補者休職制度の検討 ・議員の出産、育児の環境整備検討 ・女性候補者擁立活動のためのパリテナウリーフレットの作成	・女性候補者比率30％（後に35％）目標達成 ・国政選挙のクオータ制法制化で男女不均衡是正 ・取り組み実績の見える化推進 ・女性立候補者拡充のため、経済的社会的心理的障壁除去 ・女性議員の家事・育児両立支援、ハラスメント防止等のための環境整備
担当組織	自由民主党組織運動本部女性局	立憲民主党ジェンダー平等推進本部	国民民主党男女共同参画推進本部
運動・方針	毎年度の女性局ブロック会議意見集約・要請と党での反映	・選挙対策委員会委員に女性議員選出 ・地方議員ネットワークに女性プロジェクトチーム設置 ・第5次男女共同参画基本計画策定に関する意見書提出	・女性の政治参加促進のための「コウホのススメ」リーフレットと動画作成 ・党役員の男女同数推進 ・女性立候補者の公募推進
教育・啓発	・女性未来塾開催、討論、ワークショップ形式も含む ・女性未来塾女性候補者育成コース	・女性候補者等を対象とする「パリテ・スクール」の定期的開催 ・ハラスメント研修実施 ・ジェンダー研修実施	・女性議員候補者の発掘育成のための政治スクール・セミナー ・男女共同参画イベント開催
その他関連活動	・女性立候補者への助言・支援、旗やTシャツなど活動用ツール提供	・政治を目指す女性の相談窓口設置 ・「ハラスメント防止対策ハンドブック」の作成、候補者事務所への配布	・外部機関による女性の政治参画に関する集会等への参加 ・女性のための活動資金支給制度（WS基金）創設

表1　政治分野の男女共同参画に関する国政政党の方針（2/2）

国政政党	公明党	日本維新の会	日本共産党	社会民主党
綱領・政策公約	政治分野における男女共同参画の推進	政策案内に男女共同参画を位置づけ	・党綱領で、ジェンダー平等社会づくりを掲げる ・男女の平等と同権を擁護・保証 ・女性の政治参加の促進は重要な課題	・選挙公約における男女平等の推進 ・国や自治体の女性議員の割合を引き上げる ・あらゆる政策・意思決定の場における男女平等推進
女性政策	・候補者の一定割合を女性にするクオータ制度の実行 ・ポジティブ・アクションの実行 ・そのための各政党間の協議の推進及び立法化に向けた検討委員会の立ち上げ ・政治分野における女性の参画状況の把握・分析・公表	政治における男女間格差の是正	・選挙公約で女性議員5割を目標 ・政策意思決定の場への女性登用を促進	・各級選挙における女性候補者の発掘、育成、積極的な擁立 ・女性が議員活動をしやすい議会環境の整備
担当組織	公明党女性委員会、女性局	維新女性局	日本共産党ジェンダー平等委員会	
運動・方針	・生活現場からの政策立案のための対話の場づくり	・男女共同参画政策推進 ・定期的に勉強会を開き、その成果を政策提言	・政治分野男女共同参画推進法制定を受けた政党の努力が課題 ・国及び地方政治における女性候補者50%を実現したが、当選議員の女性増加に努力	女性の課題について視察や調査、学習会などに積極的に取り組む
教育・啓発	・全国で「ウイメンズトーク」を開き研修や意見傾聴 ・新人候補向けの「候補研修テキスト」作成配布し、勉強会を開催	・勉強会の開催 ・女性局主催のイベント実施 ・HPやSNSによる情報発信	・党としての女性比率向上努力とサポート体制構築・地方議員相談室による相談体制・議会や地方自治体に関する雑誌の発行・地方議員研修講座・議員団の学習や交流	女性研修会、女性政治スクール、女性交流会等の開催
その他関連活動	女性候補への個別の相談を担当し、アドバイスやサポートを提供	・地域政党大阪維新の会女性局による「大阪市の女性の活躍促進事業」を実施	・主要幹部の女性比率向上 ・地区委員会等の幹部への女性登用	

表質問」について、女性局からは、櫛引ユキ子青森県連女性局長と福島恭子岡山県連女性局長から「女性の政治参加」及び「女性活躍」について質問があった。また、「対話集会」を全国各地で開催し、草の根レベルでの女性の政治参画を促進している。

　内閣府男女共同参画局が実施した調査によれば、党の組織運動本部の女性局が中心となり女性候補者を増やすための活動を実施し、2019年の統一地方選挙では、女性局役員や女性国会議員が女性候補者の応援に入り、4年前よりも多くの当選者を出す結果になった。女性候補者への支援として、女性局の政策パンフレット、のぼり旗、ジャンパー・Tシャツなどの活動用ツールを提供しているという。

(3) 立憲民主党

　政策公約として立憲民主党においては、「ジェンダー平等の推進」が掲げられている。立憲民主党「ジェンダー平等へ、ここから始める」において、「パリテを実現します」「女性の尊厳を守ります」「性暴力を許しません」「困難を抱える女性を支えます」という4点を挙げている。

　女性政策としては、2019年7月に立憲民主党「女性政策」を取りまとめている。政治分野に関しては、以下の方針を掲げている。

　　①「パリテ（男女半々の議会）」実現のため、地方、国政を問わず、将来的には選挙で男女同数の候補者擁立を目指す。②立候補のハードルを下げるために、選挙に要する経費のあり方、立候補休職制度について検討する。③子育て世代の男女が議会で働きやすくなるよう、議員の出産、育児の環境整備について検討する。

　また2019年3月には「パリテナウリーフレット」を作成している。「政治分野における男女共同参画の推進に関する法律」を踏まえた女性候補者擁立を進めるための取り組みとしてジェンダー平等推進本部が進めてきた「パリテ・ナウ」の活動をまとめた小冊子である。

　女性政策を推進する組織としては、立憲民主党ジェンダー平等推進本部を置

き、またその地域版も存在している。調査時点の本部長は大河原雅子衆議院議員である。

女性政策に関する運動としては、「『第5次男女共同参画基本計画策定に当たっての基本的な考え方（素案）』について意見書」を、2020年9月9日に提出している。

教育・啓発に関しては、「パリテ・スクール」を開催し、2019年に3回（第1回：2019年1月28日、第2回：2019年5月16日、第3回：2019年10月29日）実施している。主催は立憲民主党ジェンダー平等推進本部であり、参加者は、党所属自治体議員、統一自治体選挙公認候補予定者、女性候補者公募申込者、立憲パートナー（第1回の場合）である。いずれもゲスト講師を迎えており、第1回は三浦まり・上智大学教授、第2回は内藤忍・労働政策研究・研修機構副主任研究員、第3回は辻元清美・衆院議員であった。開催趣旨としては、女性候補者と支え手の恒常的養成のため、これから「挑戦」する方々のネットワーク作りの場となることを目指すとしている。第1回では、政治に対して日常的に感じる障壁や、女性候補への支援のあり方について議論された。第2回のテーマは「ジェンダー視点からみる労働法制」であった。第3回は「ジェンダー視点で見る国対委員長の仕事」がテーマであった。

その他の活動としては、ハラスメント防止対策ハンドブックの作成がある。ハラスメントのない政治・選挙を実現するために「ハラスメント防止対策ハンドブック」を2019年7月に作成し、すべての参議院候補者事務所に配布している。

内閣府調査によれば、2019年度には、統一地方選挙、参議院選挙において、女性候補者擁立プランを策定・実施し、女性を擁立——統一地方選挙では、候補者669名・女性比率27%、当選者545名・女性比率28%。参議院選挙では、候補者67名・女性比率44.7%（30名）、当選者27名・女性比率37%（10名）——している。また選挙対策委員会に複数名の女性議員を選任している。その他、地方議員ネットワークの中に女性プロジェクトチームの設置、ハラスメント研修・ジェンダー研修の実施、政治を志す女性からの相談窓口の設置もあるという。

（4）国民民主党

国民民主党については、「政策INDEX 2019」において『男女共同参画』を掲げている。その中で、「政治分野における男女共同参画」については、以下のように記されている。

- 国民民主党が主導して成立させた「政治分野の男女共同参画推進法」を厳正に運用し、取り組みの実態調査及び情報収集、必要な啓発活動、環境の整備、人材の育成等、必要な施策を策定・実施し、男女の候補者数を「できる限り均等」にするという目標を達成するよう努めます。
- 女性候補者比率30％目標の達成を目指します。国政選挙のクオータ制（割り当て制）を法制化し、政治分野の男女不均衡の是正を先導します。国民民主党の取り組み状況・実績の「見える化」を一層進めます。

また、「女性候補者支援の拡充策」については、「女性が立候補を決意するには、経済的、社会的、心理的な多くの障壁が存在し、中でも社会に根強く残る性別役割分担意識が女性の立候補の大きな妨げとなっています。本人が決意しても、家族や親族の強い反対で断念に追い込まれることも少なくありません。議員になっても、家事・育児等との両立が困難、同僚議員等からのハラスメントなどで、議員を続けることを諦める『2期目の壁』も存在します。女性の立候補を後押しする施策を展開するとともに、女性が議員活動を続けていくための環境整備に取り組みます」としている。

推進組織体制としては、国民民主党男女共同参画推進本部を設置し、本部長には、徳永エリ参議院議員（2020年8月当時、同年9月の合流以後現在は立憲民主党所属）である。

女性の政治参加推進運動としては、「コウホのススメ」として、女性の立候補を促すためのリーフレットや動画を2018年9月5日に作成している。

その他外部の機関の集会等への参加がある。2018年7月14日に行われた非営利法人パリテ・アカデミーと笹川平和財団による「女性政治リーダー養成講座をどうデザインするか？」に参加している。また、2019年1月29日には、「クオータ制を推進する会」（赤松良子代表）が開かれ、岸本選挙対策委員長

は、「どんなことをしても女性候補を3割以上擁立」と明言したが、当時の国民民主党から岸本周平選挙対策委員長、矢田わか子男女共同参画推進本部事務局長、西岡秀子同本部事務局次長（いずれも当時）らが参加した。

　その他、内閣府調査によれば、党役員についても、男女比率の同数を目指していくこと、地方組織において女性候補者発掘・育成のための政治スクール・セミナー、男女共同参画イベントを開催し、女性の公募を実施することとしている。なお、1999年より、新人女性候補を支援するため、通常の公認料とは別に一定の活動資金を支給する制度（「WS基金」制度）を設けたという。

(5) 公明党

　公明党では、政策公約として、2016年の第11回公明党全国大会「政務調査会長報告「新・支え合いの共生社会」の実現に向けて─政策ビジョン─」が、政治分野における男女共同参画推進を掲げている。また、2015年11月19日の「第4次男女共同参画基本計画策定に向けての提言」の中で政治分野における女性参画について「特に政治分野における女性の参画拡大は極めて重要であり、候補者の一定割合を女性に割り当てるクオータ制などポジティブ・アクションを実行に移すため、各政党間における協議を進めると同時に、立法化に向けた検討委員会を立ち上げること。また、その前提として、国民にわかりやすい形で、国や地方の政治分野における女性の参画状況を把握・分析・公表すること」とされている。

　男女共同参画の推進組織体制としては、公明党は女性委員会と女性局を設置し、調査時点では委員長には古屋範子衆議院議員、局長には竹谷とし子参議院議員が就任している。

　教育啓発面では、2020年1月19日に「第1回ウイメンズトーク」を開催し、女性委員会と女性局が主催した。テーマは、「ワーク・ライフ・バランス」であり、参加者は、主催者のほか民間企業に勤務する女性で、内容としては女性が抱えるさまざまな悩みや意見の傾聴を行ったという。同様の催しとして、静岡市にて「ウイメンズトーク」が2020年8月29日に開催され、主催は公明党静岡県本部女性局（局長＝早川育子）、テーマは「女性視点での防災対策」であり、参加者は早川育子静岡県議会議員、古屋範子衆議院議員、落合美恵子

NPO法人・御前崎災害支援ネットワーク前理事長、伊藤和代一般社団法人・静岡県助産師会会長（いずれも当時）などである。この他にも全国各地でウイメンズトークを中心に可能なかぎり、支持者との対話の場を作っており、特に、「生活現場からの政策立案」を意識した活動を行っているという。

　なお、内閣府の調査によれば、国会議員の場合は専門的な知識を持つ人や、あらゆる分野で活躍している人材を輩出することを念頭におき、候補者を選定しており、地方議員においては、地域に根ざして活躍している女性に光を当てた、党の地方組織をはじめ、各界のあらゆるネットワークから推薦をもらうことで、女性候補がエントリーされるよう努力しているという。また、新人の予定候補者に向けて、「候補研修テキスト」を作成し、各都道府県本部や総支部において、勉強会を開催するとともに、女性候補者に対する個別の相談相手を、可能な限り現職の女性議員や、議員OBが担当し、アドバイスやサポートを実施しているという。

(6) 日本維新の会

　日本維新の会においては、維新女性局が設けられて活動を進めている。同会の「政策案内」の中に男女共同参画がある。そこでは、「政治における男女間格差の是正、女性と子どもの貧困対策、女性のライフイベントの充実、女性の働き方改革、女性特有の疾患に対しての支援体制の構築」が掲げられている。また、「維新女性局活動方針」においては、2か月ごとに勉強会の開催、勉強会等で積み上げた認識により各方面に提言、女性局主催のイベントの企画実行、HPやSNSによる情報発信を行うという。維新女性局では、調査時点において局長に辻淳子大阪市議会議員が就任している。

　その他関連して地域政党大阪維新の会女性局を中心に「大阪市の女性の活躍促進事業」があり、「キャリア形成支援など女性が活躍できる環境の整備」を推進している。また、「女性の活躍促進プロジェクトチームの設置」（2013年7月）、「大阪市女性の活躍アクションプラン策定」（2014年12月）などがある。

　内閣府の調査に対しては、「政治分野における男女共同参画の推進に関する法律案に賛成」との回答があった。

（7）日本共産党

　日本共産党は、党の綱領において、ジェンダー平等社会をつくること、男女の平等、同権をあらゆる分野で擁護し、保障することを掲げており、女性の政治参画の促進は、憲法と国連女性差別撤廃条約がかかげる男女平等と女性の地位向上にとって重要な課題であると位置付けている。

　2016年参議院議員選挙や2017年総選挙の選挙公約においても女性議員5割を目標として掲げている。

　また2019年6月5日に発表した政策「個人の尊厳とジェンダー平等のために」においては、「政策・意思決定の場への女性登用を促進します」として、以下のように明記している。

　　女性の政治参加の促進は民主主義にとって重要な課題です。しかし、国会議員（衆院・下院）に占める女性の割合は、日本は10.1％（参院を含めると13.6％）で、193カ国中165位、G20諸国で最下位です。地方議員でも女性の割合は、都道府県会議員10.0％、市区町村議員13.4％（政令市含む）にすぎません（総務省 2018年12月末現在）。

　　「政治分野における男女共同参画法」が成立したもとで、各政党の真価が問われています。この法律ができて最初の全国的な選挙であった統一地方選挙で、日本共産党の当選者のうち女性の割合は、道府県議で52％、政令市議で52％、区市町村議員で40％です。最初の国政選挙である参議院選挙での日本共産党の候補者は50％が女性です（6月3日現在）。いっそうの努力をしていきます。

　　国と自治体の幹部職員への女性の登用、審議会等の委員も男女同数をめざすなど、女性の政策・意思決定の場への参加を飛躍的に拡大させます。民間に対しても、企業はもとより、あらゆる分野・団体での意思決定の場に女性の参加を拡大させる努力を求めていきます。

　推進組織としては、ジェンダー平等委員会を設置し、その責任者には、調査時点において倉林明子参議院議員がついている。なお、日本共産党では、国会議員団総会会長は紙智子参議院議員、衆議院議員団団長は高橋千鶴子議員（いずれも当時）と女性が務めている。

　その他関連して、「新型コロナウイルス感染症対策にジェンダーの視点を」と題して、2020年4月27日に、日本共産党中央委員会のジェンダー平等委員会がコロナ対策のあらゆる場面でジェンダーの視点を取り入れることを要求したと報じられている（赤旗2021年4月27日）。

　内閣府の調査によれば、日本共産党では、主要な幹部の女性比率を高める努力を進めている。2020年1月には党の常任幹部会の女性比率を3割に引き上げ、役員の女性比率は27.6%と過去最高となった。党員の女性比率は49%であり、引き続き女性幹部の養成と登用、都道府県と地区委員会の幹部への女性登用に努力するとしている。女性の政治参画促進に向けては、党の機関や、支部、党員とともに、後援会員の協力も得て、サポート体制を確保するとともに、中央委員会にある「地方議員相談室」がさまざまな相談に応じているという。なお、議会や自治体活動専門の雑誌の発行、地方議員研修講座、議員団での学習や活動交流などをすすめ、議員活動を援助しているともいう。

(7)　社会民主党

　社会民主党は、2019年参議院議員選挙の選挙公約において「男女平等の推進」を掲げている。そこでは、「男女賃金格差や昇進昇格差別をなくし、男女労働者が仕事と家族的責任を両立できる人間らしい働き方をめざし、育児休業にパパ・クオータ（父親に育児休業取得を割り当てる）制度を導入し、選択的夫婦別姓の実現など民法を改正する」という。そして「国・自治体の女性議員、公務・民間企業の女性管理職、各種審議会などにおいて女性割合を引き上げ、あらゆる政策・意思決定の場における男女平等を推進する」としている。

　内閣府の調査への回答においては、「各級選挙における女性候補者の発掘、育成と積極的な擁立」「女性研修会や女性政治スクール、女性交流会等の開催」「女性をめぐる様々な課題についての視察や調査、学習会などに積極的に取り組む」「女性が議員活動をしやすい議会環境の整備」をあげている。

1.3　国政政党による取り組みの方向と課題

(1)　女性割合の数値目標

　以上、国政政党は、表現や位置付けの違いはあるが、政治分野における男女

共同参画については必ず政策化していることは確認できる。これらが実際の行動にどの程度までつながっているかどうかは2021年総選挙でも明らかなように各政党で異なっている。

　政治分野男女共同参画推進法が求めている女性議員の立候補者割合の目標や、さらに進んで女性議員比率を数値目標として設定しているかどうかをみてみよう。自由民主党、日本維新の会及び公明党は、女性の政治参加促進を主張するが、数値目標は示していない。立憲民主党は当面立候補者の30％を女性とすることを目標とし、最終的には議員の男女比を半数ずつ（パリテ）にするという。日本共産党はすべての選挙で女性候補者の比率を高め、女性議員を増やすことを目指して、立候補者の女性割合を50％とする目標を示す。国民民主党は、政府決定に応じた女性の立候補者35％を目標とする。その他の政党も法律の目標数値や議員の半数を女性にという目標を掲げている。

(2)　運動、教育や啓発

　女性議員を増やすための運動や教育、啓発についてみてみよう。自由民主党、立憲民主党、公明党は、対話や集会などのイベントを実施している。自由民主党、立憲民主党、共産党、社会民主党は、塾やスクール、学習会を実施している。自由民主党や立憲民主党では、女性の立候補の公募や推薦、特別な研修の提供をしている。その他の各党も女性の候補者の発掘に党組織として努め、相談や情報提供を行っている。

　また、当選後の対応として、新人議員向けの研修や勉強会開催は男女を問わず実施されている。女性議員向けには、自由民主党では女性政策の学習や女性議員向けの政策勉強会、立憲民主党では新人議員の意見交換や要望等の意見聴取、日本維新の会では女性議員・立候補者だけによる街頭演説、日本共産党では雑誌紙面での新人女性議員交流や活動紹介がある。

(3)　立候補への支援と供託金問題

　女性の立候補者への支援については、ほとんどの主要政党が特別な対応をしている。運動の応援、相談や選挙応援は当然であるが、自由民主党では女性候補者向け選挙ツール提供やSNSによる支援、立憲民主党では集会開催やボラ

ンティア派遣、公明党は候補者研修テキスト作成や相談担当サポートの実施、日本維新の会は勉強会開催、日本共産党は党組織としての政治活動・支援に加えて子育て中の立候補者へのサポート担当制の実施、国民民主党は女性向けの資金提供やアドバイザー制度また供託金相当額の貸付などを実施している。

　概して経済的弱者であることが多い女性の立候補に際して、選挙の供託金問題は大きく、立候補に際して国会議員であれば選挙区で一人300万円、比例名簿登載で600万円が必要となり、既定の得票に満たなければ没収になる。制度としては責任ある立候補を確保するという趣旨が言われるが、先進民主主義諸国では選挙の供託金がないところや、あっても数万円単位のところが多く日本の例外的な状況が明らかである。日本共産党は供託金制度の廃止を主張し、国民民主党は女性議員立候補時に相当額の貸し付けをするなど対処しているが、抜本的な改正が必要とされている。

（4）第49回衆議院議員総選挙(2021年10月）における各政党の男女共同参画への取り組み

　2021年10月31日に投開票が行われた衆議院議員総選挙においては、前述のように1,051人の立候補者中女性候補は186人（17.7％）であり、当選した女性議員は議員定数465人中45人(9.7％)であり、改選前の47人から2人減少した。そのうち、自由民主党が20人、立憲民主党が13人、日本維新の会が4人、公明党が4人、日本共産党が2人、国民民主党とれいわ新選組が各1人である。

　各政党ともに選挙公約においては、女性活躍、ジェンダー平等や男女共同参画などを掲げていたが、主たる主張は、女性の経済自立や権利保護、DVなど性被害対策、教育や相談の充実であり、具体的な政策としては、選択的夫婦別姓導入や同性婚の実現、LGBT平等の制度化検討で共通していた。その中にあって、政治における男女平等については、立憲民主党は国会議員と地方議員の男女同数を目指し、日本共産党は2030年までに政治家の半数を女性にすることを目標とし、社会民主党はクオータ制による女性議員の比率向上を掲げていた。

　現実には主要政党における女性候補者比率は10～20％に留まり、30％を超えたのは日本共産党、国民民主党、社会民主党、NHKと裁判している党であ

った。前述の選挙結果と合わせてみても、政治分野男女共同参画推進法制定以後最初の衆議院総選挙であるが、立候補者の男女均等はおろか、政府の目標とする政治分野の女性参画30%にも届かない結果となった。

1.4 国政における政治分野男女共同参画の改革課題

　政治分野男女共同参画推進法を活かして、政治分野の男女共同参画を促進することが必要となっている。以上に述べてきた国政の実態から、政治分野の男女共同参画促進の環境条件の改革に向けて実現すべきことを検討してみたい。

　第一に、政治分野男女共同参画推進法が求めているように、政治家や政党関係者の積極的な発意とその実現が望ましい。そして政治家や政党あるいは関係団体によるまずは立候補者の男女均等という目標に向けての政治的イニシアチブが重要となる。つまり、政党や政治団体による候補者擁立におけるジェンダー平等目標に向けての率先行動と主体的な努力が求められているのである。

　とりわけ、組織的イニシアチブとしての政党の取り組みは重要であり、日本の政党における自主的取り組みの展開可能性が大きいことから、今後はその刷新的な努力が期待できる。具体的には、数値目標設定が問題になるが、現実には議員への立候補者擁立についていえば、そのうちの1〜2割程度が女性候補者である事態からの脱出を追求できるかどうかが焦点となっている。

　第二に、これらは、政治家個人や政党のみに求められることではなく、政府や国会としての取り組みという観点からも重要である。残念ながら目標設定によるポジティブ・アクションが現時点で採用されているわけではないが、例えば、議会内役職のジェンダー平等、内閣の閣僚数におけるジェンダー平等など、現状の「女性が1割」という状況からの脱出が重要であるし、それには個人的な発意だけではなく、制度的イニシアチブが重要である。つまりは、ジェンダー平等を制度として安定的に実現することである。そのためには例えば、閣僚の半数は女性でなければならないという方針が合意され、政治的公約となり、実現できなければクオータ制導入など制度上の義務付けをすることになる。

第2節　地方政治における女性の政治参画

2.1　地方自治における政治分野の男女共同参画

　地方自治体においても、政治分野における女性の参画は進んでいない。都道府県知事や市区町村長などではごく少数の女性首長が見られるだけであるし、地方議会議員についても女性議員は少ない状況にある。男女共同参画の取り組みについては、とりわけ政治分野においては、やはり政策決定にかかわるところであるその議会と執行機関（知事や市町村長）に着目しなければならない。そのため以下においては、議会そして執行機関における女性の政治参画の動向と参画促進に向けての政策的な取り組み状況を明らかにし、その課題を探っておきたい。

2.2　地方自治における女性の選挙公職

　都道府県や市区町村といった地方自治体においては、一般に地方政治と呼ばれる政治分野があり、その議会の議員と長とが住民によって直接公選されることになっている。そこでは選挙政治や政策決定をめぐる政治競争があり、女性の政治参画がここでの焦点になる。

　2020年7月現在で、47都道府県についてみれば、女性の都道府県知事は2名である。人口100万人を一応の基準とする大都市である政令指定都市20市では、その市長のうち2名が女性である。1,741団体がある市区町村ではその市区町村長のうち32名が女性である（内閣府 2020a）。

　なお、女性の市区町村長については、2021年9月現在、政令指定都市の市長については、20都市中1名であり、仙台市が女性市長である（2021年8月の横浜市長選挙で女性から男性市長に交代したため2名から1名になった）。また、それ以外の市区町村長では、2020年4月以降、徳島市（2020年4月）、座間市（2020年10月）、宇治市（2020年12月）、小平市（2021年4月）、宝塚市（2021年4月）、和光市（2021年5月）、鎌ヶ谷市（2021年7月）、三好市（2021年7月）、池田市（2021年8月）市長選挙により女性が当選した。なお、町村長に

ついては、北海道留寿都村（2021年4月）、東京都日の出町（2021年4月）が女性町村長となった。

　地方自治体には議会が置かれているが、都道府県の場合には、その議員の女性割合は、11.4％（2,668人中303人、2020年7月現在）である。議員の女性比率が上位の議会としては、東京都議会が29.0％、京都府議会が21.7％、神奈川、滋賀、兵庫、埼玉の各県議会が15％以上となっている。いずれも大都市圏にある都道府県議会という特徴がある。

　一方、都道府県議会議員の女性比率が下位の団体としては、山梨県議会のように女性議員が1名だけのところ、大分、熊本、香川、福井、高知、佐賀の各県議会のように2名のところがある。確かに大都市圏以外のところでは、議会議員数が少ないこともあるが、女性議員の絶対数が少なくなることは間違いない。

　市町村議会議員の女性比率についてみれば、市区議会議員の女性比率は16.6％（総務省 2020: 2019年12月現在）である。これも、東京圏、近畿圏の市区で女性比率が高い傾向があり、大分県や長崎県など非大都市圏で低い傾向がある。

　町村議会議員については、町村議員のうち女性議員は11.1％（総務省 2020: 2019年12月末現在）である。町村議会議員においても、東京都や首都圏、近畿圏など大都市圏で女性比率が高い傾向がある。そして、島根県、山梨県などでは低い傾向がある。

　都道府県や大都市を除くと地方政治には国政政党の党派色はそれほど明確ではない。その中で、2019年の統一地方選挙では、特に日本共産党の当選者には女性の割合が高く、道府県議会議員では52％、政令指定都市市議会議員では52％、市区町村議会議員では40％という高率の女性の議員割合を達成することができた稀な例もある。

　いずれにしても、地方政治における女性の政治参画は、知事や市区町村長レベルでは極めて少ないし、地方自治体の議会議員に関しても、概して10％程度にとどまっている。もちろん、議会によっては、大阪府島本町のように、従前から女性議員割合は高いのであるが、2021年4月の町議会議員選挙においては定数14人中7人を女性議員が占めることになった。市町村議会によっては、地域特性もあって30 ～ 40％の女性比率を実現し、パリテに近いところもある

が、こうした事例は例外的である。

2.3　地方自治体における政治分野の男女共同参画への取り組み

　同志社大学地方自治研究会では、2020年7月から9月にかけて都道府県及び市区町村における男女共同参画施策について特に政治分野に関して情報収集を行った。内閣府による2020年度調査（内閣府 2020b）と合わせて、地方自治体における政治分野にかかわる男女共同参画の状況について、全体像を概観してみることにしたい。

　以下では、男女共同参画推進計画の策定とそれに基づく女性の政治参画の促進にまず焦点を当てる。具体的には女性の政治参画のための教育や周知・啓発（HP、広報、パンフレット作成配布、パネル展示）、そのための講演会や講座、セミナーや模擬議会など関連イベントの開催実績などを確認する。また男女共同参画に関する議員研修も見ておきたい。さらに、女性政治家を増やし、その活躍環境を整備するという観点から、議会としての施設設備改善、議会としての指針策定、会議規則などの改正、条例制定や意見書の議決などを確認しておく。さらに、傍聴なども含めて広く女性がアクセスしやすい議会という観点からも検討してみたい。なお、旧姓使用については、配慮が求められているところである。加えて、標準会議規則が2021年に改正されたこともあって、出産子育てなど欠席事由の改革も進んでいる。こうした観点から都道府県や市町村における取り組みを検討してみよう。

（1）都道府県における男女共同参画推進への取り組み

　都道府県の取り組みとしては、男女共同参画計画策定については、法定計画であることもあって、全都道府県で策定されている。

　政治分野における取り組みとして、女性の政治参画を促すための塾、講座、講演などが実施されている。セミナーや講演会などについて、確認できたところでは、埼玉、神奈川、新潟、滋賀、兵庫、奈良、和歌山、高知、福岡、佐賀、熊本、大分、沖縄の各県で実施されている。

　周知・啓発・教育については、女性の政治参画についてHPや広報誌等に掲載されているところがある。また男女共同参画に関するパネル展に政治分野の

出展をしているところもある。

　都道府県議会の意見書等に関して、政治分野男女共同参画推進法制定に関連して、島根県議会では政治分野の共同参画に関する意見書を議決して提出している。論点は、政策決定過程への男女共同参画や審議会等の女性比率についてである。

　都道府県議会の会議や会議規則における対応として、議員の欠席届の理由、傍聴、託児等に関してみてみよう。

　女性議員の場合の出産を理由とする議会欠席届の規定については、すべての都道府県議会の会議規則で定められている。また配偶者の出産補助を理由とする議会欠席が規定されているところとして、岩手、秋田、東京、岐阜（含育児）、兵庫、福岡の6都県で定められている。この点はさらに2021年には標準会議規則の改正などもあって、出産・育児、看護、介護などを欠席届の事由とする改正が進んでいる。

　また、親子（乳幼児）の議会傍聴規定は、おおむね定められているが、そうした規定が無いのは山形、富山、石川、静岡、愛知、大阪、徳島、愛媛、鹿児島の9府県である。

　託児サービスについては、秋田、福島、東京、神奈川、山梨（庁内）、京都、鳥取の7都府県で実施されており、ベビーベッドがあるのは兵庫県、ベビールームがあるのは長野県、多目的トイレは岩手、石川、長野の3県、授乳スペースを準備しているのは北海道と茨城県である。

　ハラスメント防止に関しては、愛媛県や大分県などで、議員向けのハラスメント研修を実施している。

(2) 市区町村の政治分野における男女共同参画への取り組み
——政令指定都市の男女共同参画

　政令指定都市においては、男女共同参画計画の策定は全政令市で策定済みとなっている。都道府県同様、具体的には審議会の女性比率向上や行政管理職への女性の積極的登用など、行政面での施策が多くなっている。

　女性の政治参画を増やすための啓発や教育として、講座等が実施されており、仙台市では、「女性の政治参画」（2019年）、「男女同数でどう変わる？　政

治・くらし・みらい」（2018年）などのテーマで開催されている。新潟市では、男女共同参画の講座が、2019年に開かれている。

　政令指定都市の議会についてみると、会議規則において、議員の欠席事由に出産を定めているところは、すべての議会となっている。また配偶者の出産補助による欠席規定については、岡山市、熊本市の両議会で定められている。なお、標準会議規則の改正に伴って、2021年以降は、出産や育児、看護や介護を事由とするところが増えている。

　議会の傍聴については、「傍聴は誰でもできる」とする規定が基本となっているが、児童（乳幼児）傍聴は議長許可とするところがある。この許可方式をとっているのは、川崎市、仙台市、新潟市の各議会である。

　親子傍聴室については、横浜市、福岡市（防音）、堺市（親子室）に設置されている。乳幼児高齢者特別傍聴室としているところとしては、北九州市がある。

　なお、浜松市では、多目的トイレ、授乳室は庁舎内にあるものを利用する。

　また、ハラスメント防止については、条例制定をしているのが京都市、マニュアルは福岡市など、また懲戒処分標準例は横浜市にあるが、議会独自ではない。

　政治分野の男女共同参画推進意見書は、法制定の経緯を受けて、札幌市、新潟市議会（2018年）などで、実施されている。

——中核市、一般市町村の政治分野における男女共同参画

　中核市では、すべて男女共同参画計画は策定済みであり、盛岡市のように法制定を契機として政治分野の推進を明記したところもある。いずれも、都道府県や政令指定都市と同様、具体的には審議会の女性比率向上や行政管理職への女性の積極的登用など、行政面での施策が中心となっている。また、一般市や町村でも、政治分野の男女共同参画に取り組んでいるところもある。

　議会においては、討論会やセミナーなどによる啓発や関心喚起が進む。一つは「女性模擬議会」の形式で実施されている。八戸市議会、印西市、鳴門市、島田市、南砺市などでも行われてきた。講演会形式では「せいじまるっと体験会女性の声で政治はどう変わる」を郡山市が2020年に、講座として「女性の

政治参画は社会を変えるか」を福島市が2019年に開催している実績がある。

女性向けの市民参加学習の機会は、講座形式で設けられており、その中で政治分野の啓発教育も行われている。こうした講座の開設は熊本市、前橋市、佐賀市、久留米市などで見られる。

ホームページや広報誌などでも、政治分野の男女共同参画推進はしばしば取り上げられている。

議会における対応としては、会議規則において、出産を理由とした議会の欠席事由制度は、すべての中核市議会で規定済みであり、加えて八戸市は出産立会・育児を規定、川越市は育児の欠席を定めている。2021年以降は前述の通り、標準会議規則改定により、出産・育児・看護・介護が欠席事由とされ、多くの市町村で改正がされることになった。

また議員の乳幼児同伴への配慮は足立区や尾張旭市などで、また授乳室等の整備をしているのは八戸市や京都府大山崎町の例がある。

議会傍聴において、乳幼児連れの傍聴規程は、盛岡市、秋田市で定められており、盛岡市議会ではベビーカーを伴う傍聴可としている。前橋市議会では、議長許可によることとしており、前橋市の託児ルームを利用することもできる。なお、いわき市や川口市の議会では乳幼児連れは禁止となっている。

ハラスメント対策としては、松山市が議員の政治倫理要綱に定めているほか、狛江市では指針を、川越市では議会議員のハラスメント根絶条例を制定している。ハラスメント研修を実施している市町村議会も見られる。

なお女性の政治参画に関する法制定推進の意見書は、郡山市、前橋市で2016年に提出されている。また女性議員による議会改革提案や意見交換が、欠席事由改革や保育・授乳・トイレ設備の改善などに関して、取手市、柏市、四日市市などで実施されてきた。

2.4 地方自治体議会の取り組み

同志社大学地方自治研究会では、全国の地方自治体議会事務局に政治分野の男女共同参画に関するアンケート調査を2021年2月から5月にかけて実施した。808団体から回答があり、45.1%の回収率であった。その結果から地方議会における男女共同参画の動向を概観してみたい。

（1）男女共同参画行動計画策定

　男女共同参画行動計画は、法律に従って、すべての地方自治体が策定することとなっているが、今回調査では、14.1％の団体で未策定であった。また「計画はあるが政治分野や政策決定には触れられていない」という政治分野などに言及されていないとする計画が24.7％を占めている。最も多い回答は、「女性の政治参加や政策決定過程への参加は触れられているが、議会への参加促進については触れられていない」団体が55.4％である。さらに「女性の政治参加として議会における参加促進にも触れている」団体は6.5％と少なく、「女性の政治参加促進のために具体的な対策が掲げられている」とするところは4.3％とより少なくなっている。

（2）女性議員の活動条件の整備

　各議会では、実際に女性議員が参加しやすくするための工夫がされているかどうかを質問した。「会議日程の工夫により、曜日や時間帯について女性議員が参加しやすくしている」「政務活動費については女性議員が使いやすくするよう工夫している」「女性議員のための議会活動・議員活動の研修プログラムがある」「ハラスメント防止のための議員研修会や勉強会をしている」の4つの質問については、80〜90％が「していない」と回答しており、「している」という回答はほとんどない。ただし、「ハラスメント防止のための議員研修会や勉強会をしている」については、6.1％が「している」と答えている。「政党・会派内では女性議員のための研修を行っている」については、議会事務局として把握していないとの回答もあり30％が「わからない」と答え、64.2％が「していない」と答えている。

　その他の対応策として記述されたものでは、旧姓使用を認めているところ、授乳室や女性用控室を設置したところ、女性議員だけの全員協議会や会派を超えた女性議員の集まり、議員の呼称を「〇〇君」から「〇〇議員」に変えたといった回答があった。

（3）欠席届の事由の改正

　議員の欠席届の事由についてはすでにふれたように各議長会の標準会議規則

の改正もあって、本年に入って各議会で出産・育児・看護・介護を加える方向で新たな会議規則の検討や制定が進みつつあるところである。各議会でも改正が進みつつあるが、すでに取り組みが進んでいるものとして「議員本人の出産を欠席届の事由としている」ところは90.2％であり、「していない」のは6.9％である。議員本人の「育児」については「欠席届の事由」に「している」のは53.0％、「していない」のは43.6％である。議員がその配偶者の出産に伴い育児を欠席届事由と「している」ところは29.2％、「していない」ところは64.1％である。また家族の育児のためという理由をもって議員が欠席届を事由とできると「している」ところは21.2％、「していない」は72.4％である。介護を欠席事由に「している」ところは53.6％、「していない」ところは43.1％である。

(4)　女性議員のための施設整備

　議会内の施設設備の整備状況について、女性議員にとって必要なものが整っているのかを尋ねてみた。まず「託児室」については、91.5％は「用意がない」と答えており、「執行機関庁舎にある」のは4.5％、「議会庁舎にある」のは1.0％であった。次に「授乳室」については、「用意がない」と48.4％が答えており、「執行機関庁舎にある」のは44.9％、「議会庁舎にある」のは3.5％であった。「多機能トイレ（車椅子やおむつ替え利用）」については、「執行機関庁舎にある」のは48.5％、「議会庁舎にある」のは32.1％、「用意がない」のは16.3％であった。なお、多機能トイレについては、近年、性別を問わない利用ができる施設も増えている。「十分な数の女性用トイレ」については、議員数によって十分な数は異なってくるが、複数の女性議員がいる議会では2つ以上の便房を備える必要がある。ともあれそうした施設が、「議会庁舎にある」のは53.2％、「執行機関庁舎にある」のは33.7％、十分な「用意がない」と答えたのは9.9％である。

　個別に回答があった施設設備としては、女性議員用に更衣室とロッカーは比較的多くの団体で整備されている。また、休養室や控室など多目的室の整備、保健室、パウダールーム、子供用設備のあるトイレなどの設備を指摘する議会もあった。

（5）政治分野男女共同参画推進法と女性の政治参画拡大方策

　2018年の政治分野男女共同参画推進法制定に対応して、地方自治体議会が何らかの行動をとったかどうかを尋ねた。ほとんどの団体は何もしていなかった。

　「法制定に関する意見書の議決をした」かどうか尋ねたところ、12団体だけが「実施した」と回答し、94.4％は「実施していない」と回答した。「国に倣って現状の『見える化』を図った」かどうかを聞いたところ、「実施した」は2団体、「検討中」は6団体、「実施していない」ところが95.9％となった。「女性の政治参画に関する情報発信」については、「実施した」が2団体、「検討中」が6団体で、「実施していない」団体が95.5％となった。「女性議員のための研修会や勉強会開催」については、「実施した」のは3団体、「検討中」は3団体、「実施していない」が96.0％であった。「女性の政治参画の啓発のための講演会やシンポジウムの開催」については、「実施した」のは3団体、「検討中」は3団体、「実施していない」は96.0％である。「女性議会の開催」は、「実施した」が21団体、「検討中」が3団体、「実施していない」が93.3％である。「女性を参加者とする議会報告会」については、「実施した」のは19団体、「検討中」は9団体、「実施していない」は92.8％となった。

　その他、各議会で実施してきたこととして、男女共同参画に関する講演会やセミナーの開催、女性模擬議会の開催、女性団体と議員の意見交換や委員会における意見聴取、女性議員だけによる議会改革特別委員会の設置、女性団体の会合に出かけて出張議会報告会などがある。

　また、議員個人や政党会派などでの男女共同参画推進の活動としては、議会内の女性議員による研究会の結成、近隣の議会を含めた女性議員のネットワークづくり、女性の政治参画推進と女性議員を増やすためのネットワーク、議員個人または会派による女性団体との意見交換や協議、女性の選挙活動や政治活動への政党会派によるサポートなどが見られるという。

（6）傍聴者への配慮

　地方自治体の議会は、女性の政治的関心を高めるためにも、女性が議会を傍聴しやすくする必要がある。そのための傍聴規則や施設整備が求められる。本

調査では、傍聴のルールや設備の整備を通じて、女性や親子づれがアクセスしやすい議会にするための方法について聞いてみた。

　女性の傍聴時のトイレ設備では、「傍聴に訪れた女性のためのトイレ設備が整っている」とする議会が65.8％である。「乳幼児連れの傍聴者のための授乳室が庁内にある」という議会は27.5％である。「乳幼児を同伴する傍聴者のための特別な傍聴席を用意している」は6.3％、「子どもづれの傍聴者のための託児設備が庁内にある」は3.4％であり、これらは極めて少ない。

　傍聴許可に関しては、「議長の許可により子どもづれの傍聴を認めている」が49.3％の議会であり、「子どもづれの傍聴を一般に認めている」が42.8％の議会で実施されている。

　その他、個別の議会の対応としては、キッズスペースの設置、託児サービスの提供、子どもづれのための別室とモニター中継の用意、ベビーベッドの設置などが行われている。

2.5　地方自治体とその議会における取り組みの問題点

（1）地方政治における男女共同参画問題

　地方政治においても、政治職においては、男女共同参画の実現ができていないことが明らかである。もちろん、政治と行政の違いがあり、選挙による政治公職でも、議会議員と都道府県知事や市区町村長との違いは大きい。複数の議員で構成される議会と、独任制の執行機関の違いも大きい。

　女性議員や女性首長の当選を目指す動きもあるが、地方政治家全体における女性の位置が少数派であり続けていることは確かである。抜本的な改革が求められる段階にきているといえるかもしれない（内閣府 2021c）。

（2）都道府県とその議会の取り組み課題

　都道府県においては、男女共同参画への理念の採択と実施・実現との乖離が見られる。計画はすでにすべてで策定され、女性の政治参画推進に向けた啓発活動の展開（講座、セミナーなどを一部で実施）がされている。しかしながら、いわゆるポジティブ・アクション、あるいはアファーマティブ・アクションと呼ばれるものは欠落したままである。

　都道府県議会による女性の政治参画への取り組みもまた、受動的であって、議員それ自体のジェンダー平等には数か所の議会を除けば程遠いのが実体である。議員活動への条件整備として、出産への配慮が議会への欠席を可能とする形で用意されている。但し育児への参加の配慮は一部でしかない。また、議会の設備については、多目的トイレや授乳室、託児サービス、ベビールームなどの設置は一部にとどまり、行政の施設と併用というところもある。傍聴への配慮としては、親子づれの傍聴、遮音傍聴室準備等は一部にとどまっている。

(3) 市町村政治における男女共同参画課題

　政令指定都市や中核市などの大都市においては、男女共同参画計画はすべて策定され、女性の政策決定への参加は促進すべき課題となっているが、女性の政治家の比率はわずかにしか向上せず根本的には上がらないままである。

　一般に市区町村においても、例外はあるが、概して、女性の政治家の登場や政治分野の男女共同参画は進まず、女性首長や女性の議員割合は低位にとどまっている。

　啓発や教育などを目指したイベント、講座、広報などの意識に働きかけるアクションの限界が明らかであろう。これらは単発の実施では一時的な効果にとどまり、一回だけでは有効性が長続きしないことから、体系的な教育システムが必要であるが、残念ながらそうした教育システムが欠落していることを明らかにしている。

　女性の政治的関心、地方政治家への関心を高める方法としての政治へのアクセスの改善は、体系的とは言えないが、部分的に制度的組織的に進む状況にある。女性の傍聴への配慮、女性議会や女性の参加機会の確保などの試みも一部にはあるが、抜本的な改革にはつながっていない。

　加えて女性政治家の働きやすさ改善は、部分的である。出産、育児などへの組織的支援は、個人の事情を認めるレベルにとどまっており、社会経済システムやその構造から変革するという視点からの改革は必ずしも十分とは言えない（内閣府 2021c）。

おわりに：政治分野の男女共同参画を促進するために

　以上のように、国政と地方政治レベルの検討からは、政治分野における男女共同参画を考えるには、いまや理念や制度の基本方針を議論する段階は終わり、改革実践の蓄積へと舵を切る必要があることは確かであろう。そのため、具体的な改革方向としては、以下のように考えられる。

　一つは、女性政治家の教育システムを考えることである。女性政治家の候補者の発掘、育成、立候補と選挙運動支援が必要であり、一部の国政政党での取り組みがある。加えて小中高の学校教育においても、早い段階からの政治教育が男女共同参画の観点から進められる必要がある。

　二つには、女性の政治へのアクセス改善のための条件設定である。女性の政治活動を支援する体制や制度の拡充が求められる。また、そのための設備備品や勤務条件の整備は必須である。家庭生活や経済生活との関係を法的制度的にまた社会経済的に整えていく必要がある。

　三つには、政治関係者の努力である。政党や議会の取り組みを考える必要がある。各政党の自主的取り組みのポテンシャルは高いし、議員の意識も高いはずであるので、これまでのような議員、長への立候補者擁立の事実上の1割クオータ（日本型差別の割り当てか？）からの脱出が求められる。この1割クオータが、男女共同参画を実現できていないことへの言い訳になっているところもある。

　四つには、国と地方の議会としての取り組みへのポジティブ・アクションは、制度的には可能であろう。議会での役職や内閣の女性比率における1割クオータの脱出を目的として、具体的な数値目標の設定を基本方針とすることである。

　いずれにしても、女性の政治参加とその問題への関心喚起は、男女を問わず重要な課題であり、そのための男性の政治教育も求められる。というのも政治や行政の分野が、日本では「男性社会」であることが、改めて明らかになった。その構造を変えるべく努力がされようとしているが、いまだに表面的な宣

言レベルにとどまっており、実態を伴っていないことは明らかである。具体的な改革を迫るアクションが求められているといえるし、我々自身がその実現を目指す必要がある。

参考文献・資料

佐藤博樹（2021）「巻頭言」『共同参画』内閣府男女共同参画局, 2021年2月号.
　　［https://www.gender.go.jp/public/kyodosankaku/2020/202102/202102_01.html］
　　（2021年8月20日閲覧）
仙台市（2019）『女性議員数・割合の推移（市議会議員・国会議員）』.
総務省（2020）『地方議会・議員の在り方に関する研究会報告書』.
男女共同参画会議・第5次基本計画策定専門調査会（2020）『第5次男女共同参画基本計画策定にあたっての基本的な考え方』.
内閣府（2018a）『政治分野における男女共同参画の推進に関する法律 概要』内閣府男女共同参画局.
内閣府（2018b）『各政党における政治分野における男女共同参画推進のための取組』内閣府男女共同参画局.
内閣府（2019a）『各政党における政治分野における男女共同参画推進のための取組』内閣府男女共同参画局.
内閣府（2019b）『政治分野における男女共同参画の課題（各政党の意見）』内閣府男女共同参画局..
内閣府（2020a）『女性の政治参画マップ2020』内閣府男女共同参画局.
内閣府（2020b）『地方公共団体・地方議会の政治分野における男女共同参画の推進に向けた取り組み事例』内閣府男女共同参画局.
内閣府（2021a）『政治分野における男女共同参画の推進に関する法律の改正について（概要）』内閣府男女共同参画局.
内閣府（2021b）『各政党における男女共同参画における取組と課題』内閣府男女共同参画局.
内閣府（2021c）『女性の政治参画における障壁等に関する調査研究報告書』内閣府男女共同参画局.
三浦まり（2019）「女性議員『後進国』日本 ―『日本版パリテ法』で何が変わるのか―」.
　　［https://www.nippon.com/ja/in-depth/d00481/］（2021年8月20日閲覧）
Inter-Parliamentary Union（IPU）（2021）Women in Politics: 2021.
　　［https://www.ipu.org/news/women-in-politics-2021］（2021年8月20日閲覧）

東京五輪・パラリンピック開催をめぐるジェンダー問題

井谷聡子

　前例のないスピードで広がった新型コロナウイルスのパンデミックに世界が苦しむ中、根強い反対の声を押しのけて開催された東京2020が2021年9月5日に閉幕した。開催前には8割を超える人々がこの夏の開催に反対し、多くの専門家が感染爆発を警告していたにもかかわらず開催は強行され、結果として大方の予想通り感染爆発が起こった。入院することができずに「自宅療養」で苦しむ人、また入院できないまま亡くなる人々の痛ましいニュースが流れたと思ったら、まるで劇の場面が切り替わるかのように日本チームのメダル獲得のニュースが続いた。国際オリンピック委員会（IOC）のトーマス・バッハ会長が言ったように、まるで「パラレルワールド」にいるようだ。そうこうするうちに緊急事態宣言が全国各地に広がってしまった。

　小泉政権以降引き継がれてきた新自由主義政策により、社会福祉とセーフティネットは削られ、雇用はより不安定化した。コロナ禍のような非常時には、非正規雇用者や差別により社会で日頃から周縁化されている人々により多くのダメージが及びやすい。2年近くに及ぶコロナ禍により、以前から不安定な生活状況に置かれてきた人々、特に非正規労働者や、エッセンシャルワーカーの中でも特に低賃金が常態化しているケアワーク労働者への負荷の集中問題は深刻さを増すばかりである。そしてこういった不安定な職には女性が多く従事しており、それを反映してか、コロナ禍における女性の貧困率の深刻化や自殺率の上昇が指摘されている（雨宮 2021）。

東京2020のレガシーは？

　では、「ジェンダー平等の推進」と「多様性と調和」を掲げた東京2020大会は、この状況でいくばくかでも女性やマイノリティの生活困難の軽減に貢献しただろうか。2013年に招致が決定してから8年、3兆円以上の金が注ぎ込まれ、東京都民には1人当たり10万円以上の借金を残すことになったという東京2020は、そのコストに見合うだけジェンダー平等に寄与し、排外主義が蔓延りやすいコロナ禍において多様性が尊重され守られる社会の構築に寄与することができただろうか。あるいは、ジェンダー平等も多様性の尊重からも程遠いところにある日本が、そうした国を目指して変化の途上にあるという明確なメッセージだけでも打ち出すことができただろうか。その答えは、大会延期が決まってからの1年の間に起こった、開会式直前まで続いた森喜朗をはじめとする関係者による様々な差別発言や暴力問題の露呈により十二分に出されてしまっているだろう。今回の大会は日本がいかにジェンダー問題だけでなく、人種差別問題や障がい者差別問題、環境問題などに対する意識の低い人々が権力を握り、また社会がそれを許してきたかを世界に曝け出した。

家父長制の縮図としてのオリンピック産業

　今回の大会をめぐる醜聞は枚挙に暇がない。招致の際の「アンダーコントロール」という嘘、招致活動における汚職疑惑、新国立競技場のデザインをめぐるドタバタと、急ピッチで進められた会場建設現場での死者。大会ロゴマークの盗用問題に、熱中症が心配される真夏の開催という、全く「アスリートファースト」でないスケジュール、野宿者の排除や都営住宅の解体。さらには大会関係者の様々な差別発言に加えて、コロナ禍でのオリンピック強行、日本の人々の感情を逆撫でするようなIOC重鎮の発言の数々と東京での豪遊ぶり。大会運営スタッフ募集にかかる人件費の「中抜き」や「ピンハネ」問題まで取り上げられた。

　これらは東京2020をめぐる問題のほんの一部だが、上記のリストからだけでも、オリンピックは大きな利権と思惑が絡み合ったメガ・イベントであることが見えてくる。そしてその受益者は、巨大な開発工事を請け負う大手ゼネコンや、莫大な放映料を払ったメディア、人材派遣会社や大手広告代理店、そしてVIP待

週で大会期間中超高級ホテルに滞在するIOCの役員たちと、大会関係者としての名誉（そう呼べるかは議論の余地がある）を手にする組織委の面々である。フェミニスト研究者としてオリンピックを批判的に研究してきたヘレン・レンスキーが、スポーツは「オリンピック産業」の氷山の一角でしかない（レンスキー2021）と断じたのは、東京大会で十二分に露呈した、開催国の人々の福利や選手の安全すらも後回しにする、こうした利権構造を指してのことだ。

　このオリンピック産業を構成するグローバル企業や東京2020の組織委の役員や顧問を見てみると、そのトップが見事に男性によって占められ、日本の家父長制資本主義の権力の縮図のようでもある。このような組織・利権構造を鑑みると、2021年2月の森喜朗の女性蔑視発言と周囲の同調ぶり、さらには多くの人の困窮と感染への恐怖を顧みることなく大会が強行されたことは、妙に納得すらしてしまうのである。

「日本の問題」ではなく「五輪の問題」

　人権や平等をめぐる東京2020のこのような悲惨な状況は、様々な差別が根強く残る日本独特の問題とだけ考えると、五輪という重要な構造的問題を見落とすことになる。1896年に始まった近代五輪は、例えば帝国主義、優生思想に裏打ちされた人種主義や植民地主義、家父長制といった19世紀という時代の様々な差別的抑圧的なイデオロギーを構造的に内包するもので、近代五輪の歴史はそういった負の遺産を時代の変化に合わせて改革を行ってきた歴史でもある。東京2020をめぐる実に多くの問題が議論されるとき、近代五輪があたかも商業化される前までは人類の理想を体現したものであったかのように語られたり、「五輪憲章」が人類の倫理的指針であるかのように語られる。だが実際には、世界大戦の反省や女性解放運動、公民権運動、反植民地主義運動、反戦運動などの人権と平等、平和という人類が長く希求してきた理想を実現し、守るための地道で具体的な闘いによって社会が少しずつ変化し、その変化に遅れ過ぎないよう改革を行ってきたのが五輪なのだ。

　例えばIOCは、2014年にオリンピック・ムーブメントの未来に向けた戦略的な工程表と位置付けられる「アジェンダ2020」という提言をまとめた。これは、

開催経費の高騰や環境破壊、都市のジェントリフィケーションに伴う低所得者層（しばしば移民や人種・民族的少数派、野宿者を含む）の強制立退きや人権侵害など、オリンピック開催がもたらす多くの社会問題が知られるようになったことで住民による反対運動が増加し、開催候補都市が激減していることに対するIOCの危機感の現れである。

　また、「アジェンダ2020」には、五輪での女子選手の比率を50％にする数値目標が盛り込まれている。今回の東京五輪では、出場した49％が女性選手で、IOCは史上初の「ジェンダーバランスの取れた大会」だと胸を張るが、多くのメディアが指摘しているように（例：ホンダリッチ 2021）、選手の出場数が男女ほぼ同数になっただけでは、五輪をめぐるジェンダー問題の表面をかすめただけでしかないことが分かる。若い女子アスリートへの性的虐待への対策もほとんど進んでおらず、選手を性的搾取するようなユニフォームのデザインについても放置されたままだ。幼い子供を持つ女子選手を考慮しない運営により、出場が妨げられた選手もいた。さらに長く女性差別的な規定だとして批判されてきた性別確認検査の延長である高アンドロゲン症規定も廃止されることなく、前大会の女性メダリストたちが出場資格を剥奪されたままになるなど、ジェンダー問題をめぐる様々な混乱が続いている（大会後の11月に新規定が発表された）。

女性たちの反五輪

　東京2020で噴出した一連の女性差別問題に関連して重要だったのは、森発言後の世間の反応と抵抗運動の盛り上がりである。海外メディアからの厳しい批判は予測できたが、国内でもこれまでは想像もできなかったほど多くの人々が女性蔑視発言に対して怒りの声をあげ、多くの女性たちがオリパラの中止を求めて行動した。森発言に対しては、様々なフェミニスト団体に加えてスポーツ関係組織や学術団体からも抗議声明が出され、オリンピック・スポンサー企業からも非難するコメントが出された。

　さらに、性暴力事件への無罪判決に対する抗議からスタートしたフラワーデモの主催者たちが、「私たちが止めるしかない 東京オリパラ〜女性たちの抗議リレー」を6月1日にスタートさせた。毎週オンラインで行われたこの抗議リレーは、

パラリンピックの閉会後まで続けられ、オリパラに内在する性差別、障害者差別、優生思想といった暴力性を暴き、オリパラが立場の弱い人々、特に女性たちの命を脅かし、男性優位社会を強めるものであるという理解が共有されていった。そこでは、医療従事者や介護従事者、教員や作家、活動家、アーティストなど、実に様々な立場の人々が、お祭りムード一色の大手メディアとは異なる言説空間を生み出していた。長年オリンピックの中止と廃止を求めて活動してきた女性たちの輪にリレーを通じて多くの女性たちが加わり、その連帯の輪は日本国外にも広がっていった。

おわりに

　こうしてジェンダー視点で振り返ると、東京2020は「史上初のジェンダー・バランスの取れたオリンピック大会」というよりも、「ジェンダー問題が吹き出し、最も女性たちによる抗議を受けた大会」といった方がその特徴をより的確に捉えているだろう。全ての女性が抑圧から解放され、差別と暴力にさらされることなく生活できる社会を作り出すためには、問題の根幹にある構造そのものを問い直していくことの重要性を、皮肉にもこの大会は示した。問題ある組織や構造にジェンダー・バランス良く参加しても、女性が差別や暴力に加担するだけで、問題は解消されない。スポーツが真に全ての人のための身体文化となるためには、オリンピックに出場する選手や役員の女性数を数えるだけではなく、オリンピックのあり方、そして商業化と勝利至上主義に染まりがちなスポーツ文化そのものが問い直されねばならない。

参考文献一覧
雨宮処凛（2021）『コロナ禍、貧困の記録：2020年、この国の底が抜けた』かもがわ出版.
ホンダリッチ, ホリー（2021年7月31日）「【東京五輪】男女比はほぼ半々、それでも残る格差とは」
　　BBC News Japan [https://www.bbc.com/japanese/features-and-analysis-58008028]
レンスキー, J., ヘレン（2021）『オリンピックという名の虚構：政治・教育・ジェンダーの視点から』
　　井谷惠子・井谷聡子監訳, 晃洋書房.

第 II 部

フランスにおける
パリテ法の成果と課題

第1章

フランスのフェミニズムの流れ
―パリテ法との関連において―

藤野敦子

はじめに

　近年、「ジェンダー」という概念の普及は著しく、またこの概念は大きく進化を遂げている。性科学分野の研究の進展とともに、いわゆる生物学的性（セックス）が多様なグラデーションであることが広く知られるようになってきた。今やセックスを二元的に捉えることができないことは自明とも言えるだろう。

　1990年代、アメリカのジェンダー研究者、ジュディス・バトラーは、セックスもまた社会・文化の言説の中で構築されたものであると主張した（Butler 1990=1999: 190）。この考え方は、それまでアン・オークレーによるセックスとは別に、社会・文化的に構築された性をジェンダーとするセックス・ジェンダーの二項対立を根本から改めるものであった[1]。バトラーは、セックスの二元的カテゴリーは、異性愛を前提とした性支配の社会システムにより構築されたものであり、ジェンダーこそがセックスを産み出したとした（Butler 1990=1999: 55）。そのような経緯から近年、ジェンダー概念はセックスと区別されることなく「社会で構築された性」と解釈されることが多い。

　同じく、アメリカでは1990年代にテレサ・デ・ラウレティスによって提示された「クィア」という言葉が広がり、クィアスタディーズという一つの学問

分野を形成している[2]。クィアとは、元来、性的マイノリティを侮蔑する言葉であった。この言葉を多様なセクシュアリティ、ジェンダーを包括する言葉として用いることで、性的マイノリティの連帯を促し、規範を攪乱し、脱構築していこうとする動きやその研究につながった。ジュディス・バトラー、イヴ・セジウィック等がクィアスタディーズの代表的論者である。

　こうした1990年代以降のアメリカでのジェンダー・セクシュアリティ研究は、実はミッシェル・フーコーなどフランスの哲学者やフランスの第二波フェミニズム運動を導いた唯物論的（マルクス主義）フェミニズムに立つ社会学者たちの思想を基盤として発展してきたものである（Boyle 2012: 256）。

　このようにジェンダー・セクシュアリティのパラダイム転換となる思想基盤を提供したフランスでは、当然ながら、フェミニストの中に性を男女という2つのカテゴリーに区別し同数とするパリテの思想は、理論上おかしいと強く主張する者がいた。しかし同時におかしいと唱えながらも、政治におけるジェンダーの実質的平等に資する手段としてパリテ法に賛同していく者もいた[3]。

　こうした「思想」と「実践」の間に矛盾が生じる背景にフランスの「普遍主義」という近代以降のフランス共和国の理念が複雑に関わっている。普遍主義とは「民族・人種・宗教等個人の属性にかかわらず、法の下での市民の平等を保障する」という考え方である。「性」もその一つであり、この考え方に依拠すれば、それさえも区別されないはずである。しかしフランスの場合、この普遍主義から「女性」性が排除されてきた歴史的経緯がある。そのことが関係し、実質的なジェンダー平等を高めるために逆説的にもパリテ法においては「性」を特別なものとして扱わざるを得ない結果となった。フランスではこの20年、パリテ法によって政治だけでなく、あらゆる分野でのジェンダー平等が高まったとされる。しかし、フェミニストたちの中にはその勝利を称える者、間違いを嘆く者が交錯し、引き続くジェンダー関連法でも激しく論争し合う[4]。現在、フェミニズムは多様な立場に分かれ分断を深めていると言えるかもしれない。

　本章では、フランスの第二波フェミニズム以降のフェミニズムの流れを確認し、パリテ法成立をめぐるフェミニズムの論争を振り返る。次にパリテ法成立以降のジェンダー関連法の成立をめぐるフェミニズムの論争に触れる。最後に

「インターセクショナリティ」など新たなフェミニズムの潮流の中でのパリテ法の限界やフェミニズムの今後について述べる。

第1節　フランスの第二波フェミニズム
―差異派と平等派の対立―

　1968年にフランスでは、「五月革命」と呼ばれる学生運動が契機となり、中絶の合法化や職業上のジェンダー平等を求めるいわゆる第二波フェミニズム運動が巻き起こる。フランスでのこの運動は、ジェンダーについて「平等派」「差異派」の2つの思想を生み、その後、パリテ法の成立をめぐる激しい論争にもつながった。

　この運動に先駆けてシモーヌ・ド・ボーヴォワールが「人は女に生まれるのではない、女になるのだ」という有名な一説を含む『第二の性』（1949年）を著していた。ボーヴォワールは、「女性」は「自然／普遍」に存在するものではなく、社会・文化・歴史の中で構築されたものとの考えを提示したが（de Beauvoir 1949 tII: 13）、この考えに賛同した人に社会学者のクリスティーヌ・デルフィやモニーク・ウィティッグ、コレット・ギヨマンがいる。

　デルフィは、唯物論的（マルクス主義）フェミニズムを打ち立てた人物である。デルフィなど唯物論的フェミニストたちを中心に平等派フェミニストが束ねられる。「平等派」は、性差は生来的なものではなく、歴史的、社会的、文化的に構築されたものとみなし、性のカテゴリーそのものを解消していくことでジェンダー平等を達成しようとする立場である。なお、後述するエリザベート・バダンテールは、フェミニズム運動にかかわっていないが、同様に「平等派」である。ただし、バダンテールは、唯物論的フェミニズムに対しては批判的で、リベラルフェミニズムの立場からの「平等派」となる。

　他方、精神分析や言語学などの分野に立脚し、性差を追求したアントワネット・フーク、リュス・イリガライ、エレーヌ・シクスー、ジュリア・クリステバなどが差異派フェミニストと言われる。「差異派」は、男女は異なっているといった性的差異を前提におきながら「女性」性を強化していく立場をとる。例えばイリガライは、フランス語などの西洋言語の特性をとらえ、言語におい

ては中性的と考えられる言葉においてすら、すでに「男性」性を帯びていることを指摘する。そこで「女性的に書くこと」によって「女性」性を強化しようとする。この立場が生物学的な見地から性差は生得的といういわゆる「本質主義」なのかどうかについては議論があるが、イリガライは「女性は同性から生まれるのに対し、男性は異性から生まれる」といった決定的な違いを主張している点から本質主義に近いと考えられている。

　このように「平等派」「差異派」には大きな違いがあるものの、いずれのフェミニズムも白人の中産階級の女性解放に焦点を当てていた点は、共通している。

第2節　パリテ法成立をめぐる論争（パリテ論争）

　1992年にフランソワーズ・ガスパールなど3人が『政権へ、女性市民たちよ！ 自由・平等・パリテ』を出版した。この本のタイトルは、フランス共和国のスローガンの「友愛（＝男性同士の愛の意味）」の部分を「パリテ」に置き換えたものだが、そこにすべてのメッセージが込められている。フランス革命期に、オランプ・ド・グージュが1789年の「人と市民の権利宣言（フランス人権宣言）」に女性が含まれていないことを指摘し、「女性と女性市民の権利宣言」を発表するという出来事があった。つまり、この本は、グージュの考えに沿い、改めて「女性が含まれていない欠陥のある普遍主義に女性を加え、完全にせよ」と主張したわけである。

　その後1996年に、シモーヌ・ヴェイユなどの10人の超党派の政治家が、週刊誌エクスプレスに「パリテのための10人のマニフェスト」を表し、「女性が国民の半数を占めているのだから、女性が半数の議席を占める権利がある」と主張した。さらに翌年、リオネル・ジョスパン首相が憲法改正を表明して以降、パリテ法成立をめぐる、いわゆるパリテ論争が激しくなる。

　パリテ論争では、フェミニズムの流れを受け、性のカテゴリーの必要性を強調する「差異派」とそのカテゴリーを否定する「平等派」が論戦を交わした。ただし、フランスの場合、上述したように、普遍主義自体に「女性」性が排除

された歴史的経緯がある。そこで平等派であっても、実質的ジェンダー平等の実現のために戦略的に差異派に同調した方がよいと考える人たちもいた。

　賛成の代表的論者には、差異派のフークやイリガライの他、哲学者であり当時の首相の配偶者であったシルヴィアンヌ・アガサンスキがいる。アガサンスキは差異派の立場から「女性であることは人間であるための本質的な二つの方法のうちの一つ」と述べた。さらに「どの民族も、どの国民も、常に二つの性が存在している」とし、生殖的に補完関係にある男女カップルの普遍性を前提としたパリテ賛成論を主張した（Picq 2002: 21）。このアガサンスキの見解はPACS（民事パートナー）法の制定の折と重なり、同性カップルが市民権を得ることを恐れていた異性愛主義に立つ保守層の賛同を得た。また戦略的に差異派に同調する平等派のフェミニストなども取り込み、パリテ法を成立へと導いた。

　他方で、反対に回った平等派の論者は二手に分かれる。一つは、リベラルフェミニズムの代表的論者である哲学者バダンテールやイレーヌ・テリーである。「性を二つのカテゴリーに区別することは生物学的なものが政治的な基準になり、普遍主義を掲げる共和国の理念にそぐわない、共同体主義がはびこったり、フェミニズムの退行につながったりする」と主張し、パリテ法に反対した（バダンテール 2006: 150）。しかし効果的な対案を出せなかった。

　今一つはデルフィなど唯物論的フェミニズムのフェミニストである。デルフィは憲法の中に「人間が男女に二分されること」が記載されることに反対した。またそのような区別こそがジェンダー差別を生んでしまう懸念も述べた。デルフィは、パリテより英米型のクオータ制の方が、フランスの現在の欠陥ある普遍主義ではなく、真の普遍主義に立脚することになり本当の意味での差別構造を是正できると考えていた。ただしフランスでは1982年にクオータ制が違憲判決となっていたことにより、残念ながらクオータ制を主張することができなかった（Haase-Dubosc 1999: 199）。

　パリテ法反対派は、結局、政治の場でのジェンダー平等実現への実質的な手段を提示することができず、パリテ思想の批判に終わった。

第3節 ｜ パリテ法成立後のジェンダー関連法に対する論争

　パリテ法の成立をめぐって、フェミニズムの多様な視点が可視化された。その後もジェンダー関連法の成立をめぐってフェミニストたちの間で論争が巻き起こる。ここでは「スカーフ禁止法」「同性婚法」を取り上げる。

3.1　スカーフ禁止法に対する論争

　フランスでは、1905年に政教分離と国家の宗教中立性（ライシテ）の原則を確立している。それ以降、この原則を守るため教育も含めて、公の場での個人の宗教の自由を制限してきた。そのような流れから2004年には「公立学校での宗教的標章の着用を禁じる法律」が可決することになる。

　ここでの「宗教的標章」とは、ユダヤ教の帽子、キリスト教の十字架、イスラームのスカーフなどを指し、これらを学校内で身に着けることを禁止するものである。しかしこの法律の成立はムスリム移民の増加とともに、学校現場におけるムスリム女子生徒のスカーフ着用が議論になったことに端を発していたため「スカーフ禁止法」とも呼ばれている。

　この法律成立をめぐって、バダンテールは、リベラルフェミニズムの立場から、男性社会の支配や抑圧のシンボルとしてのスカーフの着用を禁止し、女性解放すべきと賛成の意を述べた（バダンテール 2006: 137-150）。

　ガスパールは、唯物論的フェミニストで、前述した『政権へ、女性市民たちよ！ 自由・平等・パリテ』を著したパリテ推進派だったが、明確に反対の立場をとった。「ジェンダー平等は、所与のものではなく、社会の中で構築されるものであり、スカーフ禁止という強制手段によって達成されるものではない」とした（辻村 2009: 15）。

　デルフィは、フランスの普遍主義から排除されている移民が、かつて強制されていたスカーフを逆に、今、自分自身のアイデンティティの承認として着用している可能性を指摘した（辻村 2009: 16）。デルフィは、この禁止は植民地主義の名残の一つとも述べ、むしろフランス国内の差別構造を明らかにし、そ

れ自体を改めるべきであるとした（Achin et al. 2017: 76）。

　結果としてこの法律はライシテやジェンダー平等推進の名の下で成立した
が、その後もブルキニ（ムスリム女性の水着）論争が生じるなど混迷を深め
る。社会学者シルヴィ・ティソは、2000年代以降のフランスでは「フェミニ
ズム」施策が「レイシズム」を意味するようになったと述べる（Achin et al.
2017: 75）。

　ここでもフランスの普遍主義が複雑に関わる。つまりそれは「女性」性の排
除のみならず、近代国家成立時の植民地主義によるフランスの文化や精神の優
越性もその特徴に持つ。パリテの推進により単純にジェンダー平等を高める施
策だけではフランス国内の多様な文化的背景を持つ「女性」性に対する差別・
抑圧を解決できるのかという疑問が付された出来事とも言えるだろう。

3.2　みんなのための結婚（同性婚法）に対する論争

　フランスでは、1999年にPACS（民事パートナー）法を成立させ、同性カッ
プルを法的に認めた。2013年には、同性カップルの結婚または二人が養子を
とる権利に対する法律が整備されることになった。これはフランスで「みんな
のための結婚」と表現される法律である。2012年、この法律の成立をめぐり
各地で大規模なデモが巻き起こり、PACS成立時以上の反対運動があった。パ
リテ法によってジェンダー平等を推進してきたフランスにとってこの反対運動
は、「バックラッシュ」とも言える現象だった（Achin et al. 2017: 69）。

　リベラルフェミニズムの立場からバダンテールやテリーは、同性婚に賛成し
た。同性愛カップルに対する生殖医療技術の使用も認めるべきだという立場で
あった。他方、パリテ法を成立に導いたアガサンスキは、「婚姻は男女の補完
的な関係から」として当初反対していたが、ホモフォビアをなくすことを理由
に賛成に鞍替える。だが、親子関係は自然な生殖からくるものとし、同性カッ
プルが子供を持つことや生殖医療技術を使うことに反対した（長谷川 2015：
74）。

　同性婚の反対者たちは、「万歳パリテ、まず結婚内にパリテを」など、「パリ
テ」という言葉を用いて、デモ活動を展開した（Julliard et Cervulle 2013:
171）。2021年、2013年当時には適用のなかった同性愛カップルの生殖医療技

術の適用に関する法案可決の際にも再度、反対のデモ活動が起こった。パリテ法成立の際に普及したアガサンスキなどの差異派のフェミニストの考えにより、国民の異性愛志向がより強まったためではないかとの指摘がある（村上2018: 64ff）。

おわりに

　フランスではパリテ法成立以降、ジェンダー平等が高まり、国内外からも評価されている。パリテ思想が理論上は間違いとしつつも賛同したフェミニストたちの「連帯」の精神がその貢献の一部にあったことを忘れてはならないだろう。

　他方で、パリテ法成立以降に繰り広げられたスカーフ禁止論争、同性婚反対運動は、パリテ思想のネガティブな側面を映し出した課題のように思える。そのような中で今後、フェミニズムはどのような実践を行っていくべきなのか。

　フランスでは、近年ようやく、フランスの思想を基盤として英米圏で発展を遂げたクィアスタディーズが逆輸入され、それに対する関心が高まりつつある。そのような中で差異派のフェミニズムの思想を基盤に持ち、性を2つのカテゴリーに区別し、異性愛主義につながる危険性のあるパリテの思想が揺らぎ始めたと言える。フェミニズムは、「Xジェンダー（性自認が男女のいずれにも当てはまらない人）」を含む多様なセクシュアリティの平等性の観点からパリテ思想の限界を認識し、問い直す必要が出てきたのではないか。

　また近年、地域、人種、民族、階層、宗教などの間の分断、格差が深刻化している。そのような状況を受け、英米圏を中心に「ブラックフェミニズム」「インターセクショナリティ・フェミニズム」などの新世代のフェミニズムが展開しており、フランスでもその流れが認識されてきた[5]。

　このような流れは、ジェンダーだけでなく、ジェンダーと人種、宗教など複数のカテゴリーが結合、交差して生じる差別・抑圧の構造を変革しなければ、真の意味でジェンダー差別が解決されないとの考えから誕生している。複数のカテゴリーが結合、交差することで生じる差別・抑圧構造をとらえた概念が

「インターセクショナリティ」である。

　この概念が生まれる経緯に「ブラックフェミニズム」の存在がある。これまで例えばアメリカ社会では黒人女性は、ジェンダーと人種という二重の差別・偏見の中に置かれてきた。ジェンダー差別においては白人と非白人の経験に大きな差があり、人種差別においてはジェンダーによってその経験に大きな差がある。ジェンダー差別、人種差別という単一軸での思想、運動の下では、逆説的にもその二重の差別が可視化されにくくなる。このような理由からジェンダーと人種を掛け合わせた、交差的な立場からアプローチする「ブラックフェミニズム」が生まれ、これが「インターセクショナリティ」につながっていった。

　このような流れを考えた時、フランスの「普遍主義」に対する限界にも気づく。ジャック・デリダは、フランスの普遍主義は「男性」性かつ古代ギリシアのロゴス中心主義であると指摘する（コラン 2007: 9-10）。つまり「女性」性のみならず「多文化」も平等に包摂していないことがフランスの混迷の原因にもなってきた。フランソワーズ・コランは、「普遍主義は単一ではなく、複数でなくてはならない」と普遍主義に新たな視座を与える（コラン 2007: 9-10）。

　つまりフェミニズムは、パリテ法の前提にもなってきたフランスの普遍主義自体を問い直さなければならないだろう。「パリテでジェンダー平等を」と言いつつも不可視化されてきたジェンダー差別・抑圧の構造を今一度直視する必要がある。近年、フェミニズムは多様化しているが、分断ではなく、多様な立場の者を巻き込み、包摂しながら幅広い連帯を創設することで、結合、交差する差別や抑圧を生む社会構造をも改革しなければならない。そのような新たな実践がフェミニズムに求められていると言えるだろう。

注

(1)　ジェンダーとセックスの定義については、Oakley（1972）に詳しい。
(2)　クィアの起源については、Hennessy（1993: 996）に詳しい。
(3)　この点は、バダンテール（2006: 28）に詳しく説明されている。
(4)　パリテ法の成果に関するコメントは、La Découverte編（2007: 130）に詳しい。
(5)　ヴァリカス（Varikas, E）がLa Découverte編（2007: 138-139）で述べている。

参考文献・資料

コラン，フランソワーズ（2007）「対話的な普遍に向けて―フランスと日本―近代性との関係の二つのあり方」『フランスから見る日本ジェンダー史：権力と女性表象の日仏比較』新曜社.

辻村みよ子（2009）「多文化共生社会のジェンダー平等：イスラムのスカーフ論争をめぐって」『GEMC journal：グローバル時代の男女共同参画と多文化共生』1: 10-19.

長谷川秀樹（2015）「同性愛者は『性的マイノリティ』」か？　―パックスから同性婚に至るまでのフランス社会における同性愛と同性親権をめぐる議論―」『横浜国立大学教育人間科学部紀要』Ⅲ（17）別冊: 66-73.

バダンテール，E（2006）『迷走フェミニズム：これでいいのか女と男』夏目幸子訳，新曜社.

村上彩佳（2018）「男女平等理念が異性愛主義と結びつく危険性―フランス市民の『パリテ』解釈を事例に―」『フォーラム現代社会学』17: 63-77.

Achin, C. et al.（2017）Paysage féministe après la bataille, *Mouvements* 89: 69-77.

de Beauvoir, S.（1949）*Le Deuxième Sexe*, t. II, Gallimard.

Boyle, C.（2012）Post-Queer（Un）Made in France ?, *Paragraph*, 35(2): 265-80.

Butler, J.（1999）*Gender Trouble: Feminism and the Subversion of Identity*, New York, Routledge, first published 1990.

Haase-Dubosc, D.（1999）Sexual Difference and Politics in France Today, *Feminist Studies*, 25(1): 183-210.

Hennessy, R.（1993）Queer Theory: A Review of the 'Differences', Special Issue and Wittig's The Straight Mind, *Theorizing Lesbian Experience*, 18(4): 964-973.

Julliard, V. et Cervulle, M.（2013）Différence des sexes et controverses médiatiques : du débat sur la parité au « mariage pour tous » (1998-2013), *Le temps des médias*, 21(2): 161-175.

La Découverte編（2007）Trouble dans les féminismes: la parité, et après ?, *Mouvement*, 50(2): 130-142.

Oakley, A.（1972）*Sex, Gender and Society*, London, Maurice Temple Smith.

Picq, F.（2002）Parité, la nouvelle 'exception française', *Modern & Contemporary France*, 10(1): 13-23.

第2章

対談：フランスにおけるパリテ法の 制定過程と成果

対談者
  ステファニー・エネット＝ヴォーシュ（パリ第10大学教授）
  ディアンヌ・ロマン（パリ第1大学教授）
聞き手
  シモン・サルヴラン（上智大学准教授）

この対談はフランスでビデオ録画され日本に送付され、2020年11月24日に
同志社大学で開催されたフォーラム「フランスに学ぶパリテ法の成果と課題」に
おいて紹介され、本書に対談者の許可を得て抄録を掲載するものである。（編者）

シモン・サルヴラン氏

それでは早速、ステファニー・エネット＝ヴォーシュ先生とディアンヌ・ロマン先生をご紹介いたします。最初にご紹介するのは、エネット＝ヴォーシュ先生です。先生はパリ大学ナンテール校の公法学教授、フランス大学研究所の上級会員、権利研究センター所長、法の理論と分析のためのセンター副所長であり、法哲学、生命倫理、社会

的権利、基本的自由、政教分離など、さまざまな法的テーマに関する数多くの著作、業績をお持ちです。さらに先生は、国民議会、元老院から、定期的な諮問委員の要請を受けてもいらっしゃいます。ディアンヌ・ロマン先生はソルボ

ンヌ法律学校の教授、フランス大学の名誉会員、ソルボンヌ（UMR）8103の法哲学研究所の会員であり、ステファニー・エネット＝ヴォーシュ先生と共に、権利研究センターにもご所属です。エネット＝ヴォーシュ先生と同様、多くの分野について、なかでも、社会的権利の問題に関して、幅広い見識をお持ちです。本日私たちが特にお伺いしたく思っている法とジェンダーの問題は、先生が共同編者となってきた多くの著作において取り扱われてきた問題です。

　さて、パリテ法についての最初の質問をする前に、ジェンダーと法に関する共同作業について、お話しくださいますでしょうか。

エネット・ヴォーシュ氏

　では、ディアンヌ・ロマン先生、そして、パリ・ナンテール大学の同僚であるマーク・ピシャール先生と一緒に進めて参りました、REGINE プロジェクトについて少しお話しさせていただきます。

　2011年から2015年までの間、私たちは、この企画を主導して参りました。この企画では、多数の法学者を集めて、ジェンダーの概念から法領域全体に対して、そしてまた、社会法、医療法など、従来男女の平等と関連付けられていた問題に対して、さらに、一般的にはこのテーマとは関わらないとされてきた企業に関する法や、予算に関する法、憲法などの問題に対して、これらの問題全体に、批判的なまなざしを向けることを可能にするため、一連の分析、一定の技術、一定の理論を生み出そうと試みてきました。そして、この研究は非常に豊富な成果を残し、この研究領域において、そしてフランスにおける法学において、一石を投じるものとなったと、私は確信しています。

　なぜなら、今日、多くの仲間たちが、とりわけ若手研究者たちが私たちによって開拓された、これらの問題に取り組んでおり、現在も、その取り組みは続けられています。このような成果を得られたことには、とても満足していますし、今回のような調査が、歴史的な価値を持っていたことの証左であると信じています。

ディアンヌ・ロマン氏

　そうですね。それは、国際的な考察に対する、様々な関心の表れでもありますね。というのも、REGINE プロジェクトは、男女平等の問題に関して、北米、イギリス、スペイン語圏の国々ですでになされている研究と比べて、フランスの法学は遅れをとっているというところから生まれたからです。したがって、私たちがフランスにおけるこの種の考察に対してもたらした成果とは、フランス法とフランス社会の潜在的な特殊性を検討するために、比較法という道を開いたことだったのです。そして、これが、この企画がフランス法学の領域において特に革新的であった点です。

　この企画の立ち上げから約10年が経ちますが、日仏の観点から皆さんとお話しすることができて、とてもうれしく思います。というのも、外国法研究の関心から学んだことを、また別の視点、つまり日本の視点において共有できることを嬉しく思うからです。

ヴォーシュ氏

　まず心に留めておくべきなのは、フランスにおいて女性の政治的権利が認められたのは比較的最近のことであるということでしょう。フランスにおける最初の普通選挙の実施は、フランス革命期の1792年、そして、第二共和政期はじめの1848年にもありましたが、これらは実は男性普通選挙であり、女性の選挙権を認める法律について数多くの法案が提出されるようになったのは、20世紀前半のことでした。何度も提案は続きましたが、いつも阻止されました。とくに戦時中、元老院は、かたくなに阻止し続けました。それゆえ、フランスにおいて、いわゆる政治的な近代が達成されたのは、実は、かなり遅い時期のことです。

　つまりようやく、第二次世界大戦後の1944年、国の解放運動に際して、ドゴール将軍によって出された政令によって、女性に選挙権と被選挙権が認められたのです。これが、私たちが今日行う考察の出発点となるものです。1944年以降、女性が早い時期から選挙権を行使し、最初の投票は1945年に行われ

ました。しかし、それに対して被選挙権については、女性は排除されていたわけではないにしても、政治生活から長い間、疎外されていました。

　このことを知るための指標として、議会に選出された女性の割合を見てみましょう。1946年、第四共和政期の最初の国政選挙において選ばれた女性の国民議会議員は全体の6.8％に過ぎず、1993年、つまり47年後においても、まだ6.1％でした。1946年から1993年の間の経緯をみますと、1962年には1.7％、1978年には4.3％になるなど、何度か大幅に低下しています。言い換えれば、女性は投票する権利を持っているが、政治生活に十分に参加することはできず、そして、このような状況は自然には解決しなかったのです。長い間、何も変わらなかったのです。つまり、積極的な行動がなにか必要だったということです。私たちが90年代以降、「男女同数（パリテ）」と呼ぶようになる政策についての最初の大きな議論は、1982年に行われました。

　その前年、左派はフランソワ・ミッテラン政権下の選挙において、権力を得ていました。そして、ジゼル・アリミ氏という女性議員が、国会に加わったのです。彼女は、アルジェリアでの戦争に反対し、弁護士として中絶の合法化を約束し、そして、地方選挙に適用される選挙法の改正にも賛成投票しました。この改正の目的は、これから見るように控え目なものでしたが、それでもなお、フランスにおける政治的平等の問題と憲法とは衝突することとなり、その衝突は、その後長く続くこととなります。

　問題の法律は、人口3,500人以上の町で、かつ、評議員の選出のために候補者名簿を利用する方式を採用している所では、候補者名簿において同性候補者は、全体の75％以上を占めることはできないと規定しました。言い換えれば、地方選挙の候補者名簿には、最低でも25％の女性を含める義務を設けたのです。

　1982年11月17日、憲法院は、この定めを違憲であるとする重要な判決を下しました。判決は、次の二つの原則に基づいていました。一つ目は、国家主権の不可分性であり、二つ目は、法の前の平等です。憲法院は、これら二つの憲法上の規範を組み合わせて選挙人と被選挙人は、全体が一体のものとして、不可分な主権を形成するのであり、それゆえに不可分であり、分割することはできないと示しました。たとえば、選挙人と被選挙人のなかに、性別に基づく分

類を設けたりすることはできないのです。

　このように、憲法院は普通選挙の理念を理由として、1982年の選挙法を違憲であるとしたのです。

　この決定について、もう一つ興味深いのは憲法院が、憲法上の他の規則には触れていないということでしょう。1946年憲法前文の第3項には、法律は、すべての領域において、女性には男性と同等の権利を保障する、という旨が定められていますが、このような規定には触れなかったのです。したがって、1982年以降、選挙候補者において、性別による割り当て（クオータ）を目的とするすべての法律は、憲法院によって違憲であると判断されることが確実となり、政治生活への女性の参加を奨励するための様々なプロジェクトへの扉は閉ざされてしまったのです。そのため、この問題は長い時間を隔てて、再度議論されることとなりました。

　1990年代、1995年の大統領選挙の機会に議論されることとなりましたが、特に重要なのは、1997年の国民議会議員選挙の際の議論です。このとき、初めて、いくつかの主要な政党、なかでも、選挙に勝利していた社会党が、97年の国政選挙において、相当数の女性を候補者とするという公約を引き受け、それを尊重したのです。結果として社会党は、その約28％を女性候補者としました。この選挙は、ターニングポイントとなりました。なぜなら、この選挙の結果、女性は国民議会議員の19％を占め、これは、歴史的なスコアであったからです。この選挙は、90年代初めからこのテーマを議論しようと努力してきた人々の立場を強化することとなりました。そうして、憲法規定そのものの改正をするためのプロジェクトが、立ち上がることとなりました。

　憲法そのものを変えることとなった事情は、つぎの通りです。まず、さきほど見たとおり、1982年の憲法院判決は、性別によるクオータを一切認めないものでした。さらに、この1982年判決の立場は、その17年後の1999年1月の判決においても再確認されることとなりました。すなわち、1999年1月判決においても、憲法院は自らの立場を一切変更することがなかったのです。

　1990年代末、地方選挙とコルシカの議会選挙についての選挙法が可決されましたが、同法は、「各候補者名簿は女性候補者と男性候補者の平等を確保する」と規定したものであり、これもまた、憲法院に付託されることとなりまし

た。憲法院は1982年判決の立場に、一切修正を加えることなく、再度それを
表明し、選挙人と被選挙人の中で、性別に基づいた区別をすることに反対した
のです。99年1月のこの判決は、主に次の二つの点で重要です。

　一つは、もちろん、憲法改正を何らかの方法で急がねば、このテーマについ
て積極的な行動をとるためには他に方法がないということを実感させたという
ことです。もう一つは、同判決が、パリテの概念が、法的には、平等原則と緊
張関係に置かれるという状況を作り出したということです。98年の、地方選
挙に関する法律は、先ほど申し上げたとおり、女性候補者と男性候補者の間の
パリテの要件を規定するものでした。言い換えれば、一つの性が他方の性と同
数であること、すなわち男女の候補者の間の平等を規定するものでした。しか
し憲法院の論理は、法の前の平等の原則に基づいて同法を無効にし、それによ
って、法の前の平等の原則の目的に反するものだったのです。そうして、この
ことは、その後行われる憲法論争に重くのしかかることとなりました。パリテ
の推進者は、その目的が憲法院判事がいうように平等原則に反するものではな
く、それが実際には、平等を達成する手段であるということを証明しなければ
なりませんでした。

ロマン氏

　いま、ヴォーシュ先生が説明してくださったのは、最終的には、パリテをめ
ぐる憲法のお話、そして、法的な、判決をめぐるお話をつむぎ出すこととなっ
た最初の頃のお話でしたね。1999年、さまざまな政治的グループにおいて、
女性をよりよく代表できるようにするため強制的な措置をとろうとすることに
対して、全体として非常に好意的な政治的文脈がありました。この政治的な文
脈は、過去数十年と比較すると、本当に大きく変化していました。

　ヴォーシュ先生が、先ほどお話しされていたように、左派はパリテを基本要
素とした、新たな共和国憲法の制定を望み、右派は非常に長い間、このような
政策に敵対していました。しかし、右派は分裂しました。当時の共和国大統領
ジャック・シラクは、彼が勝利した大統領選挙の時、特にドイツと比較して、
フランスが遅れを取り戻すことを目的とした政策に賛成する立場をとっていま
した。それゆえ、右派がパリテの政策に対して依然として敵対的であったとし

ても、全体的な状況は変化しており、特に世論はパリテに非常に好意的でした。

　1999年に国民の意識調査が行われたところ、調査対象となったフランス人のうち、80％が強制的な措置に賛成であり、しかも、この政策の実施を、他の規定や、最低賃金の引き上げなどの他の政策よりも優先していることが分かったのです。このような新しい政治的文脈のなかで、1999年7月8日の改正によって、政治的な諸論点や選挙の憲法的枠組みに関する憲法の第3条、第4条を修正することになりました。

　この規定は、法律は、代表者の選出において（政治的な代表者選出の場面に限って）、男女の平等な参加が保障されるということを、初めて定めたものでした。したがって、この時の改正は、全体として代表者選出への参加に関連するものであり、つまり、女性の国民議会議員、元老院議員、市町村議会議員、市長、地域圏議会議長、県議会議員などが生まれる可能性がある、ということです。

　憲法の改正が、選挙の側面にのみ焦点を合わせていたということは、非常に明確な効果をもたらすこととなりました。それまで、これらの政策の障害となっていた憲法院は、譲歩せざるを得なくなり、この国民主権の表れと憲法改正の前に口を閉ざすこととなったのです。憲法院は、もはや選挙の分野においては、この改正を承認することしかできませんでした。一方、選挙以外の分野において施行され始めていた、パリテに関する諸規定は、2001年の重要判決をはじめとする憲法院の判決によって、違憲とされ続けていました。

　2001年の判決において、憲法院は司法官の地位、なかでも司法官職高等評議会の構成に修正を加える組織法について、判断を示しました。この司法官職高等評議会とは、司法の独立と司法官のキャリア、昇進の管理を担当する機関です。問題となった法律は、同評議会を構成する司法官の選出について、男女同数の候補者名簿を、選挙人に提示しなければならないと規定しました。

　憲法院は2001年判決において、憲法は政治的な代表者選出についてのみ、男女の平等参加を促進しているのであり、社会的、職業的要職については、何らの変更も加えていないのだ、との解釈を示し、結果としてクオータ制やパリテを定める規定の禁止、という原則は残存することになりました。このように

して、2001年、憲法院はパリテを定める規定を、選挙以外の領域に拡大することへの反対の意志を示し、それゆえに憲法上の新たな障害が生じることとなったのです。

この問題の解決は、2008年7月23日に行われた憲法の新たな改正を待たなければなりませんでした。ここでもまた、憲法制定権力が憲法規定の適用範囲を広げるために、憲法条文を修正しなければならなかったのです。2008年7月23日に行われたこの改正は、いわば裏口からなされたものであるということができるかもしれません。というのも、これは当時のニコラ・サルコジ政権下で、政治的多数派たちによってなされた、非常に野心的な憲法改正であったからです。

この改正は、もともと憲法典の主要部分を改正しようとする、憲法全体の改正であり、この改正のための憲法的法律には、当初は男女平等の問題に関する規定は含まれていなかったのです。それゆえ、男女平等の目的のためには、同法案は修正される必要がありました。この修正は国民議会から提出され、それゆえ、議会による改正であったといえるのですが、この修正は法案に、今後、法律は、1999年以来の政治的代表の選出の場面に加えて、職業的、社会的要職にも、男女の平等な参加を促進するという規定を入れるものであり、これは最終的には、憲法に新たな第1条を創設することとなりました。したがって、少なくとも職業的、社会的領域において、これまで言及してきたようなパリテの諸規定を導入することが可能になったのは、2008年になってからのことである、ということになります。つまり、憲法院の判決によって生じた法的な障碍を乗り越えるために、二度にわたって、憲法を改正する必要があったのです。

2008年から現在まで、12年が経過しました。現在、政界において、パリテはどのように受け止められているのでしょうか？　パリテは現在、真に望ましい目標、あるいは、政党によって積極的に評価される価値となっているでしょうか？　一方では、前向きな見方があるでしょう。二度にわたる憲法改正を経て、パリテはフランスの憲法にしっかりと根ざし、そして憲法院は、選挙の分野のみならず、職業的、社会的な領域においても、そのパリテを実施しようとする諸法律を合憲である、としています。

　すなわち、パリテに有利な憲法判例がある、ということです。そしてまた、これまでパリテの導入に抵抗してきた政党を納得させることにさえ成功しました、パリテに好意的な政治的な意見もありますね。2008年の憲法改正は、このように、とても広く受け入れられています。以前は、このような方法に反対していた右派の議員でさえ、議会で次のように述べました。「我々のなかに、パリテに反対する議員などいるだろうか？」と。この議員は、その後、反対票を投じるよう呼びかけたりするようになるのですが、それはさておき、政治的な議論全体としては、パリテを容認しているといえるでしょう。このように、とりあえず、法的枠組みと政治的な議論は進歩したといえるかもしれないし、それらはもはや、パリテの規定に対して非常に好意的なものとなったといえるかもしれません。

　とはいえ、政治的な議論における、このような熱意や協働の評価については、少し慎重になるべき部分もあります。それは、パリテの原則に対立するような判決がいまだ存在しているということです。現在は憲法条文自体がパリテを認めていますから、対立の舞台はもはや憲法院ではありません。むしろ、コンセイユ・デタにおいて対立が生じているのです。コンセイユ・デタは、フランスの行政裁判における最上級裁判所ですが、コンセイユ・デタは、パリテや男女平等を定めるような、行政行為、行政規則を無効にすることができるのです。現状でわかっているのは、コンセイユ・デタの判決は、パリテや男女平等を認めることについて、敵対的ではないにしても、少なくとも非常に慎重な態度を維持しているということです。

　2008年以降の多くの判決において、コンセイユ・デタは、男女間のパリテの措置を実施しようとした行政規則を無効としてきました。理由については、たとえば、立法者による介入が不可欠である、すなわち、ただ立法者のみが、パリテの措置をとることができるのであって、法律がないのに行政がそれを作り出すことはできない、などと説明しています。

　さらに、立法者は、その措置は非常に明確に定める必要があるとし、コンセイユ・デタは、例えば市町村間広域連合における市町村代表の指名に関するパリテに、反対しています。さらに、立法者によって定められた措置を、他の措置で代替することはできません。たとえば、立法者によって作られる法文は完

全で、すべての想定事例をカバーしている必要があり、法文に少しでも曖昧な部分があるとそれはもう、パリテの原則が適用されないこととなってしまうのです。

　このように、コンセイユ・デタは、全体としてためらいを強く感じているようです。驚くべきことは、このためらいに偏りがあることです。コンセイユ・デタは、全体として、女性が政治的、職業的、社会的な代表に参加することを促進するような、パリテの措置には反対しているのですが、しかし、コンセイユ・デタの歴史の中では、全く逆の状況もあったのです。

　つまり、過去には、男性候補者を明らかに有利にするような措置があったのですが、これについては、コンセイユ・デタは、好意的であったのです。1986年、当時、教員の過半数が女性であったことから、学校教員の雇用の際、男性候補者を推進するような措置がとられ、それが問題になりました。すなわち、その措置のねらいは、教職において、男性候補を有利に取り扱うことだったのです。1986年、コンセイユ・デタは、この措置を有効なものと承認しました。その理由は、子どもたちの手本として、学校内に男性と女性の教員がいることが、子供たちの精神にとって利益になるというものでした。このように、パリテではないとしても、少なくとも、教員集団の中に、男女が混じり合っているということを促すような措置が、コンセイユ・デタによって、合法であると判断されていたのです。さらに、2回の憲法改正にもかかわらず当初から、コンセイユ・デタは次のような立場を固持しています。いわく、「平等原則は、人々の間の性差を考慮に入れることを禁じているのだ」「公務員と公的雇用への、平等な参加の原則は、特定のカテゴリーの人だけを援助することを目的とした、いかなる措置にも反対している」と。

サルヴラン氏

　どうもありがとうございました。この件についてお伺いしたいところもあるのですが、エネット＝ヴォーシュ先生に、フランスのパリテについて、すなわち、パリテ法について教えていただければ、より具体的に理解できるようになるのではないでしょうか。

ヴォーシュ氏

　ディアンヌ・ロマン先生が、いま説明されたように1999年の憲法改正は、1982年以来の、パリテを政治的代表の問題に限定しようとしたという限界を解決しようとするものでした。そうして、1999年以降、非常に迅速に、この憲法の目的を選挙法に具体化するための、一連の法律のうち、最初のものが採択されることとなりました。これが、2000年6月6日のことです。

　少し具体的に説明したいのですが、この最初のパリテ法によって定められた、一般的な枠組みは「代表者選出と選挙人団における男女の平等参加を促進することを目的とする」というものでした。同法は、まず、候補者名簿式の選挙と、単記式の投票とを大別します。候補者名簿式の選挙の場合、パリテの要請を満たすことは比較的に容易です。実際、参加している政党や候補者名簿には、パリテの原則の尊重、つまり男性候補者と女性候補者の間の平等を尊重するように求められています。80年代以降の地方選挙を例にとってみると、2000年6月6日の法律により、各候補者名簿は、6人の候補者の各グループ内の男女平等を、厳格に尊重しなければならないとされました。たとえば、先頭に3人の男性が来るならば、その後には3人の女性が続くように候補者名簿を作成したり、女性、男性を交互にリストに作成するなどの方法があります。その方法はさておき、ともかく、6人の候補者グループごとに、3人ずつの男女が入る、という厳格な平等が求められるのです。

　このルールに従っている限り、具体的な順番の組み合わせは自由です。加えて、この規則を守れなかった際の制裁も非常にシンプルです。この要件を満たさない候補者のリストは拒否されるのです。すなわち、選挙のために名簿を登録することができず、候補者が選挙に参加することができなくなるのです。単記式だと、もう少し複雑になります。というのも、政党は各選挙区ごとに1人の候補者しか出さないからです。政党は、各選挙区ごとに、男性を出すのか、女性を出すのか決めねばなりません。この場合、政党への公金による助成金との兼ね合いで、選択がなされることになります。

　たとえば、単記式の典型例として、国民議会議員の国政選挙の例で考えてみましょう。フランスでは、この種の選挙については、577の選挙区があります。主要な政党は、一般的に多くの選挙区で候補者を出しますから、原則とし

て、男性と女性の候補者を半分ずつ出す必要があり、そうでない場合には、政党に与えられる助成金の額が、パリテに違反している度合いに応じて、減額されることになります。一例を示してみましょう。単純化のために、大体の数字で説明します。350の選挙区について、150人の女性候補者と200人の男性候補者をだしている政党があるとしましょう。ここでは、男性候補者の数と女性候補者の数に50の開きがありますね。この場合、この政党がもらえる助成金は、この50の開き分の150％減額されることとなり、結果として、75％、助成金が減額されることとなります。

　つまり、この場合には、政党が要求できる公的助成の額において、75％分の金銭的ペナルティを受けることになるのです。

　この決まりが有効なものであったことは、数字が示してくれています。今日、国民議会議員の38.8％が女性です。そして、この数字は、継続して増加しています。ロマン先生が、この点についてもう一度説明されると思いますが、このような単記式における方法は、候補者名簿式の場合に比べて効果が低いでしょう。というのも、仮にパリテを尊重しない政党があったとしても、その政党が選挙に参加すること自体は可能だからです。その政党は、金銭的なペナルティを被るにすぎず、経験からすれば、それが平気だという政党もあるでしょう。そのため、2000年6月6日の法律で定められたこの基本的な枠組み、すなわち、候補者名簿式と単記式の選挙は何度も修正・改良され、現在では、他の各選挙、すなわち上院、ヨーロッパ議会、地方選挙などにおいて独自にパリテのルールが設けられています。長々と法律を掲げてうんざりさせるつもりはありませんが、少なくとも15の法律があり各選挙に即して、パリテという憲法上の目標を具体化しています。

　しかし、最後に、何よりも重要なことは、1999年の憲法改正、とりわけ2008年の憲法改正以来、ロマン先生が述べた通り、パリテという憲法上の目標を職業上および社会的な責任のあるポストにまで広げたということです。こうして、パリテのパラダイムが社会的な正当性を獲得し、ともかくも政治以外の多くの分野でももち出されるのを見てきました。そのため、今日では、たとえば従業員数が250人を超える企業の取締役会では、女性が40％以上を占めることを求める法律があります。この点、たとえば2011年にコペ＝ジメルマン

法が成立し、最近では、2019年のパクテ法によっても、パリテ制度の拡張が見られました。また、公務員のうち一定の部門の最上級職ポストについては、40％を女性に配分するという法律規定もあります。これは、2012年のソバデ法の規定です。

　大学や高等教育機関のすべての執行機関において女性と男性の代表にバランスを求める規定もあります。これは2013年の法律によって設けられた規定です。さらには、こうした男女の配分や代表の均衡を求めるアプローチが、スポーツ連盟から、社会保障公庫、農業会議所や手工業会議所といったあらゆる一連の決定組織や機関にまで一般化されているのです。こうしたことは、「真の平等に関する2014年8月4日法」で設けられた規定の最も横断的な側面でした。言い換えれば、お尋ねになったパリテの規定は、それが誕生した政治領域をはるかに超えて広がっているのです。非常に興味深く、注目すべきことは、取締役会、上級公務員、真の平等に関するこれらの法律のすべてがパリテのメカニズムを新しいセクターにまで拡大していることであり、もはや議論さえほとんどされなくなっている様子を見て取ることができます。「パリテは平等に反する」などという大きな反対の時代は、少なくとも、国民議会における政治的演説や、憲法上ないし法的議論としては、完全になくなったようです。

　女性が歴史的に過少代表されてきたあらゆる組織構造において、そのプレゼンスを高めるというパリテの目標の原則の問題が、もはや真正面からの反対に直面していないかのようです。しかし、私が強調したいことは、消えたように見えるのは、あくまで真正面からの反対であるという点です。なぜなら状況が今後、文句なしに理想的であると考えてはなりませんから。ディアンヌ・ロマン先生が、現在でも残っているより陰湿な形の反対や、私が取り上げた規定のうち、いくつかの有効性が相対的でしかないことなどについてお話しになることと思います。

サルヴラン氏

　ありがとうございました。バトンタッチがなされました。ではロマン先生、論点は法律の有効性、そして、パリテ法が今日に残した遺産が何であるか、パリテ法が直面する問題は何か、そして実際にまだ存在する、可能性のある反対

についてです。

ロマン氏

　ありがとうございます。まさにその通りです。女性と男性の平等を支持する最初の措置が発効してからほぼ20年が過ぎた今、いま挙げられた論点は非常に重要です。論点を整理してみることが重要です。残された疑問は二つあります。一つは、法律によって課せられた義務の射程についてであり、もう一つはやはり、これらの法律による措置が、より平等な社会を実現するという目的に照らし、フランス社会を変革するものとして有効で可能性のあるものかという問題です。

　まず、最初の論点であるパリテ法によって設けられた義務、ないし義務の性質については、何よりもまず、パリテを支えるメカニズムを創設するかどうかは、常に立法者の判断であるということに注意する必要があります。憲法は、そのような法律規定の創設を要請しているわけではありません。

　憲法院は、2015年の判決でこのことを非常に明確に確認しました。立法者は、憲法第1条に従って、女性と男性の平等を支える法律を可決するという選択をすることができる一方、そうした法律を創設しないという選択もまた、することができると強調しました。そして、いずれにせよ、パリテ原則は憲法上の権利および自由を構成するものではないので、合憲性の優先問題（QPC）を提起する根拠とはなりえないのです。つまり、法律がパリテを規定していないからといって市民である私たちが憲法院に異議を唱えることはできないのです。ですから、パリテの規定を設けるかどうかは、立法者にとって単に選択肢の1つであり、立法者が有している非常に広い評価の余地に、また1つ選択肢を加えるものといえます。

　すなわち、立法者はパリテのメカニズムを規定することを選択することも、規定しないことも選択できるのです。仮にパリテを規定することを選択した場合、立法者は、規定の方法として多数のツールを持っています。いずれにせよ、立法者に課されているのは手段の義務であり、結果の義務ではありません。具体的には、ヴォーシュ先生が名簿式投票について述べたように、特定のケースでは非常に様々な規定が設けられ得るのです。あるケースでは、厳密な

50対50の平等義務がある一方、他のケースでは、非常に柔軟なパリテ規定が設けられており、例えば、女性と男性の代表の均衡をとるよう努力させるにすぎない。仮に立法者がこのような非常に柔軟な規定方法を選んだとしても、裁判官はこの政治的選択に服すのです。たとえば、昨年2019年に示された破毀院判決が興味深い例です（注：破毀院 Cour de cassation は、フランスの裁判所の一つ）。

　この事件で争われたのは、企業内における被雇用者代表の選挙方式だったところ、法律では、こうした選挙の候補者の名簿が比例的に、すなわち企業内における男性社員と女性社員の数に比例的に作られることとしていました。言い換えれば、男性社員が80％、女性社員が20％を占める企業においては選挙名簿はこれを反映させなければならないものとして、名簿の80％が男性、20％が女性で構成されていてもよいということになります。破毀院は、このような法律規定が、「抽象的なパリテではなく、当該企業内の選挙人団に含まれる男女社員数に対応した候補者の比例性」を反映していると強調しました。この判決で適法なものとして認められているのは、50対50の計算上の平等ではなく、選挙人団の社会学的あり方を忠実に反映する方式の一つです。

　パリテ規定を設けることは、立法者にとって義務ではなく仮に立法者がパリテ規定を設けるとしても、非常に広い裁量を有しているという事実がパリテ規定の社会変革装置としての可能性を制限することに繋がっていることは確かです。つまり、このパリテ規定は、たとえば雇用主に対し、女性社員を採用するように促す効果はなく、つまり、被用者の社会学的あり方そのものを平等とし、女性と男性の両方を代表するように促す効果はないのです。

　このように、立法者は非常に広い評価の余地を有しており、パリテ規定の不在について、裁判で異議を唱えることはできないことが分かります。また、立法の不備に異議を唱えることもできません。したがって、パリテの義務の射程は非常に限定的であることが分かります。次に、問われるべき二つ目の課題は、パリテに関する諸法律規定の有効性に関するものでした。これらの規定は、現在、フランス社会の変革を実現し、女性と男性が、選挙や政治的責任、社会的責任に平等にアクセスすることができるようにしているといえるでしょうか。先ほどと同じように、こうした規定をかなり楽観的にも悲観的にも読む

ことができましょう。

　かなり楽観的な読み方としては、例えば、あらゆる地方議会、すなわち、市町村議会、県議会および地域圏議会などについては、エネット＝ヴォーシュ先生が示した厳格なパリテ規定のおかげで、女性議員50％、男性議員50％が選出されています。したがって、以前に比べて驚異的な進展があったといえるでしょう。たとえば20年前には、県議会の女性議員は13％のみでした。2015年以降には、50％が女性議員です。このように、地方議会、この場合は県議会の社会学的あり方は実に大きく変化しました。しかし、よく見ると、県議会は確かに50対50のパリテを実現しているといえますが、誰がこれらの議員によって選出されているのでしょうか。つまり、これらの議会を率いるのは誰でしょうか。言い換えれば、市長は誰でしょうか。県議会議長は誰でしょうか。地域圏議会議長は誰ですか。なんと、これらの議会の長は男性ばかりなのです。

　つまり、法律が拘束力のある規定を設けていない場合には、政治的権力闘争と、政党内部の古典的機能方式がみられるのであって、結局のところ、男性こそが責任のある最も重要な権力をもつポストに就いているのです。したがって、法律でパリテが課されていない場合には、政治上の上級責任職に女性がアクセスするには、依然として、大きな困難を伴うことが分かります。たとえば、フランスには女性首相が1人しかいなかったことを思い出してください。それも、ほぼ30年も前の1990年代初めにエディット・クレソンが首相に就任しましたが、その前にも後にも、女性首相はいないのです。このことからも、女性にとって政治的な上級責任職へのアクセスが常に複雑であることが分かります。経済・社会分野における平等を促進する措置についても同様です。女性と男性の代表が確実に均衡のとれたものにすることを目的として、多くの法律が制定されてきました。たとえば、公務員についてみると、一般的には、こうした法律が非常に柔軟なものであることが分かります。

　つまり、具体的に見てみると、こうした法律はいわゆる「最初の任命」についてしか適用されないと規定しているのです。すなわち、公務員の就任の時点でのみ適用され、更新については、このクオータ制は機能しないのです。クオータ制は、公務への新規採用者、新規参入者にのみ適用されるのです。しかも、代替措置を設けることさえできます。たとえば、法律は、男性知事を任命

する場合、女性副知事を任命することによってパリテを代替できるとしているのです。ただし、職位の名称に表れている通り、知事に就任することと副知事に就任することは同等ではなく、このように、パリテ規定の射程を減じることになってしまう一連の措置があることが分かります。告知の効果というものが見られ、きわめて強い政治主導的な宣言で「パリテを確立しよう」「平等を確立しよう」などと言うことによって、舞台裏でそれを制限しようとする一連の手筈が整えられるのです。いくつかの数字だけを見てみましょう。たとえばコンセイユ・デタでは、女性職員は全体の3分の1以下です。会計院の司法官のうち、女性は26％です。さらに、公務員のうちグラン・コオル（上級国家公務員団）をみると、たとえば会計監査官のコオルでは、女性は24％しかいません。鉱業技術専門職のコオルでも同じことが言え、女性は13％しか占めていません。法律によって、パリテが実現されるべきものであることが確立されてから10年もたったにもかかわらず、です。

サルヴラン氏

とても明確なご説明をありがとうございました。日本では、パリテ概念に対し、共和主義的な普遍主義による反対をやや誇張しすぎる傾向があるようです。ご説明によれば、コンセイユ・デタや、あるいは依然として憲法院による抵抗が存在するとしても、フランスでは、クオータ制や逆差別に対する議論は、すでに過去のものとなったという印象があります。まず、こうした見方は正しいでしょうか。フランスに長期にわたり存在していた逆差別に対するいわばアレルギーのようなものは、パリテによって消滅したとお考えでしょうか。これについて、さらに二つの疑問が生じます。一つは、50％の重要性についてで、実はこのことは日本では、50％以下のクオータの可能性とともによく議論されています。

先生方がおっしゃったように、このような議論は、パリテ法の施行前の「良い」割合に関する議論の中で取り上げられていたということでした。もう一つの疑問は、先生方がご説明になったように、パリテがフランス社会の他の領域

にも広がっただけでなく、他の集団についても広がったとお考えになりますか。つまり、女性はマイノリティではないとはいえ、他の「マイノリティ」、他の人々にもパリテが広がったのでしょうか。フランスにおいて、クオータ制の問題全般について、パリテが少なからず突破口の効果をもった可能性があるとお考えになりますか。

エネット・ヴォーシュ氏

　最後の点について少しだけ申し上げたいと思います。パリテと普遍主義との間にあり得る理論的政治的対抗関係のあり方を解消できたという点は、大変注目に値するものだと思います。厳密にいえば、これは性別の問題のラディカルな特徴にこだわることによって成しえたことでしょう。現実には、パリテと普遍主義は、大きな議論の末に容易であったとは言い難いですが、フランスの憲法文化と政治文化のなかで、何らかの約束のようなものについて、ある意味で調和が図られたのです。約束といっても黙示的なものだけではなく、99年の憲法改正論議に足跡を見て取ることができます。パリテと同じタイプのメカニズムは今後も、これまでも他のマイノリティ——ご質問と同じ留保をつけますが——にも広げられていくことは決してないという約束です。

　この点こそ極めて重要であり、現代のフランス社会において、出自や宗教などに関連するあらゆる差別の問題について、共和国的普遍主義というフランスの法的政治的文化などとアファーマティブ・アクションによる区別との間の対抗関係が存在し、非常に強く存在し続けているのです。この点は、非常に重要なポイントのように思えますが、このことについてロマン先生が付け加えてくれることと思います。

ロマン氏

　はい、確かに、議論は90年代の終わりに当時の一定数の思想家や政治哲学者が提案した一種の逃げ口上によって決着しました。「パリテはクオータ制と

は異なる」「人類は普遍的に性別的差異を伴うから、パリテは普遍主義に反するものではない」「人類は女性と男性に分かれているのだから、パリテはこうした普遍的現実を支えるものである」といったものです。こうした議論は、内容においても、理論的レベルにおいても、生物学的においてさえも大きな問題がありました。なぜなら、人類は普遍的に女性と男性の分類的性別で区分されているのではなく、一連のインターセックスの状況によって、こうした議論の基本的前提が批判に晒されているからです。

　しかし、当時、こうした議論こそが左翼に約束されたまさに信条であったのであり、それによってパリテ措置の原則が平等の考え方と調和可能なものとなったのです。そしてこの信条によって、国民の個人的存在、選挙人団、そして人権の理想の普遍性を希求するという、事実上はそうでもないものの、政治的レトリックにおいては非常に大きな存在感のある理想を調和することができました。

サルヴラン氏

　詳しく教えてくださり、ありがとうございました。次の質問はパリテ法の総括とパリテに関するこれらの法律の遺産について、お考えをお示しください。

ロマン氏

　個人的な価値観を示すという意味での私見とはいえませんが、深く確信していることがあります。パリテ措置が有効であることは数字が示していますし、パリテ措置によって、政治的代表に変革をもたらすことができました。経済的社会的決定プロセスにおける代表のあり方にもまた、変革をもたらすことができました。パリテ措置、とくに法的拘束力のあるパリテ措置のことを言っていますが、これはフランス社会やほんどあらゆる社会に存在するあらゆる一連の障害を解き、取り除くために不可欠なものです。パリテは、不可欠なのです。

　とはいえ、パリテだけで十分でしょうか。これについては、私は疑問に思っ

ています。パリテ措置そのものがこうした変革を可能にするのかどうかについ
ては、疑問なのです。パリテ措置は平等を確保するものではありますが、パリ
テ措置ではとられていないものの、稼働させるべき他の重要なハンドルもあり
ます。そのハンドルとは、生活の各次元を調和させるものです。すなわち、私
生活と公的、経済的、政治的および社会的生活などとの接続を行うこと。女性
候補者が少ないとすれば、それは家庭内の責任が殆どすべて女性の肩にのみ重
くのしかかっているからでもあります。

　もしガラスの天井を突き破ることができた女性が少ないとすれば、それは社
会にジェンダー不平等観を持つ代表が存在しているからで、女性が権限ある地
位を行使することの正当性を疑っており、女性の活躍の場は、性質的にも文化
的にも家庭だと考えられているからです。生活の次元の接続の問題や、乳幼児
のケアや高齢者のケアといった福祉支援の公的コミュニティサービスの確立の
問題があるのです。日本でもこうしたことが大きな争点となっていることでし
ょう。

　これらの点が、女性を家庭に閉じ込めるのではなく、公的空間で活躍するこ
とができるようにするための物理的な可能性をもつために不可欠なのです。そ
れだけではなく、こうしたことが男性の自己発展のためにも不可欠であること
は、おそらくあまり強調されていない点でしょう。つまり、パリテ措置は女性
だけに利益をもたらすのではなく、男性にも利益をもたらします。パリテ措置
によって、男性は人格的な発展機会の領域を広く開くことができ、特に子供た
ちとより多くの時間を過ごすことや、より豊かな家族生活を送ることができる
ようにする、平等な機会や計画の実現の機会の配分が可能になるからです。

　これは全く新しい考え方ではなく、私がいま述べたことは、1970年代のス
ウェーデンのオロフ・パルメ首相が平等政策に取り組むことの重要性を強調す
るためにこの点を強調し、50年後の私たちが知っているような諸政策を実施
したのです。オロフ・パルメは、「フェミニズムは、男性の解放である」と述
べ、男性が自らに割り当てられた社会的文化的表象に制限されることなく、自
らの人生のすべての選択を行えるようにすることであると言いました。したが
って、パリテは不可欠ですが、それだけでは不十分なのです。

サルヴラン氏

どうもありがとうございます。ヴォーシュ先生、お願いします。

ヴォーシュ氏

ディアヌ・ロマン先生が今言ったことすべてに共感しますが、一点だけ追加したいと思います。ですので、それほど重要なことではなく、おそらく価値観の点では決して有意義な点ではないように思われるかもしれません。私は、パリテがどのように法律上に設けられているかという点が興味深いと思います。パリテ措置がどのように設けられてきたかを研究するなかで衝撃をうけたことがあるのですが、日本で今日のテーマについて論点が挙げられているのであれば、取り上げてみると面白い点だと思います。

驚くべきことに、現在、女性のプレゼンスを促進する方法に関して考察の対象になったセクターでは、しばしば見られることなのですが、選挙の指名や任命のプロセス、ひいては関係するあらゆる決定プロセスにおいて、透明性を、そして民主主義を獲得するという利益がこうしたパリテに関する考察を行うということ自体によって得られることが非常に多いのです。多くの場合には、あれこれの意思決定プロセスに参加する条件が、それが農業会議所のような小さな意思決定機関についてであれ、国会についてであれ、問われています。これによって、ある意味、民主主義がよく機能するために非常に重要な問題を提起し、単に選挙や指名、任命のブラックボックス化の問題を取り上げるだけでも多くの場合には、透明性を向上させることができます。他にも例がありますが、私が携わることのできたほんの一例を取り上げたいと思います。

今日、国際レベルでは、多くの国際裁判所がこの問題に取り組んでいるのですが、ヨーロッパ人権裁判所や国際刑事裁判所では、女性の裁判官職へのアクセスを確保するための規則を設けています。非常に印象的なのは、私が携わったヨーロッパ人権裁判所の例では、この問題を提起したまさにその瞬間から、誰もが、ヨーロッパ人権裁判所裁判官の選挙手続きが改善されるものと考えるようになったのです。候補者に標準化された形式に沿った履歴書を提出させ、候補者がヨーロッパ人権裁判所の裁判官職に就くのに相応しい素質を有しているかを確認するための面接を設けるようになりました。ロマン先生がおっしゃ

ったことに対して、価値主義的な方法ではなく、より手続き的な方法について応答したわけですが、当初はセクターごとの縦割り式にみえたパリテに関する問いが全体的な利益につながっているのです。

　つまり、実は多くの場合に、女性のプレゼンスを高めようとする議論によって、周知の通り民主主義の機能の生命線である手続きを全体的に向上させることができるのです。ある意味で、パリテが普遍的になり、あらゆる人の利益になるといえるでしょう。こうしたことは、パリテの唯一の対象になっていて、唯一の受益者だと思いがちな人々を超えたところでまさに社会の向上をはかるハンドルの一つであると考えます。

サルヴラン氏

　本当にありがとうございました。最後にもう少しお時間を頂戴してお伺いしたいのですが、先ほど言いましたように、現在日本はモデルを探していますが、その日本に対し、政治的平等を打ち立てる助けになるようなメッセージを戴けませんでしょうか。すでにある程度、総括のなかでお答えになっていたかもしれませんが、より個人的な立場でメッセージを戴けましたら幸いです。

ロマン氏

　アドバイスを与えるなどという信じられないほど厚かましいことはやめておきます。ただでさえフランス人は特に厚かましいと評判ですから！　ですので、こうしたステレオタイプに加担しないようにしつつも、励ましと支援、女性の連帯のメッセージを、社会をより公正で、平等で、人々に敬意を払うものへと変革する手段を考えておられる全ての女性と男性の皆さんに送りたいと思います。

エネット・ヴォーシュ氏

　簡単に二つのポイントを、そんなに助言という形ではないのですが、付言したいと思います。

　この20年間のフランスにおけるパリテ措置に関する観察から個人的に得られた教訓です。その一つは、フランスの経験からの、とてもとても重要な教訓

であると思うことなのですが、実際には、多くの国の経験からも得られる教訓です。つまり、パリテに関する強い政治的意図の重要性です。まだ20年前のフランスには非常に強い主張がありました。「時に任せるべきだ」「メンタリティの進展の問題でしかない」といった主張ですが、こうした主張は退けられました。先ほど、大戦直後から90年代の数的変化をご紹介することで示したかったのは、フランスにおけるこうした主張の完全な停滞であって、重要な経験的証明です。ロマン先生の励ましのメッセージに呼応するようですが、私も強い政治的意図が重要であると信じています。二つ目の点も個人的に大切だと思われるのですが、フランスで示されたことに関する重要な教訓です。おそらくパリテの課題を改善したい女性・男性たちは、繰り返しになりますが、女性のためだけでなく、社会全体の向上のためにパリテという目標を真に原則の問題として提示することができるのです。すなわち、もし私たちの社会が民主主義社会であるというのならば、もし平等な社会であるというのならば、構造的かつ持続的に地区の評議会から国会に至るまでのあらゆる意思決定機関へのアクセスがこんなに不平等である理由はどこにもないのです。世界は、パリテに関するこれらの議論が多くの方向に派生して進んできたことを見てきましたので、これはとても重要なことだと思います。たとえば、女性はものごとを異なる方法で行うなどというよく知られた考えなどについて多くの論争がありますが、ある意味で最も興味深い理論的な道筋は、それが民主主義の原則の問題に繋がると言うことにこそあると思います。渦中にある個人の問題に帰着する問題でも、その人たちの特別な性格であると思われることに帰着する問題でも、決してないのです。

サルヴラン氏

　日本に向けて、大変明快で示唆に富んだ閉会の言葉をくださり、ありがとうございました。コロナ禍で渡航ができず、この対談がパリで録画され、日本でZOOM参加という特別なかたちでの実施であったにもかかわらず、ご参加くださいましたことに、改めてヴォーシュ先生とロマン先生に、お礼を申し上げます。ただこうしたかたちで実施できたことで、本日の充実したやり取りのビデオ記録を残すことになりました。日本の研究者や学生がこれを見てフランス

のパリテについての理解を深められることを願っています。近い将来、先生方を直接日本でお迎えし、ご講演いただける光栄に浴することができるよう願っています。とにかく、そのときには、両手を広げて先生方を歓迎いたします。本日はどうもありがとうございます。

日本語訳
河嶋春菜（帝京大学法学部助教）
田中美里（一橋大学大学院法学研究科博士後期課程）

第3章
フランスにおけるパリテ法の継承
―「数字」は表象的革命をもたらしたのか―

シモン・サルヴラン

はじめに

　フランスのパリテ法が日本で話題になったのは、「政治分野における男女共同参画の推進に関する法律」（2018年法律第28号）の起草の際であった。パリテ法は女性の政治活動の促進のために、日本でも有効な原理として考えられ始めた。日本の法律の準備に参加した審査委員、法学者、社会学者、政治家は、世界中の取り組みの中でも、特にフランスの例を取り上げた。その法を可能にするためのロビー活動を行った「クオータ制を推進する会」（通称「Qの会」）もフランスのパリテ法をモデルとして考えているし、日本社会における女男平等を女性同士の対話において検討する会、上智大学の三浦まり教授が発信した「パリテ・カフェ」の名のとおり、フランス語で「パリテ」を使う。

　パリテという言葉は、ラテン語で「等しい」や「同じ」を意味する「paritas」に由来し、数学から法律まで多くの分野で使われている。法律分野では、各当事者が同数の代表者で構成される裁判所のことを指し、特に商事裁判所で用いられる。

　2000年6月6日、2000年7月4日、2007年1月31日、2012年と段階的に制定されたいわゆる「パリテ法」[1] により、フランスの政党は候補者を男女同数とすることが義務付けられている。選挙で選ばれた代表者ではなく、候補者であ

る。詳しくは後述するが、全国レベルでは、パリテ法は大きく二つに分けられる。**名簿式**選挙の場合、強制的である。各候補者リストは同じ数の男女を擁立しないかぎり、有効性は認められない。**小選挙区**の場合、候補者数にパリテが守られていない政党には交付金の減額が課せられる。

　しかしフランスでは、「パリテ」は単なる「数字」を超える存在になったといえる。「ライシテ」と共に、共和国の重要な概念となっており、政治だけでなく、公的生活全体、さらには私的生活においても男女平等を推進するためのキーワード、スローガンとなっている。パリテという原理を普及させたフランソワーズ・ガスパール（Françoise Gaspard）、クロード・セルヴァン＝シュレベール（Claude Servan-Schreiber）、アンヌ・ル・ガル（Anne Le Gall）の著作『女性市民に権力を：自由、平等、パリテ（*Au pouvoir citoyennes : liberté, égalité, parité*）』（Gaspard et al. 1992）のタイトルが示すように[2]、フランス共和国のスローガン「Liberté, égalité, fraternité（自由、平等、博愛）」をもじって「liberté, égalité, parité（自由、平等、パリテ）」をタイトルに選んだのは、最初からパリテを共和国の精神を実現するような概念にしなければならないという意識があったからといえるだろう。

　フランス社会において、男女平等を監視する女男平等高等評議会はパリテを次のように定義する。「市民生活のさまざまな領域（政治、職業、社会）に適用されているパリテとは、代表職及び意思決定機関の権力を男女間で平等に分けあうための、道具であると同時に、目標である」。

　パリテを理解するため、「道具であると同時に、目標である」という部分は非常に大事である。道具としては、女性50％・男性50％という客観的な数字を提示している。目標は、女性と男性が平等に政治と経済をリードすることだ。一言で言えば、道具としてのパリテは目標のパリテの達成を可能にするという考え方である。

第1節　「パリテ」概念の誕生

　「パリテ」という概念がフランスでどれほど中心的な概念になったかを理解

するためにまず重要なことは、日本人がフランス社会における女性の状況に対して抱いている理想的なイメージを打ち破ることだ。そうしたイメージが広まっているのはフランス映画の影響なのか、世界史の授業で市民の平等という価値観を世界に広めた大きな出来事としてフランス革命や人権宣言を学ぶからか、あるいは、家族を支えるフランス社会モデルの魅力からなのか。現在フランスの女性が、おそらく完全な平等にまだ達していないにしても、フランスの経済的・政治的生活において積極的な役割を果たしているのは確かだ。だがパリテの概念が初めて登場した1990年代にはそうではなかったし、何より、フランスは革命後も家父長制の社会であり、女性の政治的・経済的参加を常に制限し、妨害していたという事実がある。

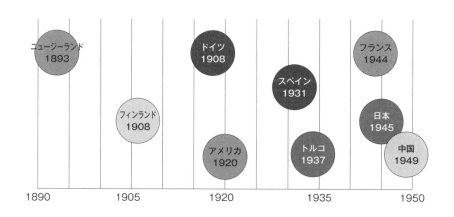

図1　さまざまな国の女性の選挙権の獲得

　図1に示すように、フランス人女性の参政権獲得は、ヨーロッパではもちろん、世界的に見ても非常に遅れていた。1789年に獲得された市民権は男性に限るものであったことを忘れてはいけない。女性の参政権獲得が採用されたのは第4共和政の時であったことを考えると、第1から第3共和制まで、共和国としてのフランスは86年の間、完全な民主国家ではなかったといえる。

　1944年4月29日、フランスで初めて女性が総選挙に参加した。

　その後の半世紀の間、フランスの議会における女性議員数は、EUの中で2

番目に少なかった。1945年10月21日に選出された衆議院の女性比率は5.6％、1993年の立法府選挙後は6.1％だった（図2）。

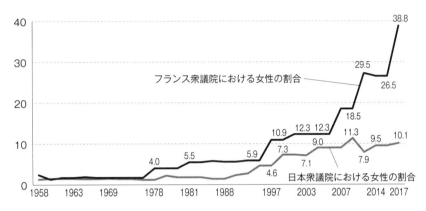

出典：フランスと日本の国会データから編集

図2　日本とフランスの衆議院における女性の割合

　つまりパリテの観点から考えると、フランスの国会議員の女性の割合という「数」の問題があり、また、フランス社会全体における女性の平等な活動という問題がある。1999年の憲法改正と2000年の最初のパリテ法につながるゆっくりとした熟慮のプロセスは、したがって、女性政治家の割合という数の問題への認識であると同時に、社会全体で変えなければならないメンタリティの問題でもある。

　フランスにおける女性の役割の歴史を説明することは、本章の役割ではない。フランス女性の歴史は、長い間、矮小化され、沈黙のうちに追いやられてきたが、幸いにも再び研究の対象となっている[3]。しかし、女性が選挙権を得るのが遅かったことは、フランスでは女性が一貫して市民権から排除されてきたことを示している。フランス革命後、コンドルセ、オランプ・ド・グージュ、テロワーニュ・ド・メリクールなどのフェミニストが活躍して議論が行われたが、「人間と市民の権利宣言」は男性のみを対象としたものであった。フランスでも少なからぬ人がこの現実を忘れがちである。その理由の一つは、フランスの司法が革命時の人権宣言を憲法解釈の対象としていることだ。解釈の

対象となる文章は、当時、男性のみに当てはまるものだったのに対して現在は男性・女性を問わず適用される。フランス語原文を参照するなら、原義では「男性」を意味する「homme」という言葉には「人間」を意味する中立的な用法もあるからである。また、「すべての人間は生まれながらにして自由であり、かつ権利において平等である（tous les hommes naissent libres et égaux en droits）」（人間の権利宣言第1条）と書かれる場合、1789年当時の意味は「すべての男性は自由であり、かつ平等である」というものだったが、現在では憲法院でも小学校の授業でも「すべての人間は生まれながらにして自由であり、かつ権利において平等である」と解釈される。こうしたフランス語の魔法は、かつて書かれた人権宣言などを現代的に読み替えさせるため、文章を変える必要がなく、「homme」の複数の意味に訴えるだけで問題を解決できた。

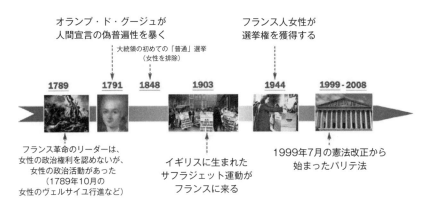

出典：HCE（女男平等高等評議会）"GUIDE DE LA PARITE", 2019年版から編集。

図3　フランス人女性の政治活動の歴史

　それはただの建前と見ることももちろんできるが、法律的な実質もあった。1980年に入り、クオータ制の漸次的な導入が話題になっていたころ、結局導入できなかったのには、政治家ではなく、フランスの憲法院に責任があった。

　1974年、社会党における党幹部の10％を女性にするというクオータ制が最初に採決された。その経験を踏まえて、女性権利副大臣モニク・ペルチエ（Monique Pelletier）は名簿式選挙に、女性の割合を20％に上げることを提案

した（1979年1月）。衆議院はこれに賛成したが参議院は反対した。そして、1982年市町村議会選挙の女性クオータ（20％）が衆議院に採決されたが、フランス憲法院は違憲と判断した。1982年11月18日の判決は、クオータ制の導入が憲法第3条（「国民の主権は人民に帰属し」「人民のいかなる部分も、いかなる個人も、その行使を占奪してはならない」）と人間宣言第6条（「市民はみな法律の前に平等であり、その能力に従って、かつ、その徳行と才能以外の差別なしに、等しく、全ての位階、地位及び、公職に就くことができる」）に基づいて、「こうした憲法レベルの原理は、選挙者や被選挙者の区別を絶対に許さない（Ces principes de valeur constitutionnelle s'opposent à toute division par catégorie des électeurs ou des éligibles）」と判断した（1982年11月18日判決DCn.82-146）。重要な点の一つは、憲法院が自己付託でその判決を下したことである。つまり国会や上院、政府から依頼されることなく、法案の合憲性の審査を独自に決めたのである。「建前」の問題として考えうる主権の不可分性、市民間における差別の禁止が、法律的に具体的な意味をもったのは明らかだ。結果として、1982年度のクオータ法案は却下され、その旨を継承した初めてのパリテ法が18年後に採決されることになった。

　なお、憲法院はパリテ法の適用範囲を制限し続けていることに留意すべきである。2003年4月3日の2003-468 DC 2003-475 DC判決では、憲法条文の最後の段落は男女が平等に選挙にアクセスできることを支持しているが、選挙制度改革にそのような措置を積極的に取ることを義務づけているわけではないと規定し、平等なアクセスの原則と他の憲法上の価値とのバランスを主張している。憲法院は、2006年にもいわゆるコペ・ツィンマーマン改革を否決している（決定2006-533 DC）。そのため、2008年に職業的・社会的領域へのパリテ措置の拡大を可能にするためには、新たな憲法改正が必要になった。フランス憲法院はパリテ法に反対し続けたが、本当に抽象的な市民を主権の中心にしようとしたのか、あるいは男性支配的な社会を守ろうとしたのかは読者の判断に委ねよう。しかし憲法改正が必要になったことは、フランスにおける市民の統一性の重要性を著しく見せる。

　パリテの概念はフランスの国民的議論の中で進展してきた。例えば1993年11月19日に『ル・モンド』紙に掲載された「パリテ民主主義のための577人のマ

ニフェスト」（289人の女性と288人の男性の署名）や、1996年に議論を再活性化させたもう一つのテキスト、右派と左派の10人の女性（元大臣や役人）が署名した「パリテのための10人のマニフェスト」（『エクスプレス（*L'Express*）』紙、6月6日）など、重要なマイルストーンがあった。しかし出発点はやはり先にも言及したように、1992年に出版された『女性市民に権力を：自由、平等、パリテ』（Gaspard et al. 1992）であって、議論の基盤はそこで固められたのだった。すなわち同書は「地域レベルと国レベルの選挙議会は、男性と同数の女性で構成されなければならない」という形で、法律にパリテを盛り込むことを求めていた。

　この著作の核心は、平等ともクオータとも異なる「パリテ」を定義することにある。著者たちはパリテが人間の二面性をもっぱら政治的に認識することであると主張し、「民主主義は普遍的な願望であり、普遍性は女性と男性の両方を包含するので、代表がパリテに則っていなければ代表制民主主義は成立しない」[4]（Gaspard et al. 1992: 130）と主張している。

　またロール・ベレニィ（Laure Bereni）は、この著作にみられる3つの大きなコンセプトを指摘して、そのパリテ理論を要約している（Bereni 2015: 75）。すなわち、①女性の政治的排除というスキャンダルの認識、つまり女性はフランスの当時の政治空間だけではなく、歴史中のすべての政治界から排除されてきたというスキャンダル、そして②性差の普遍化、つまり、どのような文化でも、どのような時代でも、男性と女性という性差が存在していた。その点は重要で、性差は普遍的だからこそ、普遍的な市民と矛盾しないという主張である。結論として、③非パリテ社会の民主主義は不完全ということになる。

　この理論はパリテの普及に貢献したといえる。おそらくフランスの思想は説得的な論拠を積み上げて普遍性とパリテをうまく結合し、パリテが人間の根本でもある性差にもとづいているならば、その性差を考慮しない民主主義は真の民主主義ではないと主張する。かかる3つのコンセプトこそが、パリテに関する議論を導き出し、パリテを強力な政治的対象にできた。フェミニストのルイーズ・ブランカール（Louise Blanquard）が発言したように、「我々は世界の半分であり、政治界の半分でもありたい。あらゆる局面で責任が問題になるときでも我々が望んでいるのはパリテです。[…] 人類には性別があり、性別化

されていないすべての人間の制度は必然的に奇形である」[5]（Bereni 2007: 107-132）。男性と女性が平等に権力を分けることは「普通」、そうではない社会は「奇形」という主張はパリテによって現れてきた。そしてその理論にはまた、フランスの多くの人々が恐れているアメリカのコミュニティモデルに対する反論の側面を持つ。宗教的、民族的、文化的なコミュニティに対して、「女性のコミュニティ」は存在しないという主張である。女性であること、男性であることと同時に、そのコミュニティを超える実態である。そのためパリテは普遍的であって、コミュニティの女性にある種の特権を与えるのではなく、自然的な性別に基づいて女性に権力の「半分」を返す。批評家・評論家のシルヴィアーヌ・アガサンスキ（Agacinsky 2013）は民主主義の歴史を、女性を市民権から疎外する制度として紹介している。古代アテネの民主主義の対象は個人ではなく、家父長制の家庭であって、普遍な人間は「中立」ではなく「男性」であり、女性は男だけでなく「人間と異なったものとして現れてくる」。真の普遍主義は、女性が人間の半分であることを認めなければならないという結論に至る。選挙制度としてのパリテは、このように民主主義的な要求として考えられるようになり、正当化されてきたのである。

第2節　パリテの仕組み

　2000年6月6日に法律No. 2000-493（いわゆるパリテ法）が公布された。欧州選挙や上院議員比例選挙などの1段階選抜の選挙では女男交互名簿、市議会選挙（人口3,500人以上の自治体）や地方選挙などの2段階選抜の選挙では6人単位の女男交互名簿を規定していた（後者については、右派の政権復帰後に修正が行われ、2004年の地方選挙でも交互互選が実施された）。パリテを満たさない候補者リストは認可されないという点で、これらは効果的な制約であった。しかし、国民議会の選挙では、この制度はインセンティブに過ぎない。女性候補者が50％いない政党は、「政党助成金」の減額が行われる。公的資金は、得票数に比例した金額と、選出された議員の数に比例した金額の二つに分けられていることに留意する必要がある。罰則は最初の金額にのみ適用され

る。そのため、資金の一部はパリテ法の適用を受けない。この区分の効果の一つとして、選出議員の少ない小政党が、選出議員の多い大政党よりもパリテ法に従うことになる点が挙げられる。計算方法はかなり複雑だが（図4参照）、最も重要なのは、2008年、そして2014年と減額の割合が何度も引き上げられていることである。

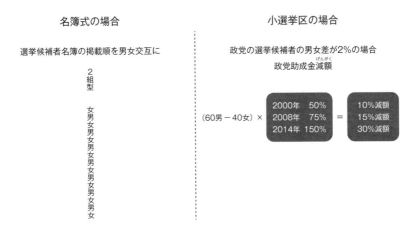

出典：HCE（女男平等評議会）"GUIDE DE LA PARITE", 2020年版から編集。

図4　パリテ法の基本構造

　このように日本ではみられない、政党への公的資金投入に連動したシステムとなっている。昔から一般に、刑罰制度にはあまり効果がなく、助成減額の強制制度だけが本当に効果をもつと考えられてきた。実際には、助成減額の制度の導入には明らかに時間がかかったものの、2018年の最後の国会議員選挙では、最も女性候補を擁立できなかった政党である共和党（Les Républicains）と緑の同盟（l'Alliance écologie）が、日本の政党と比べれば非常に高い数値となる39％の女性候補を出している。また、Les Républicainsの財政負担が1,787,885.10ユーロと、同党にとって非常に大きな負担となった（表1）。

　マクロン大統領の政党は、男性よりも女性の候補者を多く推薦した。新党であるがゆえに、パリテを考慮した政党作りがしやすかったということもあるが、フランスではパリテの原理が普及していたことを示している。

　また、フランスでパリテ政策が実践的な効果をもたらしたことは確かであ

表1　2018年フランス政党の公助成金とパリテによる助成金減額

選挙方式	政治色彩	女性候補者	パリテによる減額	パリテ法が適用される助成金の減額	パリテ法が適用される助成金額	パリテ法外の助成金額	2018年に取得した助成金
La République en Marche	マクロン大統領政党	50.9%		0.0%	10 100 657.58€	12 414 404.87€	22 515 062.45€
Les Républicains	保守・右	39.6%	1 787 885.10€	45.0%	3 923 414.52€	9 021 879.82€	12 945 294.34€
Parti Socialiste	社会党	49.4%		0.0%	2 618 430.28€	3 802 610.50€	6 421 040.78€
Front National	極右	49.0%		0.0%	4 881 804.92€	298 243.96€	5 180 048.88€
La France Insoumise	極左	47.9%	252 517.99€	6.7%	3 751 173.02€	671 048.91€	4 422 221.93€
Union des démocrates, radicaux et libéraux	リベラル・右	50.6%		0.0%	1 042 819.98€	3 057 000.60€	4 099 820.58€
MoDem	リベラル・右	49.4%		0.0%	1 840 186.44€	2 013 146.74€	3 853 333.18€
Parti Communiste français	共産党	49.1%		0.0%	1 041 401.55€	969 292.87€	2 010 694.42€
Europe Ecologie les Verts	緑党	49.9%		0.0%	1 270 252.47€	148 121.98€	1 418 374.45€
Parti radical de gauche	リベラル・左	50.6%		0.0%	199 360.91€	596 467.02€	795 827.493€
Debout la France	極右	48.9%	13 248.59€	3.4%	393 041.50€	111 841.49€	504 882.99€
Régions et peuples solidaires	地方独立	50.5%		0.0%	275 541.12€	186 402.48€	461 943.60€
Lutte ouvrière	共産主義	50.1%		0.0%	260 811.71€	—	260 811.71€
Alliance écologiste indépendante	緑党	38.7%	54 626.67€	51.6%	105 919.31€	—	105 919.431€
La France qui ose	リベラル	42.3%	34 297.03€	30.1%	113 900.02€	—	113 900.02€
Parti animaliste	動物党	61.9%	37 336.56€	55.6%	67 205.81€	—	67 205.81€
総合		48%	2 256 942.56€	7.0%	32 078 393.43€	34 111 653.06€	66 190 046.49€

出典：HCE（女男平等高等評議会）"GUIDE DE LA PARITE", 2020年版から編集。

る。2000年の新法施行直前のフランスにおける女性の政治参加は日本と同程度であったが、世界経済フォーラムが毎年発表している「グローバル・ジェンダー・ギャップ・レポート2020」の「政治的エンパワーメント・サブインデックス」では、フランスは15位、日本は121位となっている[6]。他のランキング同様、データや調査の偏りがないわけではないが、パリテ法がなければ、フランスのランキングはもっと低かったと考えるのが妥当であろう。

　だが何よりも、以上のような「数字」を超えてパリテ法を見ることが大切である。また、この法律の採択によって必然的となった女男平等の問題に関する知的革命により、パリテは社会的正義の問題となり、人類は半分が男性で半分が女性であるという理由から、女性に正当な政治的・経済的役割を与える必要性が公正に認識されるようになった。これが、パリテがクオータと異なり、50/50の割合が重要となる理由である。この法律が成立した当時、リオネル・ジョスパン内閣で法務大臣を担当していたエリザベス・ギグーはこう説明している。

パリテは50/50です。憲法改正は、クオータではなく平等の原則を採用します。憲法改正に続く2000年6月6日の選挙法の起草にあたって政府内で議論した際、私たちはそれについても議論しました。内務省からの最初の提案は40％の割り当てでしたが、私たちが今まで述べてきたことを一貫して守るための唯一の方法は妥協しないことですので、私は50％を堅持しました。パリテというのは50/50のことであり、良かれと思ってクォータを導入するたびに、私たちは間違った方向に進んでいると思うのです[7]。(Guigou 2013: 21-28)

　ジャック・シラク大統領が提唱したパリテ観測委員会（1995年）は、政治家のロゼリン・バクロや活動家のジゼル・ハリミが中心となって作られた。その目的は、メディアや政治的議論における性差別的な偏見に対抗し、ジェンダー表現の多様性を見守ることであった。2013年には「女男平等高等評議会」となり、毎年、パリテと男女共同参画に関する包括的な調査を行っており、本章の図のほとんどはここから引用されている。パリテは最初から「数字」を超えて広がる問題提起として、言い換えれば議員数に限らない概念として、社会全体に広がるべき根本的な原理として展開され続けた。

　現在、パリテ原理は政治だけではなく、スポーツ、アート、企業、公務員等、様々な世界に広がっており、人間の半分である女性は権力の半分を持つべきだという考え方が普及している。たしかに「定量的な平等」であり、完璧なものではないかもしれないが、一定の結果をもたらした方法であった。たとえばマルレーヌ・シアパ（Marlène Schiappa）女男平等・差別対策担当元副大臣は、2019年5月のWomen's Forum Americasにおいて「あらゆる領域に女性の50％クオータへ（Des quotas de femmes à 50% dans tous les domaines）」を要求し、パリテはフランス社会の中心的な概念になりつつあると思われる。

　しかし数字としてのパリテもまだ意味をもっている。つまり、いくらパリテが民主主義の要求として認識されつつあるといっても、強制的な、いわゆる「数字上の平等」がまだ必要と思われる。見事にそれを表現しているのが、コペ・ジマーマン法である。これにより、取締役会に占める女性の割合は2011年に20％、その後2017年に40％と定められた。図5のグラフは、フランスの社会・経済全体でパリテを実現しようとする意志を示しているが、その増加は

ちょうど法律が定める最低値合と一致している。2011年、20％が最低値と定められた時、女性の割合は22％になり、2017年、40％の最低値になった時には41.8％の割合となった。あたかも企業等が増加を望んでいるのではなく、法律によって押し付けられているかのようである。このことから、パリテが機能するためには、50/50という数値と、正義の原則という二つの側面が必要であることがわかる。これが、フランスでのパリテの経験から得られた主な教訓であろう。

出典：IFA-ETHICS & BOARDS BOARD COMPOSITION BAROMETER, JUNE 2018.

図5　フランス上場企業の取締役における女性割合とCOPÉ ZIMMERMANN法

パリテの時間軸

1999年憲法改正

　　1958年憲法の３条・４条は改正され、法は「選挙による任務及び職務に対する女性及び男性の平等な参画は、法律により促進される」と定める。４条には、政党はその目的の実現に協力すると定める。

2000年6月6日法

名簿式の場合

　　選挙候補者名簿の搭載順は男女交互。

小選挙区の場合

政党の選挙候補者の男女差が2%の場合政党助成金減額。「(男性－女性) ×
50%から10%」の減額にされる。

2000年7月10日法

3人以上を選出する選挙区の元老院議会議員選挙(元老院議会議員の3分の2)
は名簿式となり、パリテが適用される。

2003年4月11日法

欧州議会議員選挙と地域圏議会議員選挙には女男交互が適用される。

2003年7月30日法

4人以上を選出する選挙区の元老院議会議員選挙(元老院議会議員の3分の2)
は名簿式となり、パリテが適用される。

2007年1月31日法

1. 人口3,500人以上の市町村議会議員選挙に女男交互。

2. 国民議会選挙の減額は2012年から75%になる。

3. 県議会議員選挙は選挙区ごとに、ペア候補者。

2008年7月23日憲法改正

憲法第一条:「選挙による任務及び職務並びに職業的及び社会的な要職に対す
る女性及び男性の平等な参画は、法律により促進される」が導入。

2011月27日法 (Copé-Zimmermann法)

上場企業、もしくは売上高か総資産が5,000万ユーロ以上の企業に、2017年1
月から取締役の40%を女性に。役員報酬の減額が罰則として定められている。

2012年3月Sauvadet法

公職執行部におけるクオータ (20%、現在40%)。

2013年7月22日法 (Fioraso法)

研究施設と大学における選挙は名簿式で女男交互。

2013年5月17日法

1. 人口1,000人以上の市町村議会議員選挙は女男交互。

2. 県議会議員選挙を女男交互。

2014年2月14日法

複数委任禁止法。

2014年8月4日法 (Vallaud-Belkacem法)

パリテの「実現」を目指す。

1. 政党の選挙候補者の男女差が2%の場合、政党助成金減額。「(男性－女性)
×150%から30%」の減額にされる。

2. 官職におけるパリテの実現へ。

表2　2020年におけるフランス選挙内のパリテ政策

選挙方式	選挙	パリテ規定	執行部におけるパリテ規定
名簿式	人口1000人未満の市町村議会議員選挙	法律による拘束なし	法律による拘束なし
	人口1000人以上の市町村議会議員選挙	女男交互	議長：拘束なし 副議長：男女同数 常任委員会：拘束なし
	地域圏議会議員選挙	女男交互	議長：拘束なし 副議長：男女同数 常任委員会：男女交互
	欧州議会議員選挙	女男交互	—
	3人以上を選出する選挙区の元老院議会議員選挙	女男交互	—
小選挙区単記	3人以下を選出する選挙区元老院議会議員選挙	法律による拘束なし	—
	国民議会議員選挙	助成金減額	—
小選挙区二人一組単記	県議会議員選挙	選挙区ごとに、ペア候補者	議長：拘束なし 副議長：男女同数 常任委員会：男女交互

おわりに

　フランスにおけるパリテ法の成果を理解するため、あらためてその二側面、「数字」と「原理」を理解しなければならない。日本は非常に現実主義的な国であり、なぜパリテの原理的な側面が重要なのかを再度強調しておく必要があるだろう。これまで述べてきたように、法的な理由だけでなく、最終的に社会の組織や仕事の配分を大きく変えるような改革を受け入れるためにも、原理としてのパリテをしっかり検討しなければならない。しかし、数値的・実用的な側面は非常に重要であることに変わりはない。日本の政党交付金はフランスと異なって、減額によるパリテが実現しにくいかもしれない。なお、『女性市民に権力を：自由、平等、パリテ』（Gaspard et al. 1992）で述べられていたとおり、小選挙区選挙の際に想定されていたのは金銭的な減額ではなく、議席ごとの男女の「ペア」であった。つまり選挙の際に、1人の議員を選ぶのではなく男性と女性の「ペア」に投票することが提案されていた。当時としては画期的すぎる改革だったかもしれないし、今でも現実的ではないと考えられるかもし

れない。

　社会党で男女共同参画を担当している法学部のマリー＝ロール・ファジェス（Marie-Laure Fagès）教授は、国内での女男平等を実現するためには、まず政党を改革することが重要だと主張している。2013年、彼女はフランスの政党に対して以下の3つの改革を提言したが、これらは日本でも容易に提案できるものである（Fages 2013: 251）。

　　1. 党の地域執行部内に、女性権利・表彰などを担当する代表者を任命する。
　　2. 女性権利委員会などを地域で構成する。
　　3. 党内選挙において、クオータ制を採用する。

　ファジェス氏の主張は経験に基づいたものだが、要は政党からパリテの導入を始めるべきだということである。たしかにフランスにおけるパリテの歴史をみると、フランス社会党のクオータ導入から始まったといえる。ファジェス氏が主張するのは、パリテが真剣に検討されるためには、党内の女性の政治家の活動とその活動を可能にする委員会が必要だということである。日本では、政党からのパリテ革命が期待できるだろうか。日本では、党内選挙の制度がほとんどなく、党員指名はかなり不透明である。そのため、ファジェス氏の提案は適用しにくいと思われるが、逆にいうと、パリテの考え方を導入するため、より民主的、より平等、より透明な党制度への改善が必要だ。だがさらに逆にいうと、パリテのおかげで制度の改善ができるようになるという見通しも可能だろう。

　本書に掲載されているデイアンヌ・ロマン（Diane Roman）氏とステファニー・エネット＝ヴォーシュ（Stéphanie Hennette-Vauchez）氏の対談の中で、エネット＝ヴォーシュ先生は、パリテが単に男女平等を促進する原理であるだけではなく、透明性と権力の民主化にも大事な役割を担っていると語っている。言い換えれば、原理としてのパリテを求めることで、それを確立する制度の近代化が可能になる。これは、日本の政党はもちろん、市民社会全体でその結果が期待できることではないだろうか。しかし、それもまたフランスの経験からいえることだが、日本の政治思想、または日本社会におけるジェンダー

配分からみて「パリテ」がどのようなものになりうるのかを問い直す勇気が必要となる。

付記

　本研究はJSPS科研費20K01295（基盤研究C）の助成を受けたものである。

注

(1) 実際には法文自体にはパリテという言葉は用いられていない。

(2) パリテという表現は、1989年の欧州評議会のセミナーで初めて登場した（Sénac-Slawinski 2008: 11）。なお、80年代の政党における女性権利に関する会議とフェミニスト協会の会議では、男性が発言を独占するのを避けるために、発言時間を交互に変える手段としてパリテが使われ始めていた（Bereni 2015: 47参照）。

(3) 例えば、ヤニック・リパの著作（Ripa 2020）参照。

(4) 原文は次のとおり：« La démocratie constitue une aspiration universelle, l'universalité englobe les femmes et les hommes, il n'a donc pas de démocratie représentative si la représentation n'est pas paritaire »（Gaspard et al. 1992: 130）.

(5) 原文は次のとおり：« Nous sommes la moitié du monde et voulons être la moitié du monde politique aussi. C'est la PARITÉ que nous voulons à tous les niveaux de responsabilité. […] L'humanité est sexuée, toutes les institutions humaines qui ne sont pas sexuées ont forcément un caractère "monstrueux" ».（Bereni 2007: 107-132）.

(6) レポートは以下を参照：http://www3.weforum.org/docs/WEF_GGGR_2020.pdf

(7) 原文は次のとおり：« La parité c'est 50/50. La loi constitutionnelle fait référence au principe d'égalité et la traduction qui en a été faite dans la loi et non pas les quotas. Au cours des débat internes au gouvernement, au moment de l'élaboration de la loi électorale du 6 juin 2000 qui a suivi la réforme constitutionnelle, nous avons eu ce débat. Alors que la première proposition du Ministère de l'intérieur proposait un quota de 40 %, j'ai tenu bon sur 50 % en disant que la seule façon d'être cohérent avec ce que nous avions dit était de ne pas transiger là-dessus. La parité c'est 50/50 et chaque fois que l'on introduit avec les meilleures intentions du monde des quotas, je pense que l'on fait fausse route »（Guigou 2013: 21-28）.

参考文献・資料

Agacinski, Sylviane（2013）"la part des femmes", *Égalité parité*.

Bereni, Laure（2007）"Du MLF au Mouvement pour la parité", *Politix* 2/2007（no 78), p. 107-132.

Bereni, Laure（2015）*La bataille de la parité, Mobilisations pour la féminisation du pouvoir*, Economica, Études politiques.

Fages, Marie-Laure（2013）"Une décennie de parité électorale: l'évolution du rôle des partis politiques", Égalité - Parité - Une nouvelle approche de la démocratie, Sous la direction de Xavier Bioy et Marie-Laure Fages, LGDJ Extenso Edition Presses de l'université de Toulouse, Université.

Gaspard, Françoise, Anne Le Gall, Claude Servan-Schreiber（1992）*Au pouvoir citoyennes ! Liberté, égalité, parité*, Seuil.

Guigou, Élisabeth（2013）*Égalité - Parité - Une nouvelle approche de la démocratie*, Sous la direction de Xavier Bioy et Marie-Laure FAGES, LGDJ Extenso Edition Presses de l'université de Toulouse, p.21-28.

Hennette-Vauchez, Stéphanie, Marc Pichard et Diane Roman（2014）, La loi et le genre, Études critiques du droit français, CNRS Éditions.

HCE（女男平等評議会）（2020）GUIDE DE LA PARITÉ.

Pascal, Valérie et Catherine Sexton（2016）*Le grand livre de l'Égalité femmes-hommes,* Éditions Afnor.

Ripa, Yannick（2020）« Histoire féminine de la France, De la révolution à la loi Veil », Référence, Belin.

Sénac-Slawinski, Réjane（2008）*La parité*, « Que sais-je ».

Tourme-Jouannet, Emmanuelle（Direc.)（2016）Féminisme(s) et droit international - Études du réseau Olympe, Société de législation comparée, Collection de l'Institut des sciences juridique et philosophique de la Sorbonne, Vol. 39.

第4章

法律から実質へ：フランスの実生活における女性と男性の平等

—フランス外交官の視点から—

ジュール・イルマン
（在京都フランス総領事）

本章は、2020年11月24日に同志社大学で開催されたフォーラム「フランスに学ぶパリテ法の成果と課題」（主催：男女共同参画推進実行委員会、共催：アンスティチュ・フランセ関西、同志社大学地方自治研究会）における筆者の発表をもとに構成されたものである。（編者）

本日は、皆様の前で女男平等というとても意義あるテーマでの講演をアンスティチュ・フランセ関西との共催でさせていただくことに対してとてもうれしく感じています。私は、京都にあるフランス総領事館の総領事をしているジュール・イルマンと申します。46歳で、日本人女性と結婚し、2人の子供、12歳の女の子と10歳の男の子がいる父親です。私は3人の子供を抱える家庭で育ちましたが、私の母は父よりもずっと外で働いていました。他方父親は自宅にアトリエを抱える画家でした。

私がみなさんにこのようなことを説明するのは、この経験が私の物事に対する認識に影響を与えているのではないかということです。私は女男平等やパリテの専門家ではありませんが、その重要性を確信しています。加えて、女男平等は、私たちの社会の（あらゆる観点からみた）適切な発展や世界の安定のため、不可欠であるとも確信しています。

私はフランスの状況に関して、網羅的な、そして的確な全体像を提供できるわけではありません。本日数々の優秀な専門家がおられる中で、敢えてそのようなことをしないようにしたいと考えます。私の講演のタイトルが示すよう

に、フランスのリアルな生活における、私の女男平等に対する考えを皆さんに
お届けするつもりです。

　さて、私が思うに、フランスの事例は特に興味深いものだと思います。とい
うのも、まさにすべてが完璧とは程遠い、この点についてはまた触れますが、
我々は、平等から程遠いところから出発しているのです。よく言われているこ
とですが、フランスは、家父長制社会の伝統を持ち、女性の役割は否定されて
はいないものの、特定の部門に限定され、とにかく男性の管理下にありまし
た。人権宣言の発祥地であるこの国において、女性参政権が与えられたのは、
1944年からにすぎません。婚姻制度の改革法によって、妻たちが夫の許可な
しに働くことが認められたのは、1965年になってからのことです。2000年の
パリテ法まで、とても長い道のりでした。

　そのうえ、この法律は、知識人の間に激しい論争を引き起こし、パリテ法は
（女性が、障害者のように、「保護される」と見なされるカテゴリーに区分され
るという懸念から）「性別の閉じ込め」になると拒否する人たちがいました。
一方で、パリテ法の支持者達は、（平等に関する法律がなければ、慣習が強す
ぎる、または男性基準のモデルが定着しすぎていて、女性は政治界に入り込め
ないことから）「性別を捨象すること」を拒否していました。

　すべてが完璧というわけではありませんが、今日では、パリテ法が適用され
ているほとんどすべての場所で、選出された女性と男性の割合がほぼ等しく、
パリテ法のプラスの効果が見られます。もっと広く言えば、パリテ法が引き起
こした論争によって、あるいは、我々のパリテ法に関わる語らいの中で引き起
こした変化を通じて、我々の精神性を大きく進展させるとともに、職業生活の
みならず家庭生活の中においても女性と男性の間により良い実質的平等を促進
してきたと思うのです。

　私の国ではすべてが完璧なわけではありません。性に関する先入観、差別的
な発言、賃金格差、妊娠・出産によるキャリアの違い、女性の上位職への登用
を阻む「ガラスの天井」、女性が家庭負担のほとんどを担うなど、常に問題が
残っています。マクロン大統領が5年の任期中に女男平等の実現を大義に掲げ
たのは、さらなる平等の推進のためです。

　フランスの各法律、各政策テーマに女男平等の側面が考慮されるように、フ

ランス政府内にはある省庁——女男平等と多様性の担当省（Ministère chargé de l'égalité entre les femmes et les hommes, de la diversité）——が新設されました。

　私がこの20年の間に気づいたこととして、まず、昔は冗談として見なされていた性差別的な発言が時代錯誤になってきたことが挙げられます。今日、メディアや教育の中で広く伝えられる大多数の言説やモデルは、女男平等に関するものです。女性は家にいて子供の世話をするべきだという考えは、非常に少数派になってきました。2017年のINSEE（国立統計経済研究所）の調査によると、いわゆる「専業主婦モデル」に対し、2002年ではほぼ2人に1人（43％）が支持していましたが、今や5人に1人になっています。

　女性は家事のほとんどを担い続けていますが、掃除、買い物、料理、子供の世話などを男性がするという考えは、今や社会で高く評価されています。夫が食卓に座り食事をしているのに対し、妻はエプロンをつけて夫の後ろから食事を出すという1960年代にはありふれた光景はもはや全く受け入れられていません。フランスでは、若者は家から遠いところに、場合によって海外に進学することがよくありますが、家を離れた場合には、自分一人でなんとかやっていくことを学ばざるをえません。当然ながらこれは将来、男性がより家事に関与することにつながると期待できます。もちろん、幼少期からこのようなテーマ（例えば性に関するステレオタイプに打ち勝つような）、女男平等に関する教育がなされることが必要ではありますが。このような習慣を変革していくことは一気には無理で、一世代ぐらいの長い時間がかかります。私の個人的な経験を皆さんに例として示すならば、私は、母が外で働き、父が家にいる家庭で育ちましたので、私が家のことをするのは、当たり前だと思えているわけです。

　フランス社会において、子供に関することも大きく変わってきました。お風呂やおむつなどはもっぱら、母親の仕事だと考えられていた時代がありました。繰り返しになりますが、現在、このような考えを擁護することは時代錯誤だと見なされています。逆に子供のそばにいる父親が現在のモデルになっています。フランス政府が2002年に14日間の父親休暇（父親の産児休業）を創設したのは、このモデルを奨励するためです。これにより、父親は出産に立ち会うことができます。若い父親の67％がこの制度を利用しています。この父親

休暇の期間はちょうど2倍に延長されました。現在は28日で、そのうち7日間が義務付けられています。つまり、雇用者として働く父親は少なくとも7日間休業をしなければなりません。これは、5週間の有給休暇や週35時間労働を超えた場合に適用される労働時間短縮（RTT）のように、どんな雇用契約であれ、すべての雇用者に適用される法制度となっています。

ここで少し回り道をして、フランスでは休暇を取るのはごく当たり前のことと指摘しておかなければいけません。特に、管理職において、ずっと会社にいることはとりわけ評価に値せず、代替的な仕事形態（テレワークなど）がここ数年増加してきています。私事ではありますが、例えば私の義理の兄弟はパリを拠点とする会社に勤務していますが、電車で3時間かかるフランス南部のモンペリエに住んでいます。彼は、自宅においてテレワークで真剣に仕事をこなしながら子供たちの世話もしています。また、例を挙げれば省内の私の同僚の中には週に1、2日テレワークを行っている者がいました。つまり、特に高度な責任を伴う職務や管理職の場合、必ずしも時間の拘束がなく、成果を達成することが求められる、いわゆる柔軟な働き方のモデルをしています。午前9時から午前12時、午後1時から午後6時まで会社にいることが重要なのではなく、重要なのは成果を達成するかどうかです。このような働き方は、ワーク・ライフ・バランスを促進しますし、つまりは、女男平等にも有効に働きます。

それはとても重要です。というのも私は女性ではないのですが、女性が母親になったとき、それは未知の世界へ飛び込むことなのです。女性に「私は母親なのです。それは素晴らしいことですが、労働者あるいは管理職としての社会的地位も維持します」と言わせる社会であることがとても重要だからです。もちろん、彼女の選択であるならば、働くことは義務ではないですが、多くの女性は、両立を選択しています。何もわからない、試用期間もない母としての経験のためにすべてを放置するなんて恐ろしいことです。

仕事も家庭もという見方のおかげで、女性は一般的に仕事と家族のどちらかを選択する必要がありません。両立できる環境は、ある部分、ここ数年間見られている、1人の女性がおよそ2人の子供を持つという先進国にしては珍しいフランスの高出生率を説明する要因になっています。

移民がフランスの高出生率の要因と思われているかもしれないのですが、実

はフランスの出生率の良好な結果と移民とは関連性がありません。実際、移民の人口動向は、フランスに長く住んでいるフランス人の動向に極めて速く合致する傾向があります。出生率が良好な理由は、女性が母親になるために自分のキャリアをあきらめる必要がないことによって説明されるのです。15～64歳女性の労働力率はおよそ70％で、男性よりわずか6ポイント低い状況でした。他方、1975年における男女差は31ポイントでした。

　私は先ほど、女性上位職の登用を妨げる「ガラスの天井」について話しました。このガラスの天井はなお存在しますが、状況は良い方向に展開しています。企業におけるジェンダー評価を専門とする調査機関Equileap（エクイリープ）の調査によると、フランスは、100点満点でスウェーデン（49点）やドイツ（44点）より上位の52点の「ジェンダー平等指数」となっており、ヨーロッパ諸国のトップに位置しています。また、フランスでは2011年の法律で、取締役会の女性比率に対し、40％以上の割り当てが課されていますが（従業員数が500人を超える企業では2017年1月1日から、従業員数が250人を超える企業では2020年1月1日から義務付けられています）、その効果が現れています。

　企業の人事責任者は徐々に男女とも能力は同様に与えられているものの、機会が均等ではないことに気づくようになりました。つまり、女性を男性と均等に取り扱い、男女合わせた100％の人的資源の中から人材をさがせば、企業がより良いチームを備えるチャンスが増すと認識するようになったのです。

　政治分野においてもパリテは前進しています。フランス政府は男女同数で構成されています。議会では、女性議員の割合が着実に増加し、国民議会（下院、選挙は小選挙区多数代表制）では、38.7％の記録的水準であり、また元老院議会（上院、間接選挙）では31.6％を打ち立てています。パリテ（男女同数）にはなっていないのですが、ヨーロッパの平均よりは高い数値になっています。名簿式投票で実施される場合には、パリテ法の効果が明白です。人口が1,000人以上の市町村の議会議員の50％を女性が占めており、法律適用外の小さい市町村に対しては35％となっています。

　立法措置を通じて変化を推進しているフランス国家も模範的でなければなりません。上級管理職の割合は、パリテにはなっておらず、相変わらず女性割合

の方が低いわけですが、それでも明らかに高まっています（たとえば、国家公務員では33％）。女性大使の数はこの5年間で2倍になりました。現在、外交ポストの所長の4分の1が女性になっています。

　それは、今後も続けられるわけですが、フランスで実施されているフェミニスト外交の側面の一つなのです。フランスは、性による階層化のプロセスや男女間の役割や責任や資源の配分に基づいた差別、つまり、それは不平等や女性の基本的人権を侵害する原因になっているわけですが、これらを再検討し、世界中の女男平等を推進するためにフェミニスト外交を展開しています。

　女男平等を私たちのすべての行動に取り入れることこそが、私たちのなすべきことなのです。2022年までに、開発援助金の50％は、女男平等を主に重点目的とするプロジェクトに充当されなければならないことになっています。

結論として

　そもそも家父長制の伝統を持つ国でしたが、フランスは、女男平等という点で大きく変化しました。パリテ法の可決が女男平等への重要なステップとなり、選挙によって選ばれる議員職への女性参画に実質的な効果をもたらしました。より広い効果としては、このパリテ法は、フランス人の精神性の変革を加速させました。また、このようなパリテの動きは、若者に対する教育や関心喚起によっても強化されてきました。今日、我々の中で言われていることは、積極的な措置は、平等やそれに関する事柄を躍進させるということです。

　とはいえ、フランスにおいて、すべての分野で実質的な男女同数（パリテ）を達成するには、まだ多くのことを成し遂げなければなりません。そこでそれは政府の行動指針になっているわけです。フランス大統領は5年の任期に女男平等（女性に対する暴力撤廃も含む）を国家の大義に掲げています。今日、パリテはコンセンサスであり、どんな政党も後戻りさせようとは思っていません。

　本日は、このような重要なテーマに関して、皆さまに私の意見をお伝えする機会をいただき、感謝申し上げます。日本で今まさに行われている議論に役立つことを願っています。

第**5**章

過渡期におけるジェンダー平等戦略
―パリテ法をめぐる議論を通じて―

伊藤公雄

はじめに

　これまでほとんど日本のメディアではタブーに近かった「ジェンダー」という言葉が、テレビや新聞で繰り返し用いられるようになった（実際、21世紀のはじめの頃のいわゆる「ジェンダー・フリー・バッシング」の時には、「社説」で「我が社は今後ジェンダーという言葉は使わない」と書いた新聞もあったほどだ。世界一の発行部数を誇るこの新聞も、今や「ジェンダー」と書くようになっている）。2021年2月、当時の東京オリンピック・パラリンピック組織委員会会長の森元首相の発言がきっかけだった。「女性がいると会議の時間が長くなる」という森発言は、「女性蔑視」として大きく報道され、議論になった。しかし、この発言の問題は「女性がお喋りだ」（というか、森元首相自身、無駄な長時間のお喋りで有名な人だ）ということよりも、その前の「女性理事4割は、文科省がうるさくいうんでね」という言葉の方が問題だったのではないか（伊藤 2021a）。

　当時、文科省（というよりスポーツ庁）が女性役員4割以上を要求しており（多様性と調和を謳う2020東京オリンピック・パラリンピックにとって、ジェンダー平等は不可欠だった）、それを妨害するために発せられた言葉であると考えられるからだ。この「4割」の要請の背後には、IOC（国際オリンピック

委員会）などが求めている「意思決定における多様化に向けて、女性役員を4割に」という方針があった。実際、IOCは、2018年にコミッショナーの女性割合を16.8%から42.7%へと急増させており、女性の意思決定拡大に向けた「クオータ（割り当て）制度」は、国際的なスポーツシーンにおいては、すでに共有された課題だったのである。森前会長の対応は、こうした国際的な流れに抵抗しようとするものであり、まさに女性排除＝女性差別の発言であったと言えるだろう。

第1節 ┃ ジェンダーをめぐる戦後史

　とはいえ、ジェンダーという課題に国際社会が注目したのはそれほど前のことではない。1960年代末の人種差別撤廃や性差別撤廃をはじめとした社会的マイノリティの権利擁護を目指す運動の発展（この時期、自然環境の破壊問題＝自然との共生の動きが開始されたのも偶然ではない）が、1970年代以後の女性の権利擁護＝性差別撤廃の動きへと発展していったのだ。1975年、国連は「国際女性（日本政府の訳語はいまだに「婦人」だが）年」以後、急激に性差別撤廃の動きを強め、1979年には「女性差別撤廃条約」が成立した。

　伝統的に見れば、長期にわたって「男性による女性の保護・管理と女性の男性への従属」を原則としてきた欧米社会（典型的なのは「レディーファースト」型の女性の「保護」の一方で、女性の社会参画を抑制する文化などが挙げられる）に比べれば、相対的に（男性主導が仕組みとして出来上がっていたのは否定できないが）女性の社会的地位や社会参画が展開されていた日本社会は、この1970年代以後のジェンダー平等への動きに、別の対応で臨んだと言えるだろう。

　戦後日本社会は、敗戦を通じて、急激な民主化を進めた。ある意味で、戦後日本の民主化は、欧米社会が「理想」とした実験の場としても存在していた。特に、男女平等の理念の政治への展開は、ある意味「先進的」でさえあった。

　戦前の日本型家父長制（日本型に変容した儒教型家父長制と欧米の家父長制の混合経済として形成された）（中村 2021）の廃棄、協議離婚のより男女平等

型への制度化がなされ、また、（明治民法により、いくつかのヨーロッパの国の制度を真似た「夫の姓に統一」という仕組みから）夫婦の姓の選択制の導入（この段階でも氏の決定に際してより個人の選択の自由度を上げようという声もあったが、「夫婦の姓のいずれかを選ぶことができる制度」は、当時は先駆的でさえあった）もあった。さらに、問題のある法律ではあったが「優生保護法」により「経済的な理由での中絶」の合法化も行われた。西欧のフェミニズム運動が、1970年前後、最重要の課題とした「離婚」の自由（離婚法）と「中絶」の合法化（中絶法）、さらに法律内部に残存する（ナポレオン法典以後の）「家父長制」は、敗戦後の日本においては、極めて早い段階で「突破」されていたのである。

　他方、欧米諸国の多く（ルター派キリスト教が主流の北欧を除いて、女性の社会活動の抑制傾向の強いピューリタン＝カルヴァン派の強いアメリカ合衆国やイギリス、マリア信仰の一方で、同じく女性の社会参加や法的権利が弱かったカトリック諸国）において、法律上の家父長制（西欧における家父長制）が、1970〜80年代まで存続していた。（ただし、「家長が家族成員を保護する責任があり、そのため家族成員を管理する権限を有する。一方、妻は夫に従属する」という西欧型家父長制は、儒教型の男性支配の家父長制とは意味合いが異なることには注意が必要だ。）例えば、フランスでは、1965年まで、既婚女性は財産管理権がなかった（自分の名前で預金通帳が作れなかった）し、就業には夫の許可が義務付けられていた（伊藤 2014a）（スイスでは、この就業の家長による許可制は1985年まで存在していた）。

　先述のように流れが大きく変化したのは1970年前後のことだった。多くの諸国で、女性差別撤廃＝女性の社会参画拡大の動きが広がったのだ。欧米諸国においては、この時期、生産労働人口の減少とともに国際不況の状態にあったこともこの動きに棹さすことになった。それまで多くの既婚女性が「専業主婦」だった欧米諸国は、夫片働き方の家庭が主流派だったのだが、不況の波は、男性の賃金抑制を生んだ。また、少子化による生産労働人口の減少も大きな課題になった。各家庭の生活の運営や労働市場は、男性だけでは賄えなくなったのだ。こうして、急激に女性の労働参画が進行した。他方で、女性の労働参画は、労働組合やその影響のもとにあった社会民主主義政党などの力も

あり、男女の労働時間の抑制（男女が働くなら、家族を支えるためには男女双方の労働時間の短縮が必要だ）や家族政策（特に子育て世帯への、免税、保育所等の社会サービスの拡充、子ども手当などの給付）が展開されていった。その結果、まずは北欧で、ついでアングロアメリカ社会で、最後にドイツやフランスなどで、男性の家事・育児参画がそれなりに開始されるようになっていった。また1970年代以後、ヨーロッパの多くの国で、国によって事情や受け入れの段階は異なるが、労働力不足への対応に向けた移民政策（海外からの労働者受け入れ）もまた、急速に展開されていったのである。

　OECD加盟国のデータを見ると、1970年の日本の女性の労働力率は、フィンランドに次いで第2位であり、第3位のスウェーデンよりもやや高かった。その時期、相対的に女性の労働参加が進んでいたアメリカ合衆国よりも10％ほど高いし、多くの西欧諸国よりも20〜30％ほど女性の労働参加割合は、高かったのである（農業・自営業での女性の労働も多かった）。もちろん、男女間格差は根強く、男女間の賃金格差や女性の意思決定参画は、多くの経済先進国同様低いままだった。

　しかし、1970年以後の経済の発達した諸国における女性の労働参加は急激に拡大した。2000年段階では、主要諸国の多くは、女性労働力率が30年で5％しか増加しなかった日本をしりめに、20％から30％の増加状況になっていた。この30年間の日本の女性の労働参加・社会参画の出遅れの「異常さ」がよくわかるデータである。

　それなら、国際的にジェンダー平等の流れが強化された20世紀後半の30年、日本社会は、どんな選択をしたのだろうか。すでに明らかにしてきたように（伊藤 2018）、1970年代後半以後、日本社会は「男性の長時間労働・女性の家事育児負担プラス子育て終了後の条件の悪い非正規労働」という1970〜80年代日本型ジェンダー構造を定着させた。問題は、この構造が、日本の安定的な経済成長を支え、一種の「成功モデル」になってしまったということだ。団塊の世代という大量の生産年齢人口を抱えることで労働力は一定確保しつつ、製造業中心の産業（いわゆる「ものづくり産業」）を軸にして、「ジャパン・アズNO1」（エズラ・ボーゲル）という「一人勝ち」状態が生まれたのだ。

　しかし、この「成功体験」があったが故に、少子高齢社会の到来に備えるこ

と（①女性の社会参画の拡大、②高齢になっても働きたい人は働き続けることができる環境整備と高齢者への年金を確実にする制度設計、③外国人の人権の法的整備や多文化共生教育の準備の上での外国人労働者受け入れ体制の整備などは必須だったはずだ）ができず、また、「ものづくり」中心の産業から、情報やサービスを軸にした産業への転換の時代に、日本社会は対応しきれなかったのである。

　その結果が、1990年代から現在に至る日本社会の「停滞」だった。GDPは、この30年間ほとんど増えていない。1989年の世界トップ50企業の時価総額で見ると32社が日本の企業だった。それが30年後の2018年には、トヨタ1社が後ろの方で残っているだけである。1990年代初頭には人口1,000万人以上の国の一人当たりGDPでは世界一（つまり世界で最も豊かな国）だった日本は、今や多くの経済指標で、OECD加盟国の中では相対的に経済の問題を多く抱えていたお隣の韓国やイタリアなどと並ぶか、すでに追い抜かれているという状況である。いわゆるイノベーションのジレンマ（クリステンセン 2001）（成功モデルの微修正の継続という「持続的イノベーション」に拘束され、新たな技術や産業の転換への移行＝「断続的イノベーション」の展開の失敗）が生み出した現状は、今回の新型コロナ禍における（近隣の中国、韓国、台湾と比較した時の）デジタル面での大きな出遅れの顕在化が証明していることだろう。女性の社会参画が一つの指標である社会のダイバーシティ戦略に日本が取り残される中で、男性主導の、均質で「中央統制」型の組織に依存してきた結果が、こうした「停滞」の背景にあることは明らかであろう。

第2節　ジェンダーをめぐる日本の現在

　2021年2月、森東京オリンピック・パラリンピック組織委員会前会長の女性差別発言問題にあわせるかのように、世界経済フォーラムによるグローバルジェンダー・ギャップ指数（GGGI）が発表された。周知のように、156か国中120位というものであった。健康、教育、経済、政治の4つの領域を数値化したデータである。健康はほぼ世界でトップクラス、教育も中等教育（中学校・

高校）までは、ほとんどトップが続いてきた。ただし高等教育（大学）への進学率の男女差（OECDの諸国は女性の大学進学率が男性より10％前後高いが、日本だけが、逆に男性の方が10％弱高い）は、きわめて大きい。すでにOECD平均で10％ほど女性が男性より高い数字を示す中で、加盟国中男性の大学進学率が女性を大きく上まわっているのは日本だけという状況だ。経済（女性の専門職・管理職割合）や政治（女性の国会議員割合や閣僚割合）は、世界的にみて最低レベルである。

　このデータは、世界各国のものだ。もちろん、中には新興国や発展途上国も含まれている。また、あくまで男女格差であるから、大学進学率が男女とも10％でほぼ同じなら「男女差別なし」で世界1位になる。ということで「それぞれの国のさまざまなインフラストラクチャー抜きに、男女格差のみを比較するのは問題がある」という声もある。表1は、2021年のGGGIを、G7参加国、いわゆる「経済先進国」グループであるOECD加盟37か国、さらにアジアの主要国別にまとめたものである（伊藤作成）。残念ながら、いずれのデータを見ても日本の置かれた状況は一目瞭然だろう。

表1　グローバルジェンダーギャップ指数（2021年3月）

G7サミット国		OECD加盟37か国				アジア主要国			
フランス	16位	1位	アイスランド	11位	ドイツ	17位	フィリピン	102位	韓国
カナダ	24位	2位	フィンランド	13位	ベルギー	29位	台湾（独自データによる）	103位	カンボジア
イギリス	23位	3位	ノルウェー	14位	スペイン	54位	シンガポール	107位	中国
アメリカ	30位	4位	ニュージーランド	16位	フランス	69位	モンゴル	109位	ミャンマー
イタリア	62位	5位	スウェーデン	…	（間に22か国）	79位	タイ	120位	日本
日本	120位	8位	リトアニア	102位	韓国	87位	ベトナム	140位	インド
		9位	アイルランド	120位	日本	101位	インドネシア		
		10位	スイス	133位	トルコ				

　世界経済フォーラムがこのデータを発表し始めたのは2006年。日本は当時115か国中80位だった。同じ年、イタリアは77位とそれほど変わらなかった。それが15年後には、イタリアは62位と踏ん張っているが、日本はどんどん置いてきぼりを食っている。日本も、実はジェンダー格差は縮まっている。しかし、他の国の多くが、急速に変革を進めているのに、日本の歩みは遅々たるものでしかない。例えば、2001年段階のイタリアの国会議員における女性

の割合は、下院11.2％、上院7.9％、2000年の日本の衆議院は7.3％、参議院は17.1％だから、ほぼ同じくらいだった（伊藤 2014b）。それが、現在は、イタリアは上下院とも35％前後なのに、日本は、衆議院は9.9％、参議院も20.7％（2020年段階）でしかない。21世紀に入って以後、イタリアもまた女性の政治参加の拡大に向けたクオータ制度を取り入れた。その結果が、この数字には現れているのだろう。

　「日本は伝統的に男尊女卑だから」「欧米のように進んだ社会になるのは無理」という声が聞こえてくる。しかし、本当に日本社会は伝統的に西欧社会と比べて男尊女卑の文化が根深いのだろうか。

　すでに繰り返し述べてきたように、そんなことはない。むしろ日本社会は（男性優位ではあるが）、他の文化と比べて伝統的に女性の意思決定参画や社会参加は、相対的に目立って高い社会だったとさえ言えると思う。

第3節　ジェンダーの歴史的・文化的重層構造を読む

　実際、日本のジェンダー問題を考える時も、個々の社会の持つ文化の問題は避けて通れない。ただし、文化と歴史を通じたジェンダー問題を考えることは、それほど簡単なことではない。というのも、前近代社会においては、多くの文化がジェンダー（男女の役割・意識）について、きわめて多様性を持っていたからだ。

　ジェンダーという用語がもともとは文法用語であり、また、なぜ言葉にジェンダーがあるかといえば、そこには世界を認識するときの二分法が背景にある（関心のある方は、伊藤 1996, 2003, 2008などを参照されたい）。それは、神話などにも表れていると思う。例えば、ギリシアの12神は、男女6人ずつである。世界は、役割の異なる男女の領域に分割されていたということだ。東アジアの陰陽の世界像もまた、陰＝女性、陽＝男性の二分法であり、双方が支え合って「世界」が構成されるということになっている。ただし、その二分法は、文化によって変化する。

　例えば、日本文化は、相対的には男女の二項図式が強くないように感じられ

る。歴史的にみれば、（明らかに男性優位ではあるが）女性の活躍も目立つ
し、その社会的地位も高い。例えば、近年の考古学による古墳の発掘調査によ
れば、女性のリーダーと思われる埋葬例は男性よりやや少ないもののかなりの
数に上るという（国立歴史民族学博物館 2020など）。また、江戸時代には、男
性の育児は普通であったし（沢山 1990）、男性の介護（や家族外からの協力）
もまた当然のこととして行われていた（柳谷 2005）。

　逆に、ヨーロッパのキリスト教文化は、（ギリシア哲学者の多くは、男性優
位だが、それなりに男女の対等性に配慮があったのに）、アリストテレスの
「ワンセックス・モデル＝女性は、本来の人間＝男性になりきれない未成熟な
人間」（ラカー 1990=1998）という「分類」以後、男性優位（女性の劣位）の
徹底が継続していたといわれる（ただし、カトリックの聖母信仰など、一部に
女性崇拝も存在していた）。そもそも、ユダヤ教、キリスト教、イスラムとい
う「アブラハムの宗教＝同じ唯一神を信じる一神教」は、創世記段階で、神に
似せてアダムが作られ、アダムのケアをする存在としてアダムの肋骨からイブ
が作られたということになっているし、神の命令に叛いて知恵の実を食べて楽
園追放の原因を作ったのもイブ＝女性だった。

　さらに付け加えれば、ジェンダーの多様性とともに、身分や階層の違いによ
るジェンダーの差異も存在していた。日本で言えば、武家の女性と農民の男性
では、明らかに武家の女性の方が「社会的地位」は上である（武家社会では、
女性よりも男性の方が社会的地位は「上」になることは言うまでもない）。ま
た、一般庶民の文化においては、武家の文化とは異なるジェンダー秩序が形成
されていたと考えられる。男女の差以上に、階層や身分による位置付けの方
が、より強固に存在しているという状況は、前近代社会では「当たり前」だっ
たのだ。「差別が構造化されているが故に安定した社会」（伊藤 1984）が、前
近代社会の多くに見られたということだ。

　前近代社会においては、（多くは男性優位だが）多様性のあった男女の役割
や男女二項図式による世界像は、近代産業社会＝工業社会の成立（近代資本制
の成立）とともに、ある共通した固定的な男女の役割を構成していく。

　つまり、男性＝生産労働＝「公的」労働＝有償労働、女性＝（労働力の再生
産＝ケア）労働＝「私的」労働＝無償労働というジェンダーによる区分が確立

していったのだ。ここには、妊娠・出産の機能を持たず、平均的に筋力や瞬発力に優れた男性が、生産労働者として対応しやすいこと、また、こうした男性労働力の「再生産」(衣食住・健康管理も含めてケアすることで労働力を維持していく労働、次世代の労働力である子どもの育児教育労働、さらに高齢になった元労働力の介護労働) 労働を女性に無償で担わせるという構図が、資本制にとって好都合だったことが理由として考えられる。

　これに加えて、近代産業社会は、資本制の膨張の中で「戦争」に備えることが求められ、ナポレオン以後、いわゆる「国民軍」が形成されていく。それまでは、身分制秩序 (男女間の格差よりも身分制秩序がより強力に秩序化を支えていた) が一定ジェンダー秩序の多様性を担保していたのに、「国民皆兵」、つまり男性の兵役の義務と「国民化」が、社会全体を男性優位のジェンダー秩序の構図へと大きく転換させてしまったのだ。工業社会におけるジェンダー秩序は、「男性＝国民軍」の仕組みとともに、多くの社会を「近代的」な男性主導の仕組み (もちろん、社会によっては、前近代のジェンダー秩序と習合させつつ) を形成していった。

　実際、「軍事化」した近代社会において、「男性性」は、それぞれの「伝統文化」の加工によって、社会的に目標とされる特徴ある「理想の男性像」を生み出していった。例えば、日本であれば「サムライ (武士道)」であり、ヨーロッパであれば「騎士道」(そもそも新渡戸稲造の「武士道」は、ヨーロッパの「騎士道」への対応の中で生まれた) であり、アメリカ合衆国であれば、荒くれ者の「カウボーイ」が、「理想の (戦う) 男性像」として構築されていった (女性像もそれに対応して特徴ある「理想」が構築されていく (例えば、日本では「良妻賢母」や、母恋ものに代表される「優しいとともに強い母」のイメージなどが「理想の女性像」として形成されていく)。

第4節　転換点としての1970年 (前後)

　こうした近代工業社会に対応した (伝統的なジェンダー文化の影響を引き継ぎつつも、多くの社会で比較的)「均質な」ジェンダー構造と「理想の男女イ

メージ」は、1970年前後開始された産業構造の転換によって大きく揺らぐことになった。工業社会から脱工業社会へ、つまり「製造業＝ものづくり産業」から情報やサービスを軸にする産業への転換が開始されたのだ。

　情報やサービスを基軸とする産業が主流派になる中で、近代工業社会に適合的だったジェンダー構造もまた、変化を求められるようになった。この流れは、1960年代後半以後広がった「価値観」の変容（全ての人の人権への配慮、自然環境との共生、生産性や効率に縛られない生き方の広がりなど）を伴って、現代社会の基軸を形成していく。

　1970年以後、世界は急激にジェンダー平等の方向へと変容していく。ただし、そこには、ジェンダーの変化をめぐる様々なタイムラグがある。と同時に、各国のジェンダー平等への流れには、前近代社会から近代社会への変化の中で生まれたその社会独自のジェンダー構造やそれと深く関わる文化構造、家族の形態や社会制度の影響がある。

　例えば、最も早い段階でジェンダー平等に舵を切ったのは、北欧社会だった。ルター派のキリスト教文化による社会連帯の存在、再配分を軸にした社会民主主義の政策のスムーズな展開、さらに市民の政府への信頼など様々な要素が、この「離陸」を支えた。

　次の離陸は、イギリスやアメリカ合衆国など、プロテスタントの中でもピューリタン的要素の強い社会において行われた。ただ、アメリカ合衆国に代表されるピューリタン型の「理念優先」の文化は、新自由主義の経済政策の深化と合流しつつ、実際は、「能力主義」型の女性の社会参画の戦略を取ることで、女性間の格差を放置し、男性間の格差を広げる結果を生み、必ずしもジェンダー平等の波に乗り切れない状況が21世紀まで続いた（アメリカ合衆国における女性議員割合が20％を超えたのは2020年の選挙だった）。

　1990年代までは、日本社会とそれほど変わらないジェンダー構造を維持していたドイツ、フランスなどが第三のグループになるだろう。これらの諸国は、特に21世紀にはいって以後、北欧のジェンダー政策などを参照しつつ、それぞれ独自のジェンダー政策を展開することで、（イタリアなど南欧社会の多くを除けば）アメリカ合衆国よりも、ジェンダー平等政策を深化させることに成功したと言えるだろう。

　こうした流れにうまく乗れなかったのは、日本だけではない。南欧（イタリア、スペイン、ギリシャなど）と東アジア（日本と韓国）は、21世紀になってもこの波にうまく乗り切れなかった。イタリアの社会学者キアラ・サラチェーノのいう「家族主義のパラドクス」が、これらの社会にはみられたからだ。つまり、「家族主義の社会」を自称しつつ、結果的に「家族のことは女性に」押し付ける仕組みの強かったこれらの国々では、女性の社会参画が抑制されてきた。その結果、働きつつ子どもを産み（男性とともに）育児する仕組みが作られた社会と比較して、少子化傾向が強くみられたのである。

　繰り返すが、ジェンダーの構図は、前近代の多様なジェンダー配置（ほとんどが男性優位）が、近代産業社会による近代的ジェンダー構図（前近代のジェンダーの配置と結びつきつつ）へと再編成され、今またジェンダー平等という流れが、各国のジェンダー文化との関連性の中で新たに構築されつつあるということになる。

　ただし、近年、南欧や東アジアの国々でも大きな変化が起こっている。韓国は、すでに21世紀にはいる直前の2000年にフランスとほぼ同時期に、選挙制度にクオータ制を取り入れた（比例区のみ男女同数の立候補。ただし、比例区の割り当てが少ないため女性議員の大幅な伸びは見られていない）。また、ジェンダー政策においても、国家公務員採用のクオータ制の導入など、積極的な政策が継続的に実行されてきた（ただし、儒教文化の影響などもあり、実質的なあゆみはやや遅かった）。こうした政策の成果なのだろうが、2019年、これまでGGGIで日本の後塵を拝してきた韓国が日本を追い抜き、今や日本との間に水を開けつつある状況である。

　スペインは、草の根の女性や若者の積極的な政治参加と社会変革の波の中でGGGIの順位を上げているし、イタリアも他のOECD諸国と比べると見劣りはするが、ジェンダー平等へ着実に動き始めている。

　近年ジェンダー平等に動きはじめているこのような国の多くは、政治分野におけるポジティブ・アクションを取り入れている（日本もポジティブ・アクションは制度としてはあるが、形式的なものがほとんどで、実質的な効果をもったものはほとんど実施されていない）ことにも注目する必要があるだろう。

第5節 ┃ 多様なポジティブ・アクション

　ポジティブ・アクションの先駆的事例としてはアメリカ合衆国のアファーマ
ティブ・アクションがよく知られている。アフリカ系アメリカ人への人種差別
問題への対応から出発したこの用語は、すでに1935年に登場しているといわ
れる。実質的にこの制度が実行に移されたのは、ケネディ政権の1961年であ
り、性差別問題への適用はさらに遅れて1967年といわれる（辻村 2004などを
参照）。時に個人の能力についての評価なしに「機械的」に人数を割り振るケー
スもあり、裁判で「逆差別」という判決も多く出されていることはよく知ら
れている（性差別については「逆差別」判決はほとんどないと言われてい
る）。また、アメリカ合衆国では、政治分野における議員のアファーマティ
ブ・アクションは実施されていない。

　これに対して、北欧のノルウェーで、「クオータ制度」（割り当て制度）がま
ず制度化された。1978年制定の「男女平等法」に、4名以上のメンバーのいる
公的機関において「いずれか片方の性が40％以上選出される」ことが盛り込
まれたのである（日本においても、1990年代後半以後、政府や地方自治体の
ジェンダー関連の審議会や委員会は、この原則を明記したものが多く見られ
た）。

　クオータ制（アファーマティブ・アクションも「数値の割り当て」という点
でクオータと分類されることもある）は、その後、ヨーロッパの各国で取り入
れられていく。ただし、クオータ制度には、比較的ゆるい割り当て制度から、
法的にかなり厳しく割り当てを規定する強制的手法まで、幅があると言われて
いる。また、クオータの対象も、議会、政党、公的機関、さらに企業の管理職
割合など、国によって多様性がある。

　政治分野（繰り返すがアメリカ合衆国は、政治分野の割り当ては行っていな
い）については、21世紀の初めの段階で多様なポジティブ・アクションがす
でに実行に移されていた。政治分野の各国のクオータ制度について、辻村
（2004）は、以下のように整理している。

①憲法改正と法律による強制的クオータ制度を導入した国＝インド、フランスなど

②法律による強制的クオータ制度を導入した国＝バングラディシュ、パキスタン（ともに地方議会）、タンザニア（国会と地方議会）、アルゼンチン、ブラジル（国会議員）、韓国など

③政党による自発的クオータ制度＝北欧諸国、ドイツ、南アフリカなど

　なお、2020年段階で見ると、この流れはもっと拡大している。②の法的なクオータ制度は、イタリア、スペイン、ポルトガル、ベルギーやほとんどの南米諸国で行われているし、③の政党のクオータは、イギリス、カナダ、ドイツなどで実施されており、世界196か国中118か国で行われている（内閣府男女共同参画局 2020）。

　この分類から見ても、本書が扱うフランスのパリテは、強制性が強く、また、法律だけでなく憲法の改正を伴った極めて大胆なポジティブ・アクションであることがみて取れるだろう。

　もちろん、政治分野におけるポジティブ・アクションを支える補助的手法にはいろいろなものがある。辻村（2004）は、イギリスの例として①国会内での保育の実施、②政党による女性対象の研修・訓練、③議会開催時間の調整（午前開始を夕方からに変更）、④比例代表制の積極的導入、⑤女性候補者への財政的支援、⑥議会の週3日制、⑦投票のリモート化、などをあげている（辻本 2004: 26）。日本にも参考にできる部分がたくさんあると思う。

　こうした各国のポジティブ・アクションの展開には、先に述べた、前近代型ジェンダー文化や思考形態などの影響とともに、近代工業社会での「男性主導」の仕組みの残滓、さらに産業構造の大きな転換の中での各国の現在のジェンダーのありようや思考のあり方が、複雑に重なり合う形で、影響を与えている。こうしたジェンダー構造の歴史的・比較文化的な構図は、現代日本社会で、ポジティブ・アクションをどう展開するかという時、私たちが十分に考慮すべきことだろう。

第6節 ▌ 普遍主義か男女の差異か

　フランスのパリテの議論に移ろう。フランスのパリテは、世界中のポジティブ・アクションの中でも、異色な制度と言えるだろう。何よりも、男女の割合をパリテ（同等・同数）にするというものだからだ。

　ある意味で、パリテは、理念先行の制度であると言えるだろう。その意味で、パリテの成立の背景には、フランス独自の政治文化や思考のあり方が控えていると思う。実際、フランスは、ヨーロッパの諸国の中でも、興味深い政治文化を持っている。特に、フランス革命＝市民革命における「自由・平等・友愛」の精神は、その後の民主主義へと向かう世界の流れを方向付けたのはよく指摘されるところだ。他方、ロベスピエールによる「理念」優先の社会革命が、頭で考えた「理想」を追い過ぎたことによる恐怖政治の広がりと、ナポレオンによるクーデタ、さらにナポレオン戦争を通じて、イギリスやアメリカに続いて「近代国民国家」形成の先陣を担ったことも周知のことである（ナポレオンの「国民軍」形成が、ジェンダーの変容に大きく関わっていることはすでに述べた）。

　第二次世界大戦後も、理念優先による大胆な政治改革がなされてきた。例えば、1981年のミッテラン大統領時代の死刑廃止の動きだ。当時のバダンテール法相は、世論の多数派が死刑存置の意向であったにもかかわらず、人道的配慮から、廃止に踏み切ったのだ（伊藤・木下 1997）。

　フランスは、こうした「理念」先行型の文化による「普遍主義」の政治文化を持つことはよく知られている。例えば、フランス在住の竹下節子によれば、「フランスの共和国主義は、出身地や人種や宗教の違いにかかわらず、同じ国に住む人間が『自由・平等・友愛』という同じ共和国原理を共有し、それを個人のアイデンティティのうちに理性的に『統合』していくことを目標としている」（竹下 2012: 165）。

　これが、フランスにおける共和主義的「普遍主義」の基本的視座ということになる。

　政治領域における性差別撤廃に向かって生み出されたパリテもまた、「男女同数」を法的に規制するという点で、「理念先行」のイメージがある。他方で、男女同数という手法は、フランスの伝統的な「普遍主義」にとっては問題を生むことになったのも興味深い。つまり、全ての人間を同等に扱うという普遍主義の視点から見れば、男女という二項に分けて、女性にのみ特別の枠（パリテ）を設けるのは、原則に反するからだ。実際、パリテの動きの中で、伝統的なフランス型思考である「普遍主義」原則と、男女という二項を軸に議論しようというパリテ派との間には、興味深い論争が生じた。「パリテ原則は共和主義的伝統と相容れない」（糠塚 2004）という声が生じたのだ。

　この経過については糠塚康子『パリテの論理』（2005年）が詳しい。糠塚によれば、パリテは、まさに「フランスにおける平等原則と強制クオータ制の理論的緊張」を生んだのだ。

　1990年代のフランスの女性国会議員割合は日本とそれほど変わらない（というか、1995年段階の女性国会議員割合は6.4%、日本は衆参合わせて6.8%とフランスよりやや上回っていた）（伊藤 2014b: 218）。「これでは民主主義国とは言えない」という声から、クオータ制の導入の声が大きく広がったのは1995年（すでに1980年代からクオータ制導入の声はあったのだが）の大統領選挙の時だったといわれる。主要3候補全てが、比例代表選挙のクオータ制を公約に掲げたのだ。しかし、これまでの憲法裁判では、「共和国的普遍主義」の原則は、男女を区別し、女性に優位性を与えるような法律の制定は、違憲だとされてきた。

　やがて、「パリテ型の法制度が違憲だというなら、憲法そのものを変えよう」という動きが生まれた。他方、「共和国的普遍主義」を掲げる人々は、この男女二分による「差異」に基づく法制度に強く反対した。例えば、日本でも『母性の誕生』などで知られるエリザベート・バダンテール（前出のバダンテール法相は彼女の夫）も、普遍主義派として発言している。彼女によれば、差異派は、かつての「分離主義派」（女性と男性の徹底した断絶を強調した）ほどではないにしても、「女性によるナショナリズム」（男性への一種の排外主義的対応ということだろう）の流れの中にあるというのだ。こうして、バダンテールら「普遍主義」派と、いわゆる「差異」派の間で（ともにジェンダー平等

を目指すという方向では一致しているにもかかわらず）激しい論争が展開されることになる。

　糠塚（2005）は、この論争を、「性別によって市民を区別し、男性を犠牲にして女性を優遇する」と批判するバダンテールらに代表される「平等主義的」普遍主義と、パリテ推進派である「差異主義的」普遍主義の二つに分類している。興味深いのは、後者をさらに「女性が女性である」ということにある種の「本質」を求める「本質主義」的差異主義と、「女性と男性との性差は歴史的・社会的に構築されたのであり」、その結果生じた男女の格差＝文化的・社会的差異を積極的に埋めるべきだという「文化的」差異主義の二つの流れを整理している点だ（糠塚 2005: 220-223）。第二次世界大戦後の「ジェンダー平等」を求める国際的動きを歴史的に見るとき、この3つの流れは底流に存在し続けてきたように思う。

　激しい論争の結果、1999年には憲法に「法律は、選挙によって選出される議員及び公職への男女の平等なアクセスを促進する」（第3条第5項）と「政党及び政治団体は、法律の定める条件に従って、第3条最終項にいう原則の実施に貢献する」（第4条2項）の2点が追加されることになった。

　この改正に基づき、2000年に政治分野における男女同数の参画を定めたパリテ法が、さらに、2008年の憲法改正により職業や社会的要職への男女平等の参画が制定されることになった。この経過は、2020年、オンラインで開催された国際シンポジウム「フランスに学ぶパリテ法の成果と課題」に詳しい。また、このシンポへのフランス人参加者の多くは、糠塚の分類によれば「文化的」差異主義の立場から、パリテの意義を評価していたように思う（男女共同参画推進実行委員会 2021）。

　ただし、パリテ法支持派も一枚岩ではなかったことも率直に述べられている。つまり、パリテ派の間にも「人類は女性と男性に分かれているのだから、パリテはこうした普遍的現実を支持するものである」といった、「本質主義的」差異派の声も、ここには含まれていたからだ。シンポジウムの参加者、パリ第一大学の法学者ディアンヌ・ロマン教授は、率直に次のように語っている。

　　こうした議論は、理論的レベルにおいても、生物学的においてさえも大きな

問題がありました。なぜなら、人類は普遍的に女性男性の分類的性別で区分されているのではなく、一連のインターセックスの状況によって、こうした議論の基本的前提が批判に晒されている。(男女共同参画推進実行委員会 2021: 30)

　ただし現状の社会的・文化的なジェンダーの壁を突破するには、男女という二項図式に乗った上で、多様性に向けてまずは「女性」として「括られる」人々を、政治や社会の意思決定に加われるよう拡大するという点で、パリテは極めて有効だったのも事実だ。

　とはいえ、パリテは、女性の政治参画や社会参画を急拡大させることに成功したのだから、「これでよし」なのだろうか。確かに、現在、男女という二項を軸に「同数」を求めたパリテは、女性政治家の急増という点で「成功」したと言えるだろう。しかし、今後、SOGI等の多様性という新たな「多様性」をめぐる議論が登場したとき、この男女二項による「同等・同数」戦略は、おそらくは組み替えが要求されることになるだろう。

おわりに

　フランスのパリテをめぐる議論と実践から見えてくるのは、現代社会がジェンダー平等に向かって(もっといえば、近代産業社会以上の複雑性と多様性に開かれた社会に向かって)の過渡期にあるということだろう。

　そもそもジェンダー平等の流れは、産業構造の大きな転換、グローバル化などと連動しつつ、近代の組織原理や社会のルールの根本的な変化の中で求められてきた。それまでの「白人・成人男性・異性愛者・キリスト教徒・健常な身体の持ち主」を軸に展開してきた世界が、「人種、性別、SOGIの多様性、宗教、肌の色、年齢、障がいのあるなし」などにかかわらず、全ての人の人権が認められ、活躍できる社会へと転換することが求められているのだ。

　ただし、過渡期であるということは、すぐに「すべての人権やすべての人が活躍できる」社会へと一足飛びで移行できるわけではない。

　フランスのパリテをめぐる普遍主義と差異派の論争は、まさに、この「過渡

期」の捉え方と深く関わっているように思われる。

　差異派の議論は、1970年前後に展開された「アイデンティティ・ポリティクス」の流れの中にあるのだと思う。アイデンティティ・ポリティクスとは、社会の周縁に置かれ差別や排除にさらされてきた社会的マイノリティが、自分たちの存在を肯定的に捉え、マジョリティの支配する構造を突き崩し、対等な人権を確立していく政治過程を意味する。多くは、自分たちが「差別する側」にいることに気がつかない「マジョリティ」（もちろん、「誰がマジョリティであるか」ということ自体が、状況や社会的布置状況において変化することもおさえておく必要がある）は、このアイデンティティ・ポリティクスの登場によって、時に動揺し、また、反発をし、時にそれを受容していくプロセスは、20世紀後半以後の大きな価値観の変容と社会制度の改革を生み出した（女性差別問題もまた、その過程の重要な環であった）。このアイデンティティ・ポリティクスの与えた社会的影響と意義は極めて大きい。それまで「見えなかった社会的マイノリティの姿と要求」が、顕在化したのだから。

　ただ一方で、アイデンティティ・ポリティクスは、マイノリティとマジョリティ（繰り返すが、この線引きは常に流動的であるが故に複雑である）の間に、「境界線」を引くことになりやすい（バダンテールの批判した「女性のナショナリズム」はこのことと深い関わりがある）。この「線引き」が、新たな「敵対性」の構図を作り出すことで、社会的緊張や「多元性」「多様性」への社会の新たな組み替えに、壁を形成することさえあるからだ。その結果、「差別する側」にあるマジョリティの支配の構図をかえって補強してしまう場合さえあると言えるだろう（伊藤 2021b）。

　実際、パリテが提案した「男女同数」という、人間を「男女の2種類」に分けて扱う対応は、（本来性別を超えて多様であるはずの）人間の属性を二つに分けてしまうと批判されたのだ。言い換えれば、「男女同数」という提案は、SOGIの多様性や性分化疾患の人など本来多様である「人間」を、あまりにも単純に二分しているということになる。男女の二分法は、今後の多様性や複雑性に開かれた社会にとっては、あまりにも「単純」な分類ではないか。

　他方、現代社会が、未だ「男性（シス男性でヘテロ男性）」主導に出来上がっているのも事実だ。この状況も、一挙に「多様性ある社会」へ向かっての移

行の大きな障害になっている。

　パリテの実践は、むしろ「シス＝ヘテロ男性」主導の仕組みを、「女性」という表象を軸に突破する試みであり、「同数」という過激な方向性が、政治における男性主導の仕組みを大きく変えることにつながった点で大きな意義がある。

　しかし、今後の複雑化した社会には、おそらくは人間を2種類に分類し、双方の「平等」を達成するだけでは対応しきれないだろう。その意味で、ジェンダー平等という言葉そのものを、点検し、再度定義しなおす必要があるのではないか。つまり、「（シス＝ヘテロ）男性主導の仕組みを根本的に転換し、固定的な男女二項の分類に基づいた差別や排除の構図が撤廃された状況」をジェンダー平等の定義とする必要があるのではないか。実は、この定義に依拠するならパリテは、ジェンダー平等原則から外れているともいえる（それは、まさにフランスの反パリテの「普遍主義」派の視座でもある）。しかし、パリテが、ここで定義するジェンダー平等に向かっての一歩であることも事実だろう。

　究極のジェンダー平等を目標にしながら、現在という過渡期をどう直視し、そこから次の一歩を具体的にどう踏み出すか、が今、私たちには問われているのだ。このことは、アイデンティティ・ポリティクスの生み出した意義と成果とを引き継ぎつつ、過渡期を超えて、次のステップに進む道を、さらに模索する必要性を私たちに問いかけることになるだろう。

参考文献・資料

伊藤公雄（1984）「＜男らしさ＞の挫折」作田啓一・富永茂樹編『自尊と懐疑：文芸社会学をめざして』筑摩書房.

伊藤公雄（1993）『＜男らしさ＞のゆくえ：男性文化の文化社会学』新曜社.

伊藤公雄（1996）『男性学入門』作品社.

伊藤公雄（2003）『「男らしさ」という神話：現代男性の危機を読み解く』NHK出版.

伊藤公雄（2008）『ジェンダーの社会学』放送大学教育振興会.

伊藤公雄（2014a）「家族政策とジェンダー」冨士谷あつ子・伊藤公雄編『フランスに学ぶ男女共同の子育てと少子化防止政策』明石書店.

伊藤公雄（2014b）「おわりに」冨士谷あつ子・伊藤公雄編『フランスに学ぶ男女共同の子育てと少子化抑止政策』明石書店.

伊藤公雄（2018）「剝奪（感）の男性化—Masculinization of Deprivationをめぐって—」『日本労働研究雑誌』699号.

伊藤公雄（2021a）「伊藤公雄氏が指摘『ジェンダー平等』の失敗示す五輪のある場面」毎日新聞デジタル2021年2月16日.

伊藤公雄（2021b）「男性非暴力宣言—『当事者』としてのマジョリティの視点から—」樫田美雄・小川伸彦編『＜当事者宣言＞の社会学：言葉とカテゴリー』東信堂.

伊藤公雄・木下誠編（1997）『こうすればできる死刑廃止：フランスの教訓』インパクト出版会.

クリステンセン, クレイトン（2001）『イノベーションのジレンマ』玉田俊平太監修, 伊豆原弓訳, 翔泳社.（Christensen, C.M., *The Innovation's Dilenma*, Harvard Business School Press, 1997）

国立歴史民俗博物館編（2020）『性差の日本史』.

沢山美果子（1990）「子育てにおける男と女」女性史総合研究会編『日本女性生活史（近代）』東京大学出版会.

竹下節子（2012）『キリスト教の真実：西洋近代をもたらした宗教思想』ちくま新書.

男女共同参画推進実行委員会編（2021）『フランスに学ぶパリテ法の成果と課題』.

辻村みよ子編（2004）『世界のポジティヴ・アクションと男女共同参画』東北大学出版会.

辻村みよ子（2011）『ポジティヴ・アクション』岩波新書.

内閣府男女共同参画局（2020）「諸外国における政治分野の男女共同参画のための取組」.

中村敏子（2021）『女性差別はどう作られてきたか』集英社新書.

糠塚康江（2004）「フランス男女共同参画政策とポジティブ・アクション」辻村みよ子編『世界のポジティヴ・アクションと男女共同参画』東北大学出版会.

糠塚康江（2005）『パリテの論理：男女共同参画の技法』信山社.

バダンテール, エリザベット（2006）『迷走フェミニズム：これでいいのか女と男』夏目幸子訳, 新曜社.（Badinter, E., *Fausse Route*, Odile Jacob, 2003）

冨士谷あつ子・伊藤公雄編（2014）『フランスに学ぶ男女共同の子育てと少子化抑止政策』明石書店.

柳谷慶子（2005）「日本近世の高齢者介護と家族」山中永之佑他編『介護と家族』早稲田大学出版会.

ラカー, トマス（1998）『セックスの発明：性差の観念史と解剖学のアポリア』高井宏子・細谷等訳, 工作社.（Laqueur,T., *Making Sex: Body and Gender from the Greeks to Freud*, Harvard UP, 1990）

第6章

フランスにおける女性の就業とケアの外部化

―在宅保育・介護を中心に―

牧 陽子

はじめに

　2000年にパリテ法を実現させ、政治の世界への女性のアクセス平等を制度化したフランス。そのフランスは、ヨーロッパでトップレベルの出生率（2018年1.84）を維持し、かつ女性の労働力率が比較的高い国でもある。日本で問題であり続ける、家庭責任と仕事の両立という問題を、フランスではいかに解決しているのだろうか。また、どのような課題が残るのか。本章では、家庭責任の中でも家族に対するケア役割、すなわち保育と介護に着目し、考察していきたい。

　人は誰でも、人生の最初と最後、すなわち乳幼児期と老齢期に、家族の世話に頼る、依存的な時期を経験する。その時期に必要なケアが「保育」と「介護」である。この二つは、かたや赤ちゃんや幼児、かたや高齢者を対象とし、性質の違いはありながらも[1]、どちらも自立できない、依存的な家族成員への「ケア」であり、共通点も指摘されてきた。どちらも人が市場で生産労働できる時期を下支えする、なくてはならない重要な再生産労働である。そして、この二つは日本では、多くの女性が仕事を辞める理由であり続けている。

　以下では、フランスの女性の、仕事とケア役割との両立について、1）公的な支援政策（家族政策・高齢者支援政策）、2）育児・介護をめぐる社会の規

<インタビュー調査について>

　インタビューは、女性の就業と育児について2006年に34人の母親に対し、保育については2014年に親・保育ママ・ヌリス計38人に対して、いずれもパリとその近郊で行った。介護については2018年から、パリおよび近郊と、南部マルセイユに近い地方都市サロン・ド・プロバンスで行い、高齢者、高齢者のいる家族、介護士・ヘルパー・家政婦ら計23人に話を聞いた。そのほかに、行政の保育・介護部門の担当者、保育ママ交流センター（RAM）、訪問介護ステーション、ヘルパーや介護士の派遣会社での聞き取りも行っている。

範、3）女性たちの実践、という三つの側面から、統計や公的資料、および筆者の現地でのインタビュー調査などの結果を基に考察する（囲み参照）。

　結論を先取りして言うならば、フランスのケア（保育・介護）は主に、在宅で外部化がなされている。日本で手厚い政策というと、保育所や介護施設に問題なく入れることをイメージするが、フランスの現状はそうではない。さらに大都市では、こうした在宅で外部化されたケアを担うのは、主に移民女性である。日本では、ベビーシッターなど家庭で行われる保育を敬遠する傾向が強く、それを外国人が担うとなると、さらに抵抗感を持つ人も多いだろう。フランスではそのような在宅でのケア、特に大都市では移民女性によるケアが、どのように女性の就業を支えているのだろうか。

　まずは保育、続いて介護について、1）公的支援政策、2）社会規範、3）女性（子ども）たちの実践、の三つの側面をみていきたい[2]。

第1節　保育

1.1　フランスの家族政策

　フランスの保育や親の就業に関して重要な方向性を形作るのが、家族政策（Politique familiale）である。家族政策は保育や育児休暇中の手当について定めており、なかでも家族手当はもともとは子どものいる世帯への給付金として始まった起源を持ち、現在もフランスの高い出生率を可能にしている政策と考

えられている。

　フランスは歴史を遡ると、世界に先駆けて18世紀末に出生率の低下が始まった国である（キャロー 1996）。19世紀には低い出生率が国力低下の原因として受け止められ、深刻な社会的、政治的課題となった。このころ、海軍や民間で散発的に始まっていた子どものいる世帯への給付が、20世紀前半に国の制度へと発展し、第二次世界大戦後には社会保障の主要な柱の一つとなった（江口 2011）。当時は出生数を増やす目的から、専業主婦世帯に手厚い手当が給付されていたが、1970年代に女性の労働市場参入が活発になると保育費への補助が創設され、専業主婦世帯への給付は廃止されるなど、共働き支援へと転換していった（牧 2015）。

　だが家族政策はその後も、伝統的家族を支持する右派、女性の就業や多様な家族を支援する左派と、時の政権の家族に関するイデオロギーの相克を刻んできた。1981年、社会党のミッテラン大統領は大規模な保育所整備を打ち出したが、その後の経済状況の悪化もあり公約ほど実現はせず、1980 ～ 90年代の右派内閣の時代にはむしろ、施設の整備よりも、古くから存在した在宅での保育や、育児休暇による母親の保育を支援するなど、「個人化された解決法」（Jenson and Sineau 2001）が政治的に選択される。職業としてこうした在宅での保育を担うのが、「保育ママ」と「ヌリス」である。1992年に保育ママ制度の大幅な改善と専門職化、94年に保育ママとヌリス雇用のための補助が拡大されたことから、利用が広まっていく。減り続けていた保育ママは、こうした制度改善を背景に増加に転じ、保育ママの受け入れ定員（3歳まで）は1989年の子ども100人当たり11人から、1996年には3倍近い31人へと急増した。その間、保育所の定員は子ども100人当たり7人から9人への変化にとどまった（DREES 2001）。

　「保育ママ（assistant maternel）」は日本では「家庭的保育者」とも呼ばれ、行政の認定を受けた保育者が、自分の自宅を保育室にして子どもを受け入れる制度である[3]。一方の「ヌリス（nourrice, auxiliaire parentale）」は、子ども宅に来て終日保育を行う、英語圏でいうナニーであり[4]、日本ではこのような保育形態は一般的ではない。いずれも親が雇用主として直接雇用し、保育ママやヌリスに賃金（＝保育料）を支払う。出生率と女性の労働力率が高いと

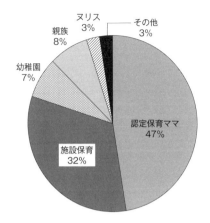

出典：CNAF, L'accueil du jeune enfant en 2019

図1　フランスにおける3歳未満の子の主な保育方法（全国）

表1　保育方法自由選択補助（Cmg）（2021年現在）

	保育ママ	ヌリス
保育費補助（月額）	世帯所得に応じて約178〜471ユーロ	
社会保険料	100％補助	50％補助

注：金額は小数点以下四捨五入。このほかに、保育費の半額が税金から控除される税控除あり。
出典：CAF ホームページ
[https://www.caf.fr/allocataires/droits-et-prestations/s-informer-sur-les-aides/petite-enfance/le-complement-de-libre-choix-du-mode-de-garde]（2021年8月取得）

表2　育児分担給付金（PreParE）（2021年現在）

対象子	家庭状況	期間
第1子	2人親	どちらの親も最大6か月。子が1歳まで
	1人親	子が1歳まで
第2子以降	2人親	どちらの親も最大24か月。子が3歳まで
	1人親	子が3歳まで
〈給付額〉　就業を完全中断の場合は約399ユーロ 　　　　　半分以下の勤務で約258ユーロ 　　　　　50〜80％勤務で約149ユーロ		

出典：CAF ホームページ
[https://www.caf.fr/allocataires/droits-et-prestations/s-informer-sur-les-aides/petite-enfance/la-prestation-partagee-d-education-de-l-enfant-prepare]（2021年8月取得）

いうと、保育所が整備されているからだと日本では考えられがちだが、フランスはスウェーデンなどのように保育所の整備が十分なわけではなく、最も利用が多いのは保育ママである（図1参照）。どちらの職業も性別の規定はないが、実態として保育ママの99.5%、ヌリスの97.3%が女性である（INSEE 2013）。

　家族政策では、「保育方法自由選択補助（Cmg）」として、こうした在宅保育を利用する親に保育費の補助（所得に応じて月178～471ユーロ：約2万2,300円～約5万8,900円相当）や⁽⁵⁾、雇用主として親が負担する社会保険料への補助（保育ママ100%、ヌリス50%）、保育料の税控除がある。都市部では比較的、保育所の整備が進んでおり、都市部では最も利用が多いのは保育所、ついでヌリス、そして三番手に保育ママと続き、図1のような全国の利用分布とはかなり様相が異なっている。こうした補助を利用することで親の負担額は、フルタイム保育の場合、パリの保育ママやヌリスで500～700ユーロ、地方の保育ママだと300～400ユーロ程度というのが、筆者の現地調査で得られた数値である。

　フランスの家族政策は現在、共働きを支援しているものの、育児のために仕事を中断したり、短時間勤務したりする親のための、育児休暇と手当（PreParE）も用意している。完全に仕事を中断した場合の手当は、月約400ユーロ（約5万円相当）、短時間勤務にして働く場合は、減らした割合に応じて258～149ユーロの手当が受けられる。

1.2　育児・保育をめぐる社会規範

　このように、フランスでは保育所の整備は十分ではないものの、それを補う在宅保育が存在し、家族政策が在宅保育の利用を支援している。では、母親の就業や、子供を預けることに対するフランス社会の規範はいかにあるのか。また、このように保育所が足りずに在宅保育で補う状況を、親はどう感じているのだろう。特に大都市では、在宅保育の担い手の多くは移民女性である。

　日本では1970年代、「三歳児神話」が猛威を振るい、「三歳までは母の手で」という規範が強かった。現在ではだいぶ薄れたが、やはり「保育園はかわいそう」「教育は幼稚園」という見方をする人もいる。

　一方、フランスでは現在、母親が働くことを罪悪視する風潮はない。筆者が

フランスで2006年に34人の母親にインタビューをした際も、周囲から働くことを罪悪視されたという女性は、一人もいなかった。都市部では特に家賃や生活費が高いため、祖父母の世代も母親の就労は当然と受け止めている。

このように「三歳児神話」が存在しないだけでなく、フランスでは保育所は「かわいそう」なものではなく、子供の社会性をはぐくみ、芽生えを促すために優れた環境だと考えられている。全国家族手当金庫の調査によると、3歳未満の子を持つ親の4割が、違う保育をもともと希望しており、その大多数は保育所を望んでいる（CNAF 2009）。保育所を希望する主な理由は、筆者のインタビューで得られた回答は、①専門の職員が複数いて安心できる、②子供の社会性をはぐくむのに良い、③就学（＝幼稚園入園）の準備に適している、などである。

では、このように保育所への期待が高い中、保育所が足りず、在宅保育を利用する親はなぜ、このような選択をし、その結果、どう感じているのだろう。筆者が2014年に、パリと近郊で在宅保育を利用する親17人に行った調査では、ほとんどの親はまず保育所を希望していたが空きがなく、二次的手段として保育ママやヌリスを選んでいた。消極的理由から選んだ在宅保育だが、親たちは満足感を示していることが多く、前述の調査では、保育ママ利用者の9割が「十分に満足」「かなり満足」と回答している（CNAF 2009）。日本で在宅保育というと事故や虐待を懸念する人が多いが、保育ママを管轄するパリ市の母子保健センターの職員は「幸いにして事故は少ない」と説明する。

保育ママを選んだ人は、「認定がある」「少人数で子どもが安心できる」など、行政の認定や視察があること、そして保育ママ宅という家庭的な環境での、少人数の保育に満足していた。ヌリスには認定制度や行政の介入がまったくないため、親は人選にさらに注意を払うが、子どもが自宅で過ごし、交渉次第で家事や夕食の支度までしてくれることを、親は大きな利点としてとらえている。「頼めば子どもをお風呂にも入れてくれる」「夕飯の下準備をしてくれて助かる」など、昼間の保育だけでなく、子育てや家事の一部まで外部化できるため、とりわけキャリア女性の就業と家庭責任の両立を支える重要な要素となっている。

大都市では保育ママやヌリスは移民女性であることが多く、フランス語の読

み書きができない人もいる。フランスでは民族や宗教別の統計をとることが原則、認められないためデータは少ないが、パリ市の調査機関の報告書によると、パリの保育ママの過半数を超える55％が移民である（APUR 2015）[6]。都市部では地方に比べて移民就業者が全体的に多いこともあり、親たちは人選において外国出身であることよりも、子どもを母性的に保育してくれることや信頼性などを重視していた。「小さいうちに外国語に触れるのはいいこと」など、早期教育にメリットを見出す親もいたほどである[7]。子どものフランス語能力への影響については、フランスでは3歳には「就学」して幼稚園からアルファベットを勉強し始めるため、それまでの短い間として割り切る人が多かった。

1.3　女性たちの実践

このように、親の希望の高い保育所こそ不足しているものの、フランスでは在宅保育が受け皿として機能しているだけでなく、母親が働くことを罪悪視する風潮がないため、女性の就業意欲は高い。育児休暇は制度上、子どもが3歳まで取得可能だが取得する人は少なく、実質、産後2か月半の出産休暇にいくばくかの休暇を足し、職場復帰を果たす女性が大半である（牧 2008）。育児手当は満額を受給しても月5万円程度でしかないため、給与の損失を補うには十分でないことが一因である。育児手当は完全に仕事を辞めて受給するよりも、週4日などの短時間勤務にし、勤務時間の減少による減収分を補うために利用することが多い。

表3は、3歳までの子どもがいる女性の、労働力率を示したものである。乳幼児がいても子ども1人の女性の労働力率は79％、子ども2人でも73％と高く、子ども2人までは仕事を続ける人が多数派である。フランスでは仕事と家庭の両立が難しくなるのは3人目からと言われており、子ども3人以上の女性

表3　末子3歳未満の母親の労働力率（有配偶）

	労働力率	内訳		
		フルタイム	パートタイム	失業中
子1人	79	71	22	7
子2人	73	57	37	6
子3人以上	48	45	40	15

出典：CNAF. *L'accueil du jeune enfant en 2019*

の労働力率は48％と、子2人と比べて25ポイントも低下する。子どもがいてもフルタイム就業の人が多く、子ども1人では働く女性の7割がフルタイムを選んでいる。子ども数が多くなるほど労働力率、フルタイム率が低下するものの、子ども3人以上で働く女性の4割超がフルタイムである。パートタイム労働の待遇も、日本のように低賃金不安定な別個の雇用契約ではなく、フランスでは短時間勤務の正規職員も多いことに留意すべきだろう。

　一方、日本では、既婚女性の労働力率は、子育て期にある30〜34歳では未婚女性の89.4％より20ポイントも低い69.5％である（2019年：厚生労働省「令和元年版　働く女性の実情」）。「出生動向基本調査」でみても、出産後も就業を継続する女性の割合は増加傾向にあるものの、直近の2010〜14年でもまだ第1子の出産後に仕事を継続した人は全体の4割に満たない。

第2節　｜　介護

2.1　フランスの高齢者支援政策

　上述のように、フランスでは出生率への懸念から早くに家族手当が誕生し、戦後の家族政策は社会保障の主要な一角を担い、女性の社会進出が進んだ1970年代には、共働き支援へと転換した。一方で、同じ「家族」の中でも高齢者への公的支援は年金と医療を除き遅く、日常生活に手助けがいる「依存」高齢者に関する議論が活発化したのは、問題が顕在化した1980年代になってからである[8]。

　身寄りのない困窮した高齢者への支援は、20世紀初めに慈恵的な公的救済制度が設けられ、1953年には社会扶助に位置付けられたが、そうした場合を除き、年老いた親の支援は家族の責務と長らく考えられていた。フランスの社会保障の父、ピエール・ラロックは高齢者支援に関する報告書も1962年に出しており、その中で当時としては革新的な高齢者の在宅支援や地域社会への統合を打ち出している（白波瀬 1999）。本格的な在宅支援が進むには時期を待たねばならなかったが、現在に至るまで、フランスの高齢者政策は在宅支援が中心であり、施設入居の費用はかなり高額である[9]。高齢者自身も在宅での生活

を希望する人が多く、65歳以上の高齢者の9割以上が、自宅で暮らしている（INSEE 2019）。

　1997年、公的支援に向けた取り組みとして、ヘルパーなどの利用に対する補助手当「依存特別給付（PSD）」が設けられたが、社会扶助として厳しい所得制限と、受給額が相続から差し引かれる「相続回収」が行われ、利用者は対象となる在宅・施設の依存高齢者85万人のうち、15万人にとどまった（Le Bihan-Youinou 2010）[10]。この「依存特別給付」が不十分だったことから、2002年に「普遍的（universel）」な性格を備えた「自立個別手当（APA）」へと制度が変更された。「自立個別手当」において受給額は要介護度（AGGIR）と所得により決まり、所得要件は緩和された。これにより受給者数は大幅に増加したが、2015年現在も手助けを必要とする在宅高齢者約300万人のうち、受給者は約4分の1にあたる約75万人である（DREES 2019）[11]。相続回収はいったん廃止されたものの、その後の改正で復活しており、高齢者へのフランスの公的支援は家族による世代間連帯と相互補完的にあるとされている。「自立個別手当」は、前制度より「普遍的」になったものの「不十分」（Le Bihan-Youinou 2010: 131）であると研究者からは評されている。

　このようにフランスの介護政策は、スウェーデンのように公的支援を受けることを個々の高齢者の権利とし、家族は介護義務を負わない立場とは異なり（Daune-Richard et al. 2012）、現在も公的支援と家族の世代間連帯による連携のあり方が模索されている（HCF 2011など）[12]。

　フランスで高齢者の在宅生活を可能にしているもう一つの制度が、在宅での医療、なかでも訪問看護の存在である。医師による訪問診療が日本より広く行われているほか、訪問看護も、日本では要介護度5の人で週2回程度（厚生労働省「平成28年介護サービス施設・事業所調査」）であるのに対し、フランスでは毎日、かつ朝夕2回の訪問も珍しくない[13]。訪問看護では医療行為だけでなく、地域差はあるものの入浴介助や朝晩の起床・就寝介助も行う。ヘルパーや訪問介護の利用では「自立個別手当」を受給しても自己負担が生じるのに対し、訪問看護は医療保険により100％カバーされるため、自己負担はない。フランスの高齢者政策は、医療と福祉の分断や、両者間の調整の不十分さがしばしば指摘されているが、この手厚い医療政策が、高齢者の在宅生活の継続に

果たしている役割は大きい。

　また、フランスでは介護に限らず家事や保育を、ヘルパーや家政婦、ベビーシッターに自宅で外部化することが日本より一般的であるため、経済的に困窮していなければ「自立個別手当」に頼らず、自ら人を雇い、「自立」生活を実現させている高齢者も多い。施設入居率は80歳時点で5％、入居の平均年齢は85歳である（INSEE 2019）。

2.2　介護に関する社会の規範

　個人主義の発達した欧米では、成人した子が親と同居することは少なく、フランスも例外ではないが、カトリックの伝統もあり、親子間の行き来は頻繁である。進学や就職のために家を出た後も、近ければ毎週末のように子は親に会いに行く。カトリックの安息日である日曜日の家族そろっての昼食は、フランスでは今も大切な習慣であり続けている。

　また、子が家庭を築いて孫が誕生すれば、フランスでは若い母親が仕事を続けることは一般的であるため、祖父母の役割は大きい。近くに住んでいれば平日の習い事の送り迎えをしたり、週1、2回、放課後に預かったりする。遠くの場合にも、学校の長期休暇に子どもだけ、1週間ほど預かるのが一般的である（牧 2008）。このように、カトリックの伝統を通じて、また子育てにおける実践的な理由から、フランスの成人子と親の間には強い結びつきがあると言える。

　一方で、保育において施設保育（＝保育所）に厚い信頼があるのとは裏腹に、介護では施設に対して非常に悪いイメージが社会全体に存在する。高齢者施設の中でも中心的なものに、日本の特別養護老人ホームに近い「依存高齢者宿泊施設（EHPAD）」があるが、近年、このEHPADでの虐待がテレビ番組や告発本の出版など、メディアで大きく取り上げられたことが一因であるとされる。告発される背景には、先述したように入居費用が非常に高額であるのに対し、EHPADは要介護度の高い入居者の増加により慢性的な職員不足が指摘されており、払っている費用に見合わないサービスに対する、家族の不満もあると考えられる。

　だがこうしたメディア効果だけでなく、高齢の親が施設に入ること自体が「家族から見捨てられた」と考えられたり、EHPADには要介護度の高い人が

入居するため高齢者自身も「死に場所」と受け止めたりするなど、施設に対して否定的な見方が根強く存在する。日本では2000年の介護保険の施行後、施設に対する意識が劇的に変化したが、フランスは非常に対照的な状況にある。

　フランスではこのように、在宅生活を希望する高齢者が多く、施設に対する社会のイメージも非常に悪い。だが、高齢の親が日常生活に手助けが必要になったとき、嫁や娘が親の介護のために、仕事を辞めるべきだという規範は、フランスには存在しない。子どもには子どもの生活があると考える方がむしろ一般的である。日本では介護や看護を理由に、年間10万人が離職し、その8割は女性である（平成29年高齢社会白書）。

　親子の結びつきは成人後も保たれるなか、フランスの子どもたちはどのように年老いた親を支援しているのだろうか。

2.3　子どもたちの実践

　フランスでは多くの高齢者が自宅で暮らしているが、年齢とともに日常生活に支援が必要となることが多い。公的統計機関の調査によると、フランスでは60歳以上の在宅高齢者の21％が日常生活に何らかの助けを必要としており、その数は300万人に上る（DREES 2019）。こうした高齢者を助けているのは誰なのか。調査結果によると、48％が親族等のみ、19％が介護サービスのみで、残りの34％は親族と介護サービスの混合である。介護者の内訳は、配偶者が27.3％、同居の子が8.3％、別居の子が45.1％であり（図2参照）、別居の子による介護が最も多いことが、フランスの親子のつながりを表していると言えるだろう。別居で介護をする子のうち4分の3は、移動にかかる時間が40分以内の近居であるという（DREES HPより）。

　このような介護者の6割が女性である。フランスの女性は出産後も仕事を続け、労働力率が高い中、どのように親の介護を行うのだろうか。フランスの家族介護に関する先行研究や、筆者の現地調査からわかるのは、身体介護や家事などの直接的なケアの多くは、外部化しているということである。家族介護者の役割は「コーディネート」へと変化したと指摘する研究もある（Da Roit et Le Bihan 2009）。

　2002年の自立個別手当の成立や、2000年代に急激に進んだ「対人サービス」

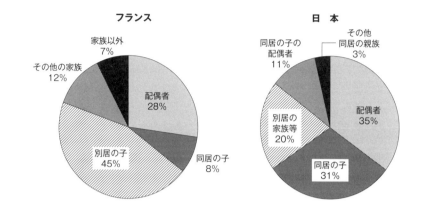

注：日本は厚生労働省『平成28年国民生活基礎調査』より親族に限って筆者が再計算した。フランスと日本で質問事項が異なるため注意。
出典：フランスはDREES ホームページ, *Les proches aidants des personnes âgées - Les chiffres clés - Edition 2019*
[https://drees.solidarites-sante.gouv.fr/sites/default/files/2020-07/2019_infographie_aidants_des_personnes_agees_0.pdf]（2021年8月取得）

図2　日仏の主な介護者の内訳

の普及、日本より一般的な家政婦など家庭内雇用の文化、そして医療における充実した訪問看護により、負担の大きな部分は外部化し、子の役割は情緒的側面と、様々な手続きや金銭的管理、介護サービスの調整などが主となっている。

　ケアの外部化により、子どもの親とのつながりは弱くなったのか。これに対する先行研究の見方は、否定的である。筆者の現地調査では、たとえ施設に入っていても、日曜日には親元を訪ねる例が複数、確認されている。介護サービスは家族介護を「代替」するものではなく、「補完」するものであると考えられ、政策的にも実態としても、家族は依然、介護の要であり続けている。仕事との両立の難しさも指摘されており、2007年には家族介護者の休暇の権利が認められた。

　介護においてもまた、こうした外部化されたケアを担う介護士やヘルパー、家政婦の多くは、都市部では移民女性であることも、日本とは異なるフランスの特徴である。

おわりに

　ここまでみてきたように、フランスのケアは保育・介護のいずれも、施設ではなく在宅中心に行われている。施設でなく在宅が主である理由は、保育は保育所の不足、施設は高齢者の在宅希望や高額な入居費用であり、ケアの種類により理由は異なるが、家庭という私的空間の中で、親から、子から、いずれも第三者へとケアが外部化されている。公的支援のあり方は、保育の手厚さに比べて介護は見劣りするものの、充実した訪問看護という医療政策が実質的に補っており、ケア責任を負う家族の就業を可能にしている。保育・介護のいずれも、男性より女性が主に担うことがフランスでも多いため、在宅でのケアの外部化が女性の就業を可能にしていると言える。

　ではこうしたフランスのケアにかかわる政策は、男女の平等を促進しているだろうか。外部化された家庭内のケアを担うのは、保育・介護のいずれも、圧倒的多数が女性である。保育ママの99.5％、ヌリスの97.3％が女性であることを述べたが、介護ヘルパーも98％は女性である（Ennuyer 2014）。そして、大都市ではこのように家庭内で外部化されたケアを担うのは、保育においても介護においても、主に移民女性たちである。

　フランスではこのように、ケアの外部化を担うのも、外部化されたケアを担うのも主に女性であり、家庭での「女性から女性へ」の外部化は、男性がケアにより積極的にかかわるような、ジェンダー秩序再編の契機に乏しい。ただし、ケアを外部化することで女性の就業を可能にしていること、また大都市で外部化されたケアは、労働市場で厳しい立場におかれる移民女性の貴重な就労機会となっており、ケアを外部化する側、される側、両方の女性の就業を支える効果を有している。

　最後に、保育や介護を外部化しつつも、フランスの親や子は、その幼子や老親と共に過ごす時間を大切にしており、情緒的な関係が軽視されているわけではないことを付け加えておきたい。ケア役割と就業の両立のために、どのようなケアの外部化が必要なのか、考えるための一つの貴重な示唆を与えていると

言えるだろう。

注

(1) 保育は乳幼児期の未成年が対象であり、必ず誰でも必要とするが、介護は成人が対象であり、突然死などの場合、必要としないこともある。

(2) ここでは、保育は3歳までを対象にする。フランスでは3歳から公立の幼稚園が整備されており、希望すれば誰でも入れたが、2019年にはさらにマクロン大統領の下、幼稚園が義務教育化された。16時半までの長い保育時間と、18時半までの延長保育があるため、親にとって保育の問題は3歳までと考えられている。幼稚園はフランス語では「école maternelle」と表現し「学校」という言葉が使われており、幼稚園入園を「就学」とみなしている。

(3) 「家庭的保育者」は日本での法律上の呼称。そのほか、「昼間里親」や「児童家庭福祉員」など、自治体ごとの呼び名がある。ここでは、フランスの「assistant maternel（＝母親補助者）」の訳に、家庭的保育者の日本での一般的な呼称である「保育ママ」をあてた。

(4) ヌリス（nourrice＝乳母）という呼称は保育ママに対しても使われる。子ども宅に来て行う保育は、在宅保育（Garde à domicile）と呼ばれ、「auxiliaire parentale（親補助者）」という行政の呼称もあるが一般的ではなく、かつ日本語にすると保育ママと区別しづらいため、ここでは子ども宅に来る保育者は「ヌリス」と呼ぶ。

(5) 1ユーロ125円で換算。手当の金額は2021年現在。

(6) パリの就業者全体の移民割合は22％であり、それよりはるかに高い割合である。

(7) 保育ママやヌリスのエスニシティにより、特定のイメージを持つ人はいた。先行研究でもこうした傾向は指摘されている（Ibos 2012など）。

(8) 日常生活に支援がいる高齢者を、フランスでは「依存高齢者（personne âgée dépendante）」と表現し、日本の「要介護」「要支援」にあたる。日本語の「介護」という表現は、誰かに「介護される、してもらう」ことを想定した表現であり、フランスでは依存高齢者が自宅で必要な支援を受けつつ、「自立」しながら生活することが目指されている。ここでは「介護」という表現は、読者の理解のために用いた方がよい場合にとどめ、「支援」「手助け」に置き換えることとする。

(9) 依存高齢者宿泊施設（EHPAD）の月額料金は、パリの公立や近郊のアソシアシオン（NPO）立で2,800ユーロ（約35万円）である。企業立では4,000ユーロ（約50万円）も珍しくない。

(10) フランスの高齢者は、遺産相続への思い入れが強く、「依存特別給付」ではこれが受給控えにつながったとされる（Le Bihan-Youinou 2010）。

(11)「依存特別給付」「自立個別手当」とも、在宅・施設居住のいずれも受給できる。

(12) ケアが必要になった高齢者が生活する場について、スウェーデンでは1970〜80年代は施設入居が中心だったが、今日では在宅支援に転換しているという（Daune-Richard et al. 2012）。

(13) 筆者のパリやその近郊、および南部サロン・ド・プロバンスでの調査より。先行研究でも同様の状況が指摘されている。

参考文献・資料

江口隆裕（2011）『「子ども手当」と少子化対策』法律文化社.

キャロー，ジェラール（1996）「フランスにおける出生率の動向と家族政策」阿藤誠編『先進諸国の人口問題』東京大学出版会.

厚生労働省（2019）『2019年 国民生活基礎調査』

白波瀬佐和子（1999）「高齢者福祉サービス」藤井良治・塩野谷祐一編『先進諸国の社会保障6 フランス』東京大学出版会.

牧陽子（2008）『産める国フランスの子育て事情：出生率はなぜ高いのか』明石書店.

牧陽子（2015）「1970年代フランス福祉国家と家族モデルの変容過程—議会の言説・文書分析から—」『社会政策』7(1): 137-148.

牧陽子（2020）『フランスの在宅保育政策：女性の就労と移民ケア労働者』ミネルヴァ書房.

Atelier parisien d'urbanisme（APUR）（2015）*Petite enfance : Le recours aux assistant(e)s maternel(le)s à Paris, état des lieux et perspectives.*

Brunel, Mathieu et Amélie Carrère（2017）Les personnes âgées dépendantes vivant à domicile en 2015, *Etudes et Résultats*, n° 1029, DREES.

Brunel, Mathieu Julie Latourelle et Malika Zakri（2019）Un senior à domicile sur cinq aidé régulièrement pour les tâches du quotidien, *Etudes et Résultats*, n° 1103, DREES.

Clément, Justinia, Muriel Nicolas（2009）« Opinions et satisfaction des parents vis-à-vis des modes de garde », *l'e-ssentiel* 82, CNAF.

Da Roit, Barbara et Blanche Le Bihan（2009）« La prise en charge des personnes âgées dépendantes en France et en Italie : Familialisation ou défamilialisation du care ? », *Lien social et Politiques*, 62: 41-55

Daune-Richard, Anne-Marie et al.（2012）« L'entrée en dépendance des personnes âgées : Quelle prise en charge pour quelles différenciations sociales et sexuées ? – Une comparaison France-Suède », *Revue fraçaise des affaires sociales*, 2: 148-168.

DREES HP（2019）, *Les proches aidants des personnes âgées – Les chiffres clés –*

Edition 2019.
［https://drees.solidarites-sante.gouv.fr/sites/default/files/2020-07/2019_infographie_aidants_des_personnes_agees_0.pdfinfographie_aidants_des_personnes_agees_0.pdf］

Ennuyer, Bernard（2014）*Repenser le maintien à domicile : Enjeux, acteurs, organisation*, Malakoff : Dunod.

Haut Conseil de la famille（2011）*Avis sur la place des familles dans la prise en charge de la dépendance des personnes âgées.*

Ibos, Caroline（2012）*Qui gardera nos enfants? : Les nounous et les mères*, Paris : Flammarion.

INSEE（2019）*France, portrait social.*

Jenson, Jane, and Mariette Sineau（dir.）（2001）*Who Cares? : Women's Work, Childcare, and Welfare State Redesign*, Toronto : University of Toronto Press.

Le Bihan, Blanche et Claude Martin（dir.）（2008）*Working and Caring for elderly parents in six European countries*, Rapport pour la DREES/MIRE.

Le Bihan-Youinou, Blanche（2010）« La prise en charge des personnes âgées dépendantes en France : Vers la création d'un cinquième risque? », *Informations sociales*, 157: 124-133.

Le Corre, Valérie（2001）« Les assistantes maternelles », *Etudes et Résultats*, n° 127, DREES.

Observatoire national de la petite enfance, *L'accueil du jeune enfant en 2019 : édition 2020*, CNAF.

Piot, Franck（2013）« Travailler pour des particuliers : essor des métiers de la garde d'enfants », *Insee Première*, n° 1472, INSEE.

第III部

パリテ法との対比にみる
各国の政治分野の
男女共同参画

第1章
パキスタンにおける女性の政治参加

香川孝三

はじめに

　フランスのクオータ制は議会でのジェンダー格差を小さくするために考案された立候補者留保制であるが、パキスタンでは国会や州・地方議会において女性の議席を一定の数留保する制度を採用している。議席を留保するのは女性だけではない。非イスラム教徒にも議席が留保されている。パキスタンは多民族・多言語国家であり、イスラム国家であってもイスラム教徒のほかにヒンズー教徒、シク教徒、クリスチャン、パールシー、アフマディー等がいる。宗教、民族、言語等の多様性を持ちつつ国家としてまとまっていくために、女性、非イスラム教徒等に議席を留保して、それらに議会において代表性を確保し、政治的発言の機会を与えることによって、多様性を包摂する社会を構築して包摂的民主主義国家（inclusive democratic state）を形成することを目指している。したがって、女性に議席を留保して、ジェンダー格差を小さくするためだけでなく、家父長制の中で男性に支配され、抑圧されながらも、それを是正して男性とともに包摂型民主主義国家を形成することを目指している。

第1節 ▎ 歴史的経緯—いつ女性議員留保制度がうまれたか—

　パキスタンは1947年8月14日イギリスから独立した。イスラム教徒が多数を占める東ベンガルと英領インドの北西部の約1,200キロも離れた2つの地域から構成された。1955年10月14日西パキスタン州と東パキスタン州の2つの州からなる連邦制に編成され、1970年7月1日西パキスタン州は4つの州に分割された。東パキスタン州は1971年3月バングラデシュとして分かれた。

　パキスタンは軍部が政権を握り、総選挙を実施して民政に移行しても、民政の下での政党政治家の腐敗や不正に対する不満から、再び軍部がクーデターを起こして軍事政権が生まれることを繰り返してきた。実質的に軍が統治していたのは合算すると30年を超えている。同じイギリスの植民地であったインドでは一度も軍事クーデターがないことと対照的である。これは民主主義が定着していないことを示している（浜口 2002: 245-266）。

　パキスタンでは暫定憲法として1935年インド統治法が採用され、その枠組みで統治がおこなわれた。独立直後は国家としての体制が整わなかったためであった。第1期国会（1947年―1954年）では女性議員が2名いたが、第2期国会（1955年―1958年）には女性議員はいなかった。この第2期国会の途中で1956年憲法が成立し、その中で女性に10議席を留保する制度を取り入れ、東パキスタン州に5議席、西パキスタン州に5議席を割り振った。当時、小選挙区制の下で、国会は一院制で、定数300であったが、その枠外に女性留保議席が位置していた。

　英領インド時代に生まれた女性議員留保制度は宗教別の分離選挙制度と関連していた。インドで独立運動が展開されていく中で、イギリス側は部分的にインド側に自治を認めた。1919年インド統治法では、州議会にヒンズー教徒、イスラム教徒、シク教徒、西洋人に分割した選挙制度を導入し（長崎 2004：347）、イスラム教徒優遇政策を採用した。これは宗教対立を利用して、分割統治政策を採用したことを意味する。

　1917年に女性インド協会が女性参政権をイギリス側に求めたが、1919年統

治法は女性参政権を認めなかった。イギリスでも限定的にしか女性参政権が認められていなかったことから、時期尚早として、各州議会に判断を任せるという付帯決議がつけられた（長崎 1997: 223-241）。これを受けて、1930年までにすべての州で女性参政権が制限付き（識字能力と一定額以上の財産の所有、一定額の税の負担）で認められた。

　分離選挙を不可触民にも適用する提案を不可触民の指導者であるアンベドカールが主張した。これに対して、インドの統一を危うくするとしてマハトマ・ガンジーは反対し、プネの獄中で死に至るまでの断食を決行した。アンベドカールは1929年プネ協定（Pune Pact）をガンジーとの間で結び、分離選挙ではなく不可触民に議席を留保する制度に切り替えた。分離選挙はイスラム教徒だけの選挙区を設け、立候補も投票もイスラム教徒だけが参加する制度であるが、留保制度では不可触民が立候補しても、その選挙区の有権者が選ぶ方式である（松井 1968: 412-419）。こうして議席留保という考えが生まれた。

　イギリスでは1929年春第一次労働党内閣が成立した。マクドナルド首相は1932年8月円卓会議にコミュナル裁定（マクドナルド裁定ともいう。コミュナルとは民族や宗教を異にする共同体間の対立を意味するインド製英語）を出し、分離選挙の継続方針を示した。労働党内閣によって植民地政策の変更が期待されたが保守党と同じ政策が表明された。インド側との交渉の結果成立した1935年インド統治法（1937年4月から施行）では、11州に自治が限定的に導入され、限定選挙によって議員が選ばれ、多数派が内閣を構成する権限が認められた。その議員の中に留保枠を設け、指定カースト、部族、シク教徒、イスラム教徒、アングロ・インディアン、西洋人、産業界、土地所有者、大学人、労働代表と並んで女性枠が設けられた。これはプネ協定の考えが採用されたことを意味する。イギリスはインドの多様性を梃に分割統治政策を維持するために、留保制度を採用したと解される。つまり、女性留保枠は女性の権利保護という視点から設けられたものではない。

　当時の女性団体は女性議員留保制度に反対の立場をとり、成人普通選挙を求めていたが、議席留保制度によって恩恵を受けたのは都市部で英語教育を受け女性団体をリードする女性たちであった。したがって、植民地を統治する側には、女性の政治参加を推し進めるという発想はきわめて弱く、男女間の対立を

統治に利用しようとする意図が強かった。

第2節　連邦議会における女性議員留保

2.1　一院制の時代（1962年―1973年）

軍事政権を樹立したアユーブ・カーン大統領のもとで成立した1962年憲法では、それまでの女性留保を10議席から6議席に減らし、東西パキスタンで3議席ずつに割り振った。国会は一院制で定数156議席であった。第3期国会（1962年－1965年）では、2名が小選挙区制で選ばれ、6名が留保議員で合計8名の女性議員がいた。第4期国会（1965年―1969年）には小選挙区では0名、留保議員が6名いた。ここまでの留保議員は小選挙区によって選ばれた議員によって選出される間接選挙で決められていた。1970年12月パキスタンで成人による普通選挙がはじめて導入された。第5期国会（1972年―1977年）では、小選挙区では0名、留保議員が6名であった。

2.2　二院制設置後の下院（国民議会）（1973年－現在）

ヤヒヤ大統領から政権を移譲されたブット人民党党首のもとで制定された1973年憲法では10議席を女性に留保した。この憲法によって二院制が導入された。議員の任期は5年である。下院では、女性留保議席は、各州に割り当てられ、各党が当該州の小選挙区で獲得した議員数に応じて比例配分される制度になった。その候補者リストは選挙前に選挙管理委員会に届けられるが、問題はそのリストに掲げられる候補者の順番である。順位をつけるときに党にコネを持つ者ほど上位にランクされた。有力な政治家の妻や娘など血縁者ほど有利になる仕組みがみられた（Zakar 2018: 224-245）。

表1に示されるように、下院における女性議席留保枠は10名、20名、60名と拡大していることが分かる。ムシャラフ大統領のもとで、2002年憲法改正で女性議員留保議席を一気に60名に増加させた。これは国際的に女性の地位向上を求める動きに応えたものであり、ジェンダーの視点からの配慮があり、女性票を獲得する手段であったと思われる。ただし、1990年から1997年まで

女性議員留保がないのは、憲法上に定められていた女性留保規定が失効したためである（Chowdhury 2018: 101）。その背後にはイスラム化政策を推し進めるうえで女性の社会進出は好ましくないという考えがあったからである。それに対して2002年の総選挙でムシャラフ大統領は女性議席留保制を復活させた。女性議員には小選挙区に立候補して当選した女性や非ムスリムの枠で当選した女性もいる[1]。表1のように女性議員の割合が高くなったのはこの留保制度のおかげである。

表1　下院議員の内訳の変遷

総選挙の年	小選挙区議席 （括弧内は女性議席）	非ムスリム留保議席 （括弧内は女性議席）	女性留保議席	総数
1977	200　（2）	6	10	216
1985	207　（2）	10	20	237
1988	207　（4）	10	20	237
1990	207　（2）	10	−	217
1993	207　（4）	10	−	217
1997	207　（6）	10	−	217
2002	272　（13）	10　（1）	60	342
2008	272　（16）	10	60	342
2013	272　（9）	10　（1）	60	342
2018	272　（8）	10　（1）	60	342

出典：中野（2014: 75）及びPakistan Election Commission Report 2019から作成。

2.3　二院制設置後の上院（元老院）（1973年−現在）

1973年憲法に基づく上院では、上院議員の任期は6年であるが、3年ごとに半分が改選されている。上院議員は下院とは異なり、各州の州議会議員によって選出される。国民が直接選ぶ仕組みにはなっていない。

定員45名であったが、1977年63名、1985年87名、2002年8月21日施行のLegal Framework Orderにより100名、2011年の第18次憲法改正によって104名、第25次憲法改正によって96名に変更されている。ムシャラフ大統領の統治下であった2002年憲法改正によって、上院に17名の女性議員の留保制度が導入された。それまでは4州（定員各州に14名）、首都圏（定員2名）の小選挙区で選ばれる女性議員は1〜2名しかいなかったが、留保制度ができてからは20名前後の女性議員が上院議員になっている。

表2に2018年の上院議員の選出状況をまとめている。

表2　上院議員の内訳

州・地域	小選挙区議席	専門職・イスラム法学者	女性議席	非ムスリム	計
バローチスターン州	14	4	4	1	23
ギルギット・バルティスタン	14	4	4	1	23
シンド州	14	4	4	1	23
パンジャブ州	14	4	4	1	23
イスラマバード首都圏	2	1	1	0	4
計	58	17	17	4	96

出典：パキスタン選挙管理委員会のホームページ

　特記すべきは、2018年に上院留保議員として選ばれた女性の中に、シンド州出身のヒンズー教徒で不可触民の39歳の女性が含まれている。現在は野党であるパキスタン人民党員で、人権活動家である。幼少のころは債務労働者（bonded worker）として児童労働に従事し、16歳で結婚したが、苦学してシンド大学で社会学の修士号を取得し、NGOを立ち上げて債務労働者の救済活動に従事している（Gul 2018）。

2.4　女性国会議員の活動状況

　2000年7月に「国家女性の地位委員会」が、女性の開発や男女平等を実現するための政策立案を作成する任務を負って設置された。2004年9月、「女性開発省」が社会福祉教育省から独立して設置され、女性のエンパワーメントを高める事業を本格的に開始した。21世紀に入って、パキスタンでジェンダー問題に本格的に政府が取り組み始めたことになる。2006年には政府職員の10％を女性に割り当てる政策が採択され、2013年の選挙で選出された下院議員の中から、Dr. Fehmida Mirza[2] がパキスタンで初めての女性下院議長となった。

　彼女が中心となり女性議員連盟（Women's Parliamentary Caucus）が正式に結成されたのが2008年11月21日であった。最初は所属する政党にかかわらず下院の女性議員が加入していたが、2009年3月には上院女性議員も加わった。その目的は女性のエンパワーメント、女性の開発、女性差別をなくす法案や政策立案、女性の権利向上のための市民団体との関係構築、国会に参加を希

望する女性への支援等である（Parliament of the Islamic Republic of Pakistan 2009）。これは政党の壁を乗り越えて女性議員が結集して政治的発言力を発揮できる基盤となっている。女性留保議員は「政治的ショーガール」（Muhammad, Jabee & Shafiq 2015: 173-186）と揶揄されたが、女性議員によって女性の権利保護のための議員立法が国会に次々と提出された（Ahmed 2018: 110）。たとえば、名誉殺人を殺人として処罰する2006年女性保護（刑法改正）法（これは1979年フドゥード法を改正している）[3]、2010年酸の投棄による犯罪禁止法、2010年職場におけるセクハラ禁止法、2009年リプロダクティブ健康権利法案，2011年女性の利益に反する慣習禁止法、2011年刑法改正（酸の投棄による犯罪禁止）法、2012年女性の地位に関する国家審議会法が成立した。2012年DV禁止法案が提出され、2018年トランスジェンダー権利保護法が成立した。女性の婚姻年齢を18歳に引き上げる幼児婚改正法案が2018年に国会に提出された。

　女性議員の活躍をまとめた報告書として、2018－2019年版と2019－2020年版の2冊が公表されている（Trust for Democratic Education & Accountability 2019-2020）。これは女性議員の議会への貢献度を数値化して評価している。たとえば、2019年3月から2020年2月の間、議会手続きへの参加度として、男性議員が発案したテーマが2,472件に対し、女性議員の場合1,128件、男女共同が106件ある。議員立法の提案では、下院では男性議員は170件、女性議員は36件、男女共同が26件、上院では男性41件、女性16件、男女共同が2件である。議会での決議の発案の場合、下院では男性60件、女性32件、男女共同が7件である。上院の場合、男性53件、女性12件、男女共同が6件である。重要な問題に対して政府に注意を促す告知の件数をみると、下院では男性38件、女性6件、男女共同が46件である。上院では男性は8件、女性は6件である。行政機関の職務に対する質問は、下院では男性1,402件、女性824件である。上院では男性524件、女性151件である。国会への出席率をみると、常に女性議員の方が高い。下院では男性59％、女性79％、上院では男性64％、女性73％である。これらの数字を見ると、女性議員は男性より勤勉で議員として職務に活躍していることが分かる。

　一方、女性議員や女性立候補者が嫌がらせを受けていることが指摘されてい

る。猥褻なメッセージが送られ、男性議員や有権者からのハラスメント、性的な暴言や女性を侮蔑する態度や言動等の被害を受けている。イスラムの女性としての役割（家庭内の仕事のみに専念すること）から逸脱しているとして非難を受けるケースが報告されている（Khan & Naqui 2020: 286-306; The Tribune 2017）。

第3節 ┃ 州議会

　4州に州議会があり、2018年第25次憲法改正106条に基づき、人口数に合わせて議席数が決められている。小選挙区で選ばれる議席、女性に留保される議席、非ムスリムに留保される議席に分かれている。留保される女性議員の割合は17 〜 18％になっている。さらに小選挙区から選出される女性議員や非イスラム議員として選ばれる女性議員もおり、それらを含めると女性議員は20％を超えている。

　小選挙区制では1選挙区から1名が選ばれる。女性議員と非イスラム議員は小選挙区で得られた政党別の得票数に応じて案分比例されて、その議席数が決められる。あらかじめ政党が決めた候補者リストからその数だけの者が当選者となる。

表3　2018年州議会議員の定員の内訳

州	小選挙区議席	女性留保議席	非ムスリム議席	計
バローチスタン	51	11	3	65
キルキット・バルチスタン（連邦直轄部族地域を含む）	115	26	4	145
シンド	130	29	9	168
パンジャブ	297	66	8	371

出典：パキスタン選挙管理委員会のホームページ

第4節 ▍ 地方議会

　地方議会には3段階があり、市町村評議会（Union Council）、郡／市評議会
（Tehsil/Town Council）、県評議会（District Council）である。ムシャラフ軍
事政権の下で、すべての地方議会の議席の33％を女性議員に、20％を労働者
及び農民に留保する地方政府に関する大統領令が2000年に公布された。これ
に基づき2001年、2005年、2013年（パンジャブ州とシンド州だけ）、2015年
に実施された選挙の結果、約4万議席を女性が占めている。しかし、村落にお
けるリーダーは男性が握っている場合が多く、女性議員の役割は限定的である
が、教育や婚姻、ダウリをめぐる問題、貧困者への救済に積極的に取り組んで
いる（Jabben & Mubasher 2018: 285-304）。

第5節 ▍ 女性大臣

　連邦レベルの大臣の中で占める女性の割合は高くない。女性議員の数に比例
して女性大臣が増加しているとは言えない状況にある。2008年12月には連邦
大臣は37名中3名、国務大臣18名中3名、政務官19名中3名が女性であった。
2020年には連邦大臣27名中3名、国務大臣4名中1名、政務官36名中14名が
女性である。全体の26.8％が女性であるが、低い地位の政務官に女性が集中し
ており、男性優位の意思決定が継続していることを示している。女性は副の地
位にあり、正の地位には男性がいるという構図に変わりはない。

第6節 ▍ 女性の政治参加を促進するための工夫

　女性の政治への参加を促進するため2017年選挙法が制定された。州の選挙
管理委員会で女性の委員を最低1名任命する。さらに、女性の投票率が男性と

比べて低い問題に対応するため、投票者の中で女性の割合が10％を下回った選挙区では投票のやり直しを選挙管理委員会が決定することができる。女性の投票や立候補を妨害する行為に対して選挙管理委員会が必要な措置を講じることができる。女性が投票所に行くことは名誉を汚す行為として女性が選挙にいくことを禁止する村が存在する。妻が投票に行けば、夫から離婚すると脅され、村八分にあう可能性が指摘されている。一部の農村部にこのような慣習が残っているのは驚きである。そのため、女性が投票しやいすいように有権者登録手続きを簡素化し、女性のための投票所の設営を奨励している。

　さらに、すべての政党に国会や州議会における小選挙区で女性候補者を最低5％は入れることを義務づけた。これまで小選挙区で立候補する場合の女性への配慮はなかったが、2017年選挙法によってはじめて最低5％の枠を設定している。

第7節　女性議員の特徴

　どのような女性が議員になっているのか。2002年の下院選挙で選ばれた女性議員の調査によれば、82％の女性が既婚者であり、70％が大学卒業生であり、97.5％が都市部に居住している。父や夫の約30％は政府の高い地位についており、25％は事業経営者である。15％が土地所有者であり、22.5％が医師や技術者である。父や夫が労働者階層であるのは5％しかいない。父や夫の職業から経済的に裕福な家系であることを示している。女性議員の多くははじめて政治の世界に入っていて、政治や女性の権利問題に取り組んだ経験を持っていない。議員になる前から女性の権利運動にかかわっていた女性議員はごくわずかであった。

　なぜ父や夫の職業を問題としているのか。親族に政治家がいたり、経済的に裕福な家系の女性が議員になっている場合が多い。親族の女性を当選させて、親族の結束を強化するのに役立たせることができる。親族の利害を重視する傾向はきわめて強く、権力を握ることに関心が強いからである。さらに、イスラム社会で選挙活動する場合、女性が1人で街頭に出て活動することには抵抗感

があると言われている。親族の男性が付いて一緒に活動する必要がある。女性が1人で屋外に出て動くことを「パルダ」の規制に反することとして非難の対象になりやすいからである。

　さらに、立候補するには資格が必要である。憲法では連邦議員の欠格事由が定められており、国家の安全を危うくする活動で有罪判決を受けて刑期5年を経過しない者、2年以上の禁固刑を受け、刑期満了から5年を経過していない者、公職にあって退職から2年を経過しない者、銀行から200万ルピー以上の融資を受けて、返済期限から1年以上たっても返済しない者や電話・電気・ガス・水道料金を1万ルピー以上滞納している者は議員になれない。親族の男性にその資格が欠ける場合、たとえば腐敗・汚職によって起訴され、大卒の学位を持たない場合、妻や娘が身代わりに立候補するのである。政党のリーダーに強力なコネを持っていれば、留保議員としての立候補リストに上位に掲載され、当選をより確かなものにできる。これによって政治家としての家系を維持することができる。もともと地元の有力者であり、大土地所有者、高級軍人、官僚、産業資本家、弁護士などの専門家、ウラマーなどの宗教指導者（イスラムの宗教政党に結集して議員として政治勢力となっている）から議員が生まれている（山中1992）。この点に着目すれば、女性議員留保制度は、男性の身代わりとなり、人数合わせのための制度に利用されているという評価になってくる。

　しかし、女性の権利を強化するための活動のために議員となる女性も存在し、女性の権利擁護のための議員立法を提案する女性議員も生まれている。そのきっかけは2008年11月に結成された女性国会議員連盟である。この連盟は政党に関係なく協力しあえる組織となっており、女性議員が女性の地位向上のために力を発揮しつつある。

おわりに

　英領インドから分離独立したパキスタンは1960年代に女性議員の留保制度を取り入れていた。世界的にみても早い時期に取り入れられており、植民地時

代の影響がみられる。

　小選挙区制のもとで選ばれる女性議員の数は少ない。せいぜい全体の1割程度である。議会において女性議員が力を発揮するためには3割以上にならなければならないとされている。これはクリティカル・マス（臨界質量）理論である。それを実現するために、女性議員を留保する制度の存在意義がある。パキスタンでは2017年に小選挙区制にも最低5％以上の女性候補を確保することを義務づけたが、留保議員を含めても3割には達していない。

　政党を超えた女性議員連盟が女性政策や立法に努力しているが、数の上からみても、意思決定の中心は男性であり、女性は副の立場におかれていることには変化がない。伝統的なイスラム社会の男性優位の社会構造が生き続けている。

　女性議員の留保は国会だけでなく、地方議会でも採用され、女性議員になりうる層が広がってきている。国会より地方議会の方が女性議員の割合が高い。今後地方議会から国会に進出する女性議員が増加することが予想できる。「政治的ショーガール」と揶揄された状況を脱することが期待される。

　女性議員の出自をみると、女性議員は社会的に上位にある家系から生まれてきている。女性議員が父や夫の影響のもとで選ばれている場合が多い。逆から言えば、貧しい家系からは女性議員が生まれにくいことを意味している。社会的に上位にあり、経済的に豊かな家庭では、お手伝いさんを雇用でき、家事責任の負担を軽くすることが可能となり、政治活動に割ける時間を持つことができる。家事労働と政治活動の両立が可能な階層が存在する。

　地方議会では、草の根レベルから多様な出自を持つ女性議員が生まれる可能性もある。農村開発政策や貧しい女性対象のマイクロクレジットによって経済力を持つ女性が議員となる機会が芽生えてきている。地方議会で活躍する女性の増加は国の議会に選出される人材のプールとなる可能性もある。

　女性議員を悩ましているのがハラスメントである。議会において男性議員からいやがらせの発言を受けたり、容姿を批判する言葉を受けたり、女性の発言を無視する態度が示されたりする。イスラム社会においては、「パルダ」と呼ばれる女性隔離の習慣があり、女性が社会や公的分野で活躍することに否定的な規範が存在している。

注

(1) 国民議会に小選挙区制のもとで立候補する場合、供託金が4,000ルピーで、全投票総数の8分の1を下回る場合は没収される。

(2) Fehmida Mirza（1956年生まれ）は、シンド州の有力政治家の家系に生まれ、パキスタン人民党から出馬して小選挙区の議席で当選した。2008年3月19日から2013年6月3日まで下院議長を務めた。2018年には全民主連盟（Grand Democratic Alliance）から出馬して当選し、州間調整大臣に任命された。

(3) ズィヤー政権（1978～1988年に大統領）は、パキスタンがイスラム化を進めた時期である。たとえば、女性が強姦された場合、4人のイスラムの男性の証言が必要とされる。女性や非イスラムの証人は認められない。そこで女性は強姦されても泣き寝入りせざるをえないので、女性を不利な立場に置くものである。

参考文献・資料

浜口恒夫（2002）「南アジアにおける軍政」堀本武功・広瀬崇子編『現代南アジア3巻 民主主義へのとりくみ』東京大学出版会, 245-266頁.

長崎暢子（2004）「英領インドの成立とインド民族運動の始まり」辛島昇編『南アジア史』山川出版社, 347頁.

長崎暢子（1997）「20世紀のインド社会と女性－民族運動と現代政治」押川文子編『南アジアの社会変容と女性』アジア経済研究所, 223-241頁.

松井透（1968）「自治と独立への道程」山本達郎編『インド史（3版）』山川出版社, 412-419頁.

山中一郎編（1992）『パキスタンにおける政治と権力：統治エリートについての考察』アジア経済研究所.

中野勝一（2014）『パキスタン政治史：民主国家への苦難の道』明石書店.

Ayaz Gul（2018）"Muslim Pakistan Swears In First Hindu Female Senator from Untouchable".
[https://www.voanews.com/east-asia/muslim-pakistan-swear-first-hindu-female-senator-untouchable]

Rubeena Zakar（2018）"Gender Mainstreaming in Politics: Perspective of Female Politicians from Pakistan", *Asian Journal of Women's Studies*, Vol.24, Issue2, pp. 224-245.
[https://www.tandfonline.com/doi/full/10.1080/12259276.2018.1464109?scroll=top&needAccess=true]

Nizam Ahmed ed.（2018）*Women in Governing Institutions in South Asia*, Palgrave Macmillan.

Nursat Jahan Chowdhury（2018）"Who Speaks for Women in Parliament?

Patriarchy and Women MNAs in Pakistan", Nizam Ahmad ed., *op. cit.*, pp. 97-116.

Parliament of the Islamic Republic of Pakistan ed.（2009）, *An Introduction of Women's Parliamentary Caucus*.
［https://iknowpolitics.org/sites/default/files/women_parliamentary_caucas.pdf］

Sher Muhammad, Mussarat Jabee and Kousar Shafiq（2018）"Gender vs Party Ideology: A Study of the Legislative Priorities of Female Legislators of Religious Political Parties in the 12th National Assembly of Pakistan", *Pakistan Social Sciences Review*, Vol.2, No.2, pp.173-186.

Trust for Democratic Education & Accountability（TEDA）, Fine & Fair Election Network（FAFEN）ed.（2019-2020）*Women Parliamentarians Performance 2019-2020*.
［https://fafen.org/wp-content/uploads/2020/03/TDEA-FAFEN-Women-Parliamentarian-Performance=Report-2020-Pakistan-Final.pdf］

Ayesha Khan & Sana Naqvi（2020）"Dilemmas of Representation: Women in Pakistan's Assemblies", *Asian Affairs*, Vol. 51, Issue2, pp. 286-306.

The Tribune（2017）"PTI female members face constant harassment within party : Ayesha Gulalai", April 01, 2017.
［https://tribune.com.pk/story/1471625/ayesha-gulalai-suddenly-quits-pti］

Nasira Jabeen & Umm-e-Farwa Mubasher（2018）"Gender and Local Governance in Pakistan", Nizam Ahmed ed., *op. cit.*, pp. 285-304.

第**2**章
バングラデシュにおける
女性の政治参加

香川孝三

はじめに

　バングラデシュはパキスタンと同様に国会や地方議会において女性の議席を一定の数だけ留保する制度を採用している。バングラデシュはイスラム教徒が8割以上を占めているが、ヒンズー教徒、クリスチャン、先住民族・少数民族を含んでいる。ところが、これらに議席が留保される制度は採り入れられていない。先住民族・少数民族は議席の留保を求めているが、まだ認められていない。留保されているのは女性だけである。もちろん女性議席の中に非イスラム教徒やダリット、先住民族・少数民族の女性を含むことは可能である。バングラデシュはパキスタンと比べて包摂的民主主義の実現を求める程度は低いかもしれないが、同じ方向に向かっている。したがって女性に議席を留保することによってジェンダー格差を小さくするためだけでなく、家父長制の中で男性に支配され、抑圧されながらも、それを是正して男性とともに包摂型民主主義国家を形成する方向に向かっている。

第1節 ┃ 歴史的経緯

　1947年インドがイギリスから独立する際に、インドとパキスタンに分離した。その時、東ベンガルはイスラム教徒が多くいたためにイスラム教を国是とするパキスタンに帰属した。その結果、パキスタンは東西約2,000キロも離れた分離国家として誕生した。西ベンガルはヒンズー教徒が多かったためにインドに帰属することになった。

　パキスタンの政治・経済の実権は西パキスタンに握られたために、東パキスタンには不満が高まった。1960年代末以降、東パキスタンに自治権拡大運動が広がり、それがパキスタンからの独立運動へと発展した。西パキスタンが1971年3月、東パキスタンへの武力弾圧を始めたために、同年3月26日東パキスタンは独立宣言をした。第三次印パ戦争を経て、同年12月16日、東パキスタンはバングラデシュとして独立を実現した。

　1972年1月の暫定憲法が公布され、議院内閣制を採用したが、アワミ連盟のムジブル・ラーマン総裁が首相となった。そのもとで1972年11月4日バングラデシュ共和国憲法が採択され、同年12月16日施行された。1975年1月25日の第4次憲法改正によって大統領制を導入したが、同年8月15日、ラーマン大統領は家族と一緒に陸軍の将校によるクーデターの中で暗殺された。それ以来陸軍参謀長であったジアフル・ラフマン（ジア）が大統領となったが、1981年5月暗殺された。それを継いだ陸軍の将軍であったエルシャド大統領が1990年12月6日辞任するまで、バングラデシュは約15年間軍事政権のもとにあった。

　エルシャド政権が反政府・民主化運動によって退陣に追い込まれた後、第4回議会選挙が実施されて、バングラデシュ民族主義党の党首であるカレダ・ジア（第4代大統領ジアフル・ラフマンの妻）が首相に選ばれた（村山2017: 49-54）。1991年7月の第12次憲法改正によって議院内閣制が復帰し、閣僚は首相の指名によって大統領が任命する仕組みになった。アワミ連盟党首であるシェイク・ハシナ（初代大統領ムジブル・ラーマンの長女）との間で政権交代が選

挙のたびに起き、2009年以降ハシナが首相となり政権を握っている。1991年以来バングラデシュは女性の首相がリーダーとなっている（2006年から2008年は除く）。

　バングラデシュも多様性を持つ国である。イスラム教徒が9割近くを占めているが、ヒンズー教徒が約9％、仏教徒やクリスチャンは約1％である。先住民族も45ほど抱えている。しかし、ヒンズー教徒のための議席留保制度はない。300議席のうち、ヒンズー教徒の議員が4～5人いるが、これはヒンズー教徒が多く住んでいる小選挙区から選ばれている。その中に女性議員はいない。女性留保議席に選ばれる女性の中にもヒンズー教徒はいない。先住民族には地方議会での選挙では考慮がなされているが、先住民族の国会での議席留保制は導入されていない。先住民族の団体はこれを求めているが実現していない（The Daily Stars 2018）。したがって、バングラデシュはパキスタンほどには選挙制度による包摂型民主主義には至ってはいない。

第2節　｜　国レベルの女性議員

　国会は一院制で定員300名の議員が小選挙区制により選出される。任期は5年である。選挙権は18歳以上の男女、被選挙権は25歳以上の男女に付与されている。小選挙区制で女性が直接選挙によって選ばれることがあるが、その数は多くない。女性議員の留保制度がバングラデシュ最初の1972年憲法で定められた。それはパキスタン憲法を受け継いだと見ることができる。1972年憲法65条で、300議席の5％にあたる15議席を女性に留保した。この留保は10年間だけ認められることになっていた。この10年という期限を限定したのは、暫定的に女性議員を留保し、永遠に留保するものではないという考えに基づいている。この時の女性へ留保された議席にだれを選ぶかは、小選挙区制のもとで選ばれた議員が女性候補者名簿から投票によって選んでいた。

　最初の10年の制度適用期間が終わる前に、1978年第5次憲法改正によって、30議席（10％）に引き上げられることになったが、その期間は1987年に終了した。そのために1988年の選挙の時には女性議員留保制度は適用されなかった。

　1990年第10次憲法改正によって、女性留保議席30が継続され、10年の適用期間により2000年まで有効であった。1991年民主化以降、バングラデシュはアワミ連盟とバングラデシュ民主主義党の2大政党が交代に政権を握ってきた。1991年バングラデシュ民族主義政党がアワミ連盟を破ってカレダ・ジアが女性首相として政権を握り、積極的に女性の地位向上政策を実施した。

　バングラデシュが独立したのは国際的にジェンダー問題が議論されていた時期であった。1975年は国際女性年であり、政府は1978年に女性省を設置して女性政策を模索し始めていた。第1次5か年計画（1973年−1978年）の中で女性の所得向上を目指す政策を立てていた。女性省は1994年に女性・子ども省に変更された。1997年には「女性の地位向上のための国家政策」（National Policy for the Advancement of Women）が宣言された。

　2001年4月、女性議員留保制度を廃止したために、第8回議会（2001年から2006年）には女性議員の留保枠はなく、女性議員は小選挙区制で選出されただけのために、全体の2％にまで落ちた。

　2004年5月の第14次憲法改正で女性留保議席数は45（15％）とされ、その適用期間は10年とされた。この時に、2004年選挙法（女性留保議席）によって、各政党の議席数に応じて各党に女性議員の数が比例配分されるという方式が採用された。立候補者数と割り当てられた議席数は一致すれば問題はないが、立候補者数が上回っている場合には、各政党で小選挙区制によって選ばれた議員が投票する建前になっていたが、歴史的にこの投票が実施されたことはなく、各政党の指導者が留保議席を指名してきた。この方式は現在も続いている。これが男性の有力議員の女性親族の指名をうけやすくする要因となっている。

　現行の女性議員留保を50（16.6％）とするのは2011年第15次憲法改正であった。2014年の第10回国会選挙において実施された。2018年の第17次憲法改正によって留保枠の女性議員制度を第12回議会の最初の開催日から25年間認めることになった。女性議員に留保枠がない時を除いて、着実に女性議員の数は増加傾向にあると言えよう。しかし、女性議員留保枠に適用される期間を設定しているのはなぜか。それは女性議員の留保を永遠に認めることではなく、男女平等の実現によって留保枠を廃止していくことを示すために、適用期間を設けているものと思われる。

これまでの国会選挙の結果をまとめておこう。

表1　国会選挙に当選した女性議員の内訳

選挙年	小選挙区で選出された女性議員の割合（数）	留保された女性議員の割合（数）	女性議員の割合
1973	0%　（0）	5%　（15）	4.80%
1979	0.7　（2）	10　（30）	9.70
1986	1.7　（5）	10　（30）	10.6
1988	1.3　（4）	―　（00）	1.30
1991	1.7　（4）	10　（30）	10.30
1996	1　（3）	10　（30）	10
1996	2.6　（8）	10　（30）	11.5
2001	2　（7）	15　（45）	15.1
2008	6.6　（20）	16.6　（50）	20
2014	6.3　（19）	16.6　（50）	19.71
2018	7.3　（22）	16.6　（50）	22

出典：Jannatul Ferdpus, "Representation of Women in Parliament of Bangladesh: Is it Hopeful?" [https://doi.org/10.18196/jgpp.62111] 及びReport of Bangladesh Election Commission　2018

　女性議員留保制度については憲法違反の訴訟が起こされたが、裁判所は合憲の立場をとってきた（Sultana 2018: 41-54）。最初の訴訟はDr. Ahmed Hussein v. Bangladesh 44 DLR（1992）（HCD）354である。留保制度は憲法の前文に書いてある民主主義の原則、憲法7（1）（人民のために権力を行使することを定める）、8条（国家政策の基本原理として社会主義、民主主義、非宗教主義を定める）、11条（基本的人権、自由を保障する民主国家であることを定める）に違反し、別個の選挙制度は憲法121条（選挙区に単一の選挙人名簿の作成）、122（1）条（成人による普通選挙）に違反することを根拠に政府に対して令状請求をおこなった。裁判所は憲法28（4）条で女性と子どもを優遇する特別法を制定することを認めていること、それに基づき1973年人民代表令が1972年憲法とともに留保を認めていることを根拠に合憲と判断している。

　第14次憲法改正による留保制度を争ったFarida Ather and 2 others v. Bangladesh, 11 MLR（2006）（AD）237では、45議席は特別な選挙区を持っていないということはすべての議員は人民の直接選挙によって選出されるべきとする民主主義に反すること、議会では少数政党の場合、留保枠を持つことができないこと、留保枠は政党の指名によって決まり、女性が自由に主張を述べ

る余地がなく、憲法39条の思想信条、表現の自由に違反しており、留保枠の議員は人民の代表とは言えないことを主張した。しかし、裁判所は憲法119（1）（c）の特別な選挙区の定めを認めていることを理由に訴えを斥けている。

　どのような女性が選出されているのか。政党に指名される女性には3種類あるとされている（Pandey 2008: 489-512）。一つ目は現在指導力を持っている者と親しい関係ある者、二つ目は死亡した元国会議員の妻や娘、三つ目は政党との長い関係から政治的実権を持っている女性とされている。これから見ると、政治家の家系から選ばれていることが特色である。父や夫などの親族が政治家として活躍した者を持っている女性が選ばれる傾向が強い。逆に、家系にだれも政治家を輩出していない女性は候補者になることが難しい状況にある。候補者となる女性は、社会的に上層階層に属している場合が多い。さらに政党員として長く政治活動に従事している女性から選ばれることもある。中産階層からの立候補も難しいが、ゼロではなく、少しずつではあるが中産階層からも議員となる女性が生まれつつある。しかし、貧しい女性は立候補できる機会は少ない。

　所属政党に関係なく女性議員の集まり（Forum on women parliament）が組織されているが、アワミ連盟とバングラデシュ民主主義政党の2大政党間の対立が激しく女性議員としてのまとまった活動はパキスタンと比べれば低いと思われる。しかし、女性議員の増加に合わせるように、女性の権利保護のための法律が成立していった。2010年DV禁止法、2012年人身売買禁止法、2012年ヒンズー婚姻登録法、2013年女性の産前産後休暇を6か月に延長させた労働法改正、2013年女性の障がい者の権利を含めた障がい者権利保護法、2018年ダウリ禁止法が成立している。これらはジェンダー政策を進めたシェイク・ハシナが首相である時期と重なっている。

第3節　地方レベルにおける女性議員

　行政区分には、管区（Division）、県（District, Zila）、郡（Upazila）が設けられ、都市部には県の下に市（City）がある。農村部では郡の下にユニオン

（Union）があり、これは10から15ぐらいの村から構成されている。管区は実質的な機能をもっておらず、議会は存在しない。県、郡、ユニオンには地方議会が置かれ、住民の選挙によって選ばれる（Sultan 2018: 245-266）。チッタゴン丘陵地帯は少数民族が多く住み、チッタゴン地域議会が設けられ、議長、12名の少数民族、6名の非少数民族、2名の少数民族の女性、1名の非少数民族の女性から構成されている。議長は少数民族から選出される。

　県議会は、各市長とユニオンの議長によって選ばれる15名の議員と5名の女性議員から構成される。任期は5年で、工業や商業の発展、病院や教育施設の管理等を任務とする。

　市議会では、住民の直接投票で議員が選ばれ、その議員によって3分の1を占める女性議員が選出される。

　郡議会は、各ユニオンの議長から構成され、その中から1名の議長、2名の副議長（うち1名は女性）が選ばれる。ユニオン議会との協調関係の維持、ユニオン同士をつなぐ道路や橋の建設、安全な飲み水の確保等が任務である。

　農村部で最下層の行政区画はユニオン評議会である。議長1名、議員12名が住民の直接選挙で選ばれ、任期は5年である。道路や橋の建設、道路脇の植樹、環境保全と公衆衛生の維持、5,000タカまでの民事紛争や軽易な刑事紛争の処理を任務としている。

　女性留保のための選挙区が導入されたのは1976年地方政府令、1977年都市令であり、それによって2名の女性議員が指名されることになった。それが1983年ユニオン議会令によって3人が指名されることになった。選挙によって選ばれることになったのは1997年地方政府法改正に基づく。最初の選挙は1997年12月に実施された。議長はユニオン全体を選挙区として選ばれる、一般議員選挙区はユニオンを9つに分け、それぞれの最高得票を得た者が選ばれる。女性議員はユニオンを3つの選挙区に分け、それぞれで最高得票を得た女性が選ばれる。議長選と一般議員選挙区では男女双方に被選挙権があるが、女性議員枠は女性だけに被選挙権がある。選挙権は男女ともに持っており、3回投票することになる（延末 2000）。女性議員枠が設けられる前は、議長および9名のユニオン評議会議員が、3名の女性議員を選ぶことになっていたが、議長や議員の親族から選ばれるケースがほんとであった。それは地域社会の有力

者の家系から女性議員が選ばれる傾向を生んだ。それが直接選挙によって女性議員が選ばれることになって、貧困な女性も議員に選ばれることが可能になった。これは農村における開発プログラムにおいて、貧困な女性を対象とし、識字教育やインフォーマル教育を通して社会参加と自立の実現を目指したことや、1980年中頃からのグラミン銀行やBRACのような開発NGOが実施するマイクロクレジットに参加する女性が経済力を持ち始め、リーダーシップを発揮して、地方自治に参加し始める傾向が生まれている。したがって、草の根レベルで変化の兆しが見え始めている状況にあると言えよう。しかし議長（首長）は男性が占めており、女性は2〜3名しかいない。議長はユニオンで決める事項を最終的に決定する権限を与えられており、意思決定の場面では今も男性が強い権限を行使している。

第4節　女性大臣

　内閣における女性大臣の割合は第1から第8議会までは4〜9％であった。第9議会では13.89％であった。1996年から2001年までの間、女性大臣3人に対して男性大臣は33名、2001年から2006年の間、女性大臣4名に対して男性大臣57名であった。現在のハシナ首相のもとでは、閣内大臣は25名のうち2名、閣外大臣は19名中2名、副大臣は3名中1名で、全体の約10％を女性が占めている。女性が首相ではあるが、数からいえば男性が優位に立っていることを意味している。大臣となっている女性は父や夫が有力な議員である場合が多い。女性・子ども省の大臣は女性が占めているが、国全体の政策を決定する場においては男性支配の構造は変わっていないと言えよう。

第5節　政党

　バングラデシュでは民主化後、選挙のたびに不正がおこなわれ、与野党が入れ替わり、政党間の対立から選挙前後の暴力行為が絶えない。

　女性議員を確保する方法として女性党員を増やして、日常的に政党内で政治教育をおこなうことが考えられる。2008年に選挙管理委員会は人民代表令（Representation of People's Order）を改正して、党員の3分の1を女性とすることを各政党に義務づけた。2020年までに3分の1を実現することを目標としたが、アワミ連盟は13.86％、バングラデシュ人民党は11.15％までしか増やせなかった。他の政党も同様であった。政党の規約によって女性党員を最低3分の1としている政党もあるが、それが実現されていない。選挙管理委員会は今後柔軟な政策によって実現にこぎつけようとしている（Shawon 2012）。

おわりに

　留保制度のほかに小選挙区から選ばれる女性議員がバングラデシュにいるが、その数は少ない。せいぜい全体の1割程度である。議会において女性議員が力を発揮するためには3割以上にならなければならないとされている。これはクリティカル・マス（臨界質量）理論であるが、男女の比がどの程度になれば女性が男性と対等に議論ができるかというと3割以上とされている。それを実現するために、女性議員を留保する制度・クオータ制度の存在意義はある。しかし、バングラデシュはまだ女性議員は3割には達していない。

　女性議員の留保は国会だけでなく、地方議会でも採用され、地方議会の方が女性議員の割合が高く、女性議員のなりうる層が広がってきている。さらに1991年以来（2006年から2008年は除く）女性が首相となって国のリーダーであるという特殊事情はあるが、数の上からみても、意思決定の中心は男性であり、女性は副の立場におかれていることには変化がない。伝統的なイスラム社会の男性優位の社会構造が生き続けている。

　女性議員の出自をみると、女性議員は社会的に上位にある家系から生まれてきている。これは2つの意味を含んでいる。女性議員が父や夫の影響のもとで選ばれている場合が多いこと、逆から言えば、貧しい家系からは女性議員が生まれにくいことを意味している。社会的に上位にあることは経済的に豊かな階層であり、教育を受けることができる。そこではお手伝いさんを雇用でき、家

事責任の負担が軽くすることが可能となり、政治活動に割ける時間を持つことができる。家事労働と政治活動の両立の困難なことが女性の政治参加を妨げているとされているが、それが妨げとならない階層がバングラデシュにも存在する。

　地方議会では、草の根レベルから多様な出自を持つ女性議員が生まれる可能性がある。バングラデシュの農村開発政策や貧しい女性対象のマイクロクレジットによって経済力を持つ女性が議員となる機会が増加してきている。地方議会で活躍する女性の増加は国の議会に選出される人材のプールとなる可能性を意味する。

　バングラデシュでは、女性候補者を確保するために、各政党に女性党員を最低3分の1確保することを義務づけているが、まだ実現していない。

　女性議員を悩ましているのがハラスメントである。議会において男性議員からいやがらせの発言を受けたり、容姿を批判する言葉を受けたり、女性の発言を無視する態度が示されたりする。イスラム社会においては、「パルダ」と呼ばれる女性隔離の習慣があり、女性が社会や公的分野で活躍することに否定的な規範が存在している。包摂的民主主義を実現を目指しているが、その実現には至っていない、

参考文献・資料

延末謙一（2000）「バングラデシュ─女性専用選挙区制度の意義─」近藤則夫編『開発と南アジア社会の変容』アジア経済研究所.

村山真弓（2017）「議会制民主主義の課題」大橋正明・村山真弓・日下部尚徳・安達淳哉編『バングラデシュを知るための66章（第3版）』明石書店, 49-54頁.

Anaet Shawon（2012）"33 pc women in a political party still a far cry".
　　［https://www.daily-sun.com/arcprint/details/539966/33pc-women-in-a-political-party-still-a-far- cry/2012-03-08］

The Daily Stars（2018）"Reserve seats in parliament for indigenous women", October 28, 2018.
　　［https://www.thedailystar.net/city/news/reserve-seats-indigenous-women-parliament-1652551］

Pranab Kumar Pandey（2008）"Representation without Participation: Quotas for

Women in Bangladesh", *International Political Science Review*, Vol. 29, No. 4, pp. 489-512.

[https://www.jstor.org/stable/20445157]

Nizam Ahmed ed. (2018), *Women in Governing Institutions in South Asia*, Palgrave Macmillan, p.110.

Maheen Sultan (2018) "Women's Representation and Participation in Local Government in Bangladesh: New Openings and Remaining Barriers", Nizam Ahmad ed., op.cit., pp. 245-266.

Mahbuba Sultana (2018) "Reserved Seats and Women's Representation in Bangladesh Parliament: Gaps between Expectation and Reality", *Premier Critical Perspective*, Vol. 3, Issue 1, pp. 41-54.

第3章
韓国における女性の政治参加

佐々木正徳

はじめに

　本章では、韓国のジェンダー平等政策の一つであるクオータ制[1] について概観し、制度がもたらした成果と課題について明らかにする。『82年生まれ、キム・ジヨン』などフェミニズム文学がベストセラーとなり、#MeToo運動に関連する報道も目につく昨今、韓国社会が急激にジェンダー平等に向けて進んでいるという印象を持つ方は多いかもしれない。確かに、前大統領（朴槿恵）や文在寅政権の初代外交部長官（康京和）など、政治の場で女性の姿を目にする機会は多い。

　しかしながら、韓国は必ずしもジェンダー平等が進んでいる国とは言えない。世界経済フォーラムが発表している「ジェンダー・ギャップ指数」の最新版（2021年版）では、韓国の総合順位は102位（0.687）であり、日本の120位（0.656）と大きな差はない。項目別に日韓を比較すると、経済は韓国が123位（0.586）で日本は117位（0.604）、教育は韓国が104位（0.973）で日本は92位（0.983）、健康は韓国が54位（0.976）で日本は65位（0.973）、政治が韓国68位（0.214）で日本147位（0.061）である[2]。ジェンダー平等にむけて、日韓は全体ではともに多くの課題を抱えているが、少なくとも政治分野については韓国が日本に先行しているとみなしてよさそうである。

　そこで本章では、女性の政治参画を促す効果的な施策とされるクオータ制の韓国での導入過程と選挙に与えた影響、成果と課題について明らかにする。それにより、日本の現状に示唆を与えることができるはずである。

第1節　クオータ制の導入過程

　韓国のクオータ制度は2000年に導入され、以降何度かの改正を経て現在の形に至っている。本節では最初に韓国の選挙制度について説明した後、クオータ制導入の過程について紹介する。

1.1　選挙制度

　韓国は大統領制[3]の国家であり、議会は一院制である。国会議員の定数は300人で、そのうちの253人が選挙区（小選挙区）選出、残りの47人が比例代表制（全国区）で選出される。任期は4年で解散はない。地方選挙は広域自治団体[4]を単位とした選挙（小選挙区）と、基礎自治団体[5]を単位とした選挙（中選挙区）があり、いずれも比例代表制との並立制である。比例代表による議員活動は一期とするのが通例であり、比例代表で当選した議員が次回選挙で再選を目指す場合は選挙区で立候補することになる。後述するが、これが女性議員の増加を妨げる一因である。選挙権は長く20歳であったが、2005年に公職選挙法が改正され19歳に、さらに2019年には18歳に変更された。

1.2　導入過程

　韓国におけるクオータ制の導入過程は、申（2014, 2020）や大澤（2016）に詳しい。ここではそれら先行研究をもとにまとめていくことにする。

　韓国のクオータ制は、2000年の政党法改正により、国政選挙と広域自治団体選挙の比例代表候補の30%を女性とすることが定められたことから始まる[6]。しかし、当時は罰則規定がなかったため、遵守するか否かは政党の判断に任されていた。結果、2000年の国政選挙では女性候補者が30%に満たない政党が大多数で、比例名簿の順位も下位に配置されたため、当選者が劇的に増えるこ

とはなかった。

　その後、クオータ制を実効性のある制度とするために法改正が行われていく。2002年には広域自治団体選挙の比例代表候補の50%以上、小選挙区候補者の30%以上を女性に割り当てるよう改正され、比例の50%については、規定違反の名簿は受理しないという罰則規定も設けられた。さらに、比例名簿の奇数番を必ず女性とするジッパー方式が導入された。一方、小選挙区候補者の30%以上については努力義務であり、罰則規定を設ける代わりに条件を満たした政党に女性候補者推薦補助金を支給する制度を導入した。

　2004年には2002年の改正が国政選挙にも適用されることとなった。2005年には公職選挙法が改正され、基礎自治団体選挙にも比例代表制が導入、他二つの選挙と同様の割り当てを適用することも定められた。合わせて、国政選挙と基礎自治団体選挙にもジッパー方式が採用された。いずれも、比例代表候補者のクオータ制についてはある程度の強制力を伴った[7] 一方で、選挙区候補者のクオータ制については努力義務であることは、現在でも変わっていない[8]。

　クオータ制の導入にあたって大きな役割を果たしたのは女性運動とされている。民主化以前から活動していた女性運動団体と、民主化により誕生した「新しい」女性運動団体が、女性の政治的過少代表の改善のために団結[9] し、1994年には「クオータ制導入のための女性連帯」が作られ、活発な活動を行った（大澤 2016: 205）。さらに時代背景として、政治改革運動が活発で選挙制度改革が繰り返し行われていたこと（申 2014）、民主化運動の中心人物の一人であった金大中が大統領に就任し[10] 女性政策が進展しやすい政治環境となったこと、比例代表選挙のクオータ制については主たる反対勢力が不在であったこと（高安 2008）なども、クオータ制度実現を後押しすることとなった。

第2節　｜　クオータ制の選挙への影響

　本節ではクオータ制導入が選挙結果に与えた影響を明らかにする。具体的には国政、地方議会（広域自治団体、基礎自治団体）それぞれの選挙結果の推移を見ていき、女性議員比率の変化を示す。導入前との比較も可能にするため

に、国政選挙は民主化宣言がなされ現行の政治体制（第六共和国）となった1988年以降の選挙を、地方選挙は選挙法が改正され同日に投票が行われるようになった1995年以降の選挙を見ていくことにする。

2.1　国会議員選挙

　民主化以降の韓国では4年に一度、定数に若干の変更を伴いつつも、選挙区と比例代表で議員を選出する制度が続いている。

表1　民主化後の国政選挙当選者の男女割合

実施年	回	選挙区			比例代表			女性議員比率(%)
		定数	男性	女性	定数	男性	女性	
1988	第13代	224	224	0	75	69	6	2.0
1992	第14代	237	237	0	62	54	8	2.7
1996	第15代	253	251	2	46	39	7	3.0
2000	第16代	227	222	5	46	35	11	5.9
2004	第17代	243	233	10	56	27	29	13.0
2008	第18代	245	231	14	54	27	27	13.7
2012	第19代	246	227	19	54	26	28	15.7
2016	第20代	253	227	26	47	22	25	17.0
2020	第21代	253	224	29	47	19	28	19.0

注：女性議員比率は選挙区と比例代表を合わせた議員総数に対する女性議員の割合で小数第二位を四捨五入している。
出典：中央選挙管理委員会（https://www.nec.go.kr/）のデータベースなどを参考に筆者が作成。

　比例代表候補者名簿の30%以上を女性候補とすることが定められた2000年の選挙では、女性議員比率が5.9%と前回選挙のおよそ倍となった。比例代表候補の50%、選挙区候補の30%以上を女性に割り当てることとした2004年の選挙では、5.9%から13.0%へと再度倍増した。選挙区選出議員も増えているが、比例代表選出議員の増加が全体比率の増加に大きく寄与している。2005年にはジッパー方式が採用されたため、以降の比例代表選出議員の女性の数は比例定数の半数で安定する。選挙区選出議員も少しずつ増えているために女性議員比率は高まり続けているものの、劇的な増加は見られておらず、2020年の選挙でも20%に達していない。

2.2　広域自治団体議員選挙

罰則規定つきのクオータ制をもっとも早く導入したのが広域自治団体議員選挙である。

表2　広域自治団体議員選挙当選者の男女割合

実施年	回	選挙区			比例代表			女性議員比率(%)
		定数	男性	女性	定数	男性	女性	
1995	第1回	875	863	12	95	53	42	5.6
1998	第2回	616	602	14	74	47	27	5.9
2002	第3回	609	595	14	73	24	49	9.2
2006	第4回	655	623	32	78	21	57	12.1
2010	第5回	680	625	55	81	23	58	14.8
2014	第6回	705	647	58	84	29	55	14.3
2018	第7回	737	639	98	87	25	62	19.4

注：女性議員比率は選挙区と比例代表を合わせた議員総数に対する女性議員の割合で小数第二位を四捨五入している。
出典：中央選挙管理委員会（https://www.nec.go.kr/）のデータベースなどを参考に筆者が作成。

比例代表候補者の50％を女性とし、かつジッパー方式を採用したはじめての選挙である2002年の選挙では、選挙区選出議員の数は変わらなかったものの、比例代表選出議員の男女比が逆転し、以降、男性の倍の当選者を出し続けている。2006年以降は選挙区選出議員も増えつつあるが全体の女性議員比率は20％に達していない。

2.3　基礎自治体議員選挙

クオータ制の導入がもっとも遅れたのが基礎自治体議員選挙であった。しかし、現在ではもっとも効果が現れているといえる。

2006年の比例代表制の導入とともにクオータ制も導入され、当初より比例代表選出議員のほとんどが女性である。これは、比例用の議席が自治体ごとに数議席しかないため、名簿順1位の候補しか当選できない場合が多いためである。選挙区選出議員の割合も2006年には4.3％に過ぎなかったが、2018年の選挙では20.7％に達している。全体の女性議員比率も、2010年に20％を超えると2018年の選挙では30％に到達した。

表3　基礎自治団体議員選挙当選者の男女割合

実施年	回	選挙区			比例代表			女性議員比率(%)
		定数	男性	女性	定数	男性	女性	
1995	第1回	4541	4469	72	―	―	―	1.6
1998	第2回	3489	3433	56	―	―	―	1.6
2002	第3回	3485	3408	77	―	―	―	2.2
2006	第4回	2513	2403	110	375	48	327	15.1
2010	第5回	2512	2238	274	376	24	352	21.6
2014	第6回	2519	2150	369	379	16	363	25.3
2018	第7回	2541	2015	526	385	11	374	30.8

注：女性議員比率は選挙区と比例代表を合わせた議員総数に対する女性議員の割合で小数第二位を四捨五入している。
出典：中央選挙管理委員会（https://www.nec.go.kr/）のデータベースなどを参考に筆者が作成。

第3節 ┃ クオータ制の成果と課題

　前節ではクオータ制導入が選挙結果に与えた影響を明らかにした。本節では
それをもとに「比例代表選出議員数の安定」「選挙区選出議員の増加」という
観点から、クオータ制の成果と課題について考察する。

3.1　比例代表選出議員数の安定

　比例代表候補者の50％女性クオータとジッパー方式は、罰則の有無にかか
わらず国会議員選挙、地方議会選挙すべてで概ね遵守されてきた。結果、いず
れの選挙でも当選者の過半数は女性となり、特に導入の初期において女性議員
の増加に大きく寄与してきた。しかしながら、クオータ制はあくまで割合を定
めるものであるので、一度その水準に達してしまえば、それから劇的に女性議
員が増えることは定数が増えない限りはあり得ない。そして、前節の表から明
らかなように、各選挙における比例代表定数の占める割合は低い(11)。また、
比例の選出議員は1期が通例であるため、多くの場合、政治家としての能力を
高める前に任期満了を迎えてしまう。比例代表のクオータ制は即戦力を輩出す
るというよりは、世間に対して政治は男性の専有物ではないことを示す効果、
政治を志す女性に対してルートを明示する効果といった、女性の政治参与を拡

大させていく基盤として機能していると言える。

　よって、今後も持続的に女性議員の割合を増やしていくためには、選挙区での女性議員の当選者を増やす必要がある。そのための一つの方策が、比例で一期目を終えた議員を選挙区で当選させることである。クオータ制で常に一定数の女性新人議員を確保し、多様な人材の中から二期目、三期目を務める女性議員が増えていけば、単に人数だけではない、政治家としての資質をもった人材を議会に増やすことができるようになると考えられる。

3.2　選挙区選出議員の増加

　前項で述べたように、現在の韓国の選挙制度においてこれ以上女性議員の割合を増やしていくためには、選挙区選出議員の女性割合を増やすことが絶対条件である。現状、国政、地方議会いずれの選挙区でも女性議員は漸増しており、女性議員比率の上昇に貢献しているが、増加のペースはスローである[12]。

　増加のペースがスローな要因の一つに、政党が女性候補者30%クオータを遵守しないことがある。申（2014）では、クオータ制を実現させようとする党の取り組みに対する男性議員からの反発の例が紹介され、女性議員の増加が自らの権益を損なうことに繋がるのではないかと懸念する男性議員の心情が明らかにされている。「女性候補者にとって政党は政治への回路というよりは、克服しなければならない大きな壁となっている」（申 2014: 165）のである。

　ところで、選挙区の中でも基礎自治団体選挙については直近の選挙で女性の割合が20%を超えている。前項の表をよくみると、2010年の選挙で2.5倍増、その後も着実に増えていることがわかる。これは2010年の公職選挙法改正の際に、国政選挙の選挙区ごとに、その中にある地方議会の選挙区の1選挙区以上で女性候補者を擁立することが定められたためである[13]。これに対して、各政党は多くの選挙区において、中選挙区で複数の当選者が出る基礎自治団体選挙区に女性候補者を擁立した。結果、多くの女性議員誕生を促したのである。このことは、女性の選挙区選出議員を増やすために、法律による規定が有効であることを明確に示している。

おわりに

　本節では韓国のクオータ制について概観し、成果と課題について検討してきた。2000年に始まったクオータ制は確かに女性の政治参画を促した。民主化直後、女性議員が皆無に近かったことを考えれば、クオータ制導入の成果は明らかである。しかし、現行制度では女性議員の割合が低いままであることもまた事実である。法改正が有効なことは明確であるが、男性議員からの反発が強く、実現は難しい。

　現状改善のための一つの案は、女性議員の必要性を折に触れ国民にアピールしていくことであろう。既にいくつかの研究は、女性議員が男性議員に比べ活発に立法活動を行うことを指摘している[14]。例えば、2019年にはパリテ法を参考にした「男女同数三法案（政党法・公職選挙法・政治資金法改正案）」が、2020年には「選出公職男女同数に関する法律案」が提出された（申 2020: 151）。前者の法案提出者は、2021年のソウル市長選挙に「共に民主党」の公認候補として出馬した朴映宣である。朴映宣は落選した[15]ものの、首都の首長選挙の与党候補者が女性であったことは、今後の女性参画にプラスの影響をもたらすであろう。このように、女性も政治分野で重要な役割を果たしていることを継続して示し、次世代に女性の政治家を特別視しない意識を醸成する必要がある。合わせて、男女問わず丁寧に政治教育や人権教育を徹底していくことで、有権者のジェンダー意識の向上もはからねばならない。これまで女性運動団体は候補者育成活動を長く行ってきたが、これからはジェンダーに敏感な男性有権者を育てるという視点も必要かもしれない。

　さて、以上の方策はすべて日本にも言えることである。女性議員の必要性を折に触れ主張していくこと、政治分野で重責を担いうることを示していくこと、そして、未来の有権者に政治教育と人権教育を行っていくこと、これらはジェンダー平等への特効薬ではないが、着実に成果をもたらす方策である。

注

(1) 韓国での呼称は「여성할당제（女性割当制）」。

(2) 政治分野の数値の変遷を見ると、韓国は2017年90位（0.134）、2018年92位（0.134）、2020年79位（0.179）、日本は2017年123位（0.078）、2018年125位（0.081）、2020年144位（0.049）となっている。

(3) 直接選挙で選出され、任期は5年、再任は不可能である。

(4) 日本の政令指定都市および都道府県に相当する。1つの特別市、6つの広域市、8つの道、1つの特別自治市、1つの特別自治道の17自治体が該当する。

(5) 日本の市区町村に相当し、226自治体が該当する。

(6) 韓国のクオータ制は、政党法、公職選挙法、政治資金法の政治関連三法で規定されている。また、議席ではなく候補者の比率に関する仕組みであり、それは現在でも変わっていない。

(7) 違反した場合に候補者登録を無効とする罰則規定は、国政選挙で2018年、基礎自治団体選挙で2006年に規定された。広域自治団体選挙では、2002年に候補者名簿違反、2006年にジッパー方式違反が規定されている。国政選挙では長く罰則規定がなかったにもかかわらず、各政党は概ね規定を遵守してきた。その原因について申は、法律の規定が非常に明確であった点と市民社会によるモニタリングを指摘している（申 2014: 159）。

(8) 2010年に基礎自治団体で規定違反の場合に登録無効とすることが定められたが、例外条件が認められているため実効性を欠いている（申 2014, 2020）。

(9) この頃の女性運動団体は、民主化以前から活動していた組織と民主化運動と軌を一に誕生したもの（「新しい」女性運動団体）とに大別される。前者は中産階級の女性たちが中心となった活動で「韓国女性団体協議会」などが該当する。後者は女性の貧困や労働問題、性暴力や人権の問題などに積極的に取り組む「韓国女性団体連合」が知られている。前者は家族観などについては保守的であり、「新しい」女性運動団体とは理念が異なっていたが、後者が女性の政治代表制の向上を目指したために、議会への女性の進出を促すという点で目的が一致した（申 2014; 大澤 2016）。

(10) 金大中が当選した第15代大統領選挙（1997年12月投票）は、民主化宣言後、三度目の大統領直接選挙であり、選挙による初めての政権交代をもたらした。金大中政権は女性政策を扱う行政機関である女性部（部は日本の省にあたる行政組織で、現在は女性家族部と名称が変更されている）を誕生させ、女性の地位向上が国家の重要政策であることを示した。

(11) 直近の選挙では、国会議員は定数300のうち47議席（15.7%）、広域自治団体議員は定数824のうち87議席（10.6%）、基礎自治団体議員は定数2,926のうち385議席（13.2%）を占めるに過ぎない。

(12) 直近の選挙では、国会議員（小選挙区）の定数253のうち29名（11.5%）、広域自治団体議員（小選挙区）の定数737のうち98名（13.3%）、基礎自治団体議員（中選挙区）の定数2,541のうち526名（20.7%）である。

(13) 例えば、ソウルの鍾路区は国会議員選挙の際は1選挙区であるが、広域自治団体選挙だと2選挙区、基礎自治団体選挙だと4選挙区に分けられる。この、6選挙区のうちどこかに1名の女性候補者を擁立しなければならない。

(14) 大澤（2016）、山本（2009）参照。もちろん最終的には個人の資質に帰結するものであるが、構成員の男女比に著しい不均衡が見られる段階ではある程度の傾向が見られるのはよくあることである。少数ゆえに存在感を高めるために熱心に活動する、活動内容の決定に際して裁量があるので積極的に行動するなどの理由からである。個人の資質を問う議論をするためには前段階として性差の不均衡が「問題」にならない程度に改善されている必要があろう。

(15) 大貫（2021）に見られるように、朴映宣の落選は女性候補者であるというよりは、政権与党への不信の表れとみるのが妥当である。しかし、理由はどうあれ広域自治団体初の女性首長が誕生しなかったことも事実である。「広域自治体に女性首長が選出されたことは一度もなかったことが、広域自治体の首長選挙が女性にとってどれだけ高い壁なのかを物語る」（申　2020:130）。

参考文献・資料

大澤貴美子（2016）「韓国：政治代表の男女不平等を是正するためのクオータ制度」日本法政学会『法政論叢』52（2）：203-215.

大貫智子（2021）「与党大敗のソウル市長選が日本に投げかけるもの」毎日新聞2021年5月9日.
［https://mainichi.jp/premier/politics/articles/20210430/pol/00m/010/007000c］（2021年8月19日確認）

白井京（2005）「韓国の女性関連法制―男女平等の実現に向けて―」『外国の立法』226: 103-132.

申琪榮（2014）「韓国における女性候補者クオータ制の成立過程と効果」三浦まり・衛藤幹子編著『ジェンダー・クオータ：世界の女性議員はなぜ増えたのか』明石書店, 147-175頁。

申琪榮（2020）「大韓民国の事例」アイ・シー・ネット株式会社（内閣府男女共同参画局委託事業）『令和元年度諸外国における政治分野への女性の参画に関する調査研究報告書』127-161頁.

高安雄一（2008）「韓国における女性の国会への参画推進と我が国への示唆点」内閣府男女共同参画局『諸外国における政策・方針決定過程への女性の参画に関する調査』139-149頁.

山本健太郎（2009）「韓国における女性の政治参加―選挙法の改正によるクオータ制度の強化と女性議員数の増加を中心に―」『レファレンス』2009年7月号, 2-45頁.

第4章

セネガルにおける女性の政治参加
―国際協力の現場からみるセネガルのパリテ―

小縣早知子

はじめに

　昨年、世界経済フォーラムの「世界ジェンダー・ギャップ指数2021（Global Gender Gap Report 2021)」の日本のランキングが話題になった。総合ランキング（120／156位）の低さと政治分野の深刻な低位（国会議員の男女比140／156位、閣僚の男女比126／156位）はメディアでもしばしば取り上げられ、日本の女性活躍の停滞や困難、特に政治分野での立ち遅れが、ようやく一般にも認識されつつある。

　本稿では、アフリカ大陸最西端の国・セネガルを中心にアフリカのパリテを国際機関の統計調査や先行研究、現場での活動経験や聞き取りから総合的に観察する。

第1節　アフリカにおける女性の政治参画

　アフリカ大陸は、54か国、面積3,020平方キロメートル（地球の陸地の20.4％）、人口約10億人（世界の人口の14.72％）の広大な大陸である。歴史も地理・気候も異なり、政治・社会・文化もさまざまで、各国のジェンダー事情を

一括りに語ることはできない。しかし、歴史的に男性中心の政治が行われ、現在も続いていることは世界共通の傾向と言える。

　議会における女性議員の割合は、政治分野における女性参画を表す代表的な指標である。2021年のIPU（Inter-Parliament Union：列国議会同盟）資料によるGlobal Note社発表の世界の女性議員割合国別ランキングによると、1位：ルワンダ55.70％、2位：キューバ53.40％、3位：アラブ首長国連邦50.00％、4位は同率でメキシコとニカラグアの48.40％がランクインしている。本稿の対象であるセネガルは14位43.00％で、旧宗主国であるフランスの30位37.70％を上回っている。ちなみに、日本は153位14.40％[1]である。

　アフリカ大陸の国別では、東アフリカのルワンダが突出している。ルワンダの女性国会議員の割合は2003年以降、世界の首位に立っている。2015年の63.80％から2021年は55.70％に減少したが、それでも2003年の憲法規定（下院における女性の割当て議席30％）を大きく上回っている。

　ルワンダ以外のアフリカの国で、国会議員に占める女性議員の割合上位は、12位：南アフリカ、14位：セネガル、17位：モザンビークである。

　IPUの「議会における女性2017年版」では、「アフリカ・アラブ諸国の女性議員の比率は、地域平均で23.6％であるが、両地域においてジェンダー平等と人権の推進を目的とする司法・政策改革に一層の重点が置かれて議論された」と記され、「同2018年版」では、「地域平均で23.7％で、控えめな進展が見られた」と記されている。以下に、「議会における女性2017年版」「同2018年版」から主なアフリカ各国の分析を抜粋する。

＜議会における女性2017年版＞

＊ケニア

　政府のあらゆる層で女性の進出が歴史的な高水準に達し、女性議員は、下院では議席のほぼ22％、上院では30％余りを占めたほか、郡知事選では、初めての女性知事が全47郡のうち3郡で誕生した。また、郡議会選挙では女性候補が人気を博し、中には20代の若い候補者も当選を果たした。しかしながら、議会は30％のクオータ制を定めた2010年の憲法条項を2018年時点で承認できておらず、女性の政治参加が正当性を欠いていると主張する団体もあるという。

＊レソト

　元老院の議員（世襲の部族長と国王によって任命される）32人中8人が女性
で、初の女性元老院議長が誕生した。

＊ガンビア

　初の女性国会議長が選出され国会議員の女性比率は3ポイント増の10.3％と
なった。

＊アンゴラ

　約10年にわたって女性議員比率が減少している。2007年には37.3％であっ
たが、2012年には34.5％、2017年には26.8％となった。これは、「2012年選挙
では大半の政党がクオータ制を尊重したのに対し、2017年は政党数の減少と
各政党が指名する女性の数が減ったため」と言われている。

＜議会における女性2018年版＞

＊ジブチ

　2018年に選挙が実施された国の中で最も大幅な伸びを見せ、女性議員比率
が10.8％から26.2％に上昇した。2001年以降、議席の10％以上が女性に割り当
てられている。IPUとの協力の結果、2018年に議席の25％を女性とすること
を義務付ける新たな選挙法が可決された。

＊カメルーン

　上院で女性議員の割合が20％から26％に増加し、アフリカで最も大幅な伸
びを見せた。

＊ジンバブエ

　2013年憲法で、上院議員80人のうち60人が比例代表制で選出されると規定
されているが、候補者名簿の男女交互登載だけでなく名簿の最上位を女性とす
ることが義務付けられ、この制度により上院の議席の47.5％を女性が獲得し
た。

＊エスワティニ

　2005年憲法では、上院では43.3％が女性という規定があるにもかかわらず、
23.3％に減少した。

表1　アフリカの女性議員割合とパリテ法・クオータ制導入状況（1/2）

	国　名	女性議員割合（%）	パリテ法・クオータ制の種類			法整備	
			議席割当制	候補者クオータ制	法的規制なし	憲法	選挙法
1	ルワンダ	55.70	○			○	○
2	南アフリカ	45.30			○	×	×
3	セネガル	43.00		○		×	○
4	モザンビーク	42.40			○	×	×
5	ブルンジ	38.90	○			○	○
6	エチオピア	37.30			○	×	×
7	タンザニア	36.70	○			○	○
8	ナミビア	35.60			○	×	×
9	ウガンダ	34.90	○			○	○
10	カメルーン	31.10			○	×	○
11	アンゴラ	29.50		○		×	○
12	スーダン	27.50	○			×	○
13	マリ	27.30		○		×	○
14	南スーダン	26.60		○		○	○
15	カーボヴェルデ	26.40		○		―	○
16	チュニジア	26.30		○		○	○
17	ジブチ	26.20	○			×	○
18	ニジェール	25.90	○			×	○
19	ソマリア	24.30	○			○	×
20	サントメ・プリンシペ	23.60		○		―	―
21	ケニア	23.20	○			○	×
22	レソト	22.90		○		×	○
23	マラウイ	22.90			○	×	×
24	エジプト	22.70	○			△	×
25	エリトリア	22.00	○			×	○

表1　アフリカの女性議員割合とパリテ法・クオータ制導入状況（2/2）

	国　名	女性議員割合（%）	パリテ法・クオータ制の種類			法整備	
			議席割当制	候補者クオータ制	法的規制なし	憲法	選挙法
26	アルジェリア	21.20		○		×	○
27	赤道ギニア	20.30			○	×	×
28	モーリタニア	20.30		○		×	○
29	モーリシャス	20.00			○		
30	トーゴ	18.70		○		－	○
31	エスワティニ	18.40	○			○	
32	モロッコ	18.40	○			×	○
33	マダガスカル	17.20				×	
34	ザンビア	16.80	○			○	×
35	ギニア	16.70		○		－	○
36	ガボン	16.70	－	－	－	－	－
37	リビア	16.00		○			○
38	チャド	15.40	－	－	－	－	－
	日本	14.40			○	×	×
39	コンゴ民主共和国	14.30		○		○	○
40	ギニアビサウ	13.70	－	－	－	－	－
41	コートジボワール	13.60			○	×	×
42	シエラレオネ	12.30			○	×	×
43	ボツワナ	10.80			○	×	×
44	リベリア	8.70		○		×	×
45	中央アフリカ	8.60	－	－	－	－	－
46	ブルキナファソ	6.30		○		×	○

○＝該当または導入あり、×＝導入なし、－＝データなし
出典：女性議員割合は、GLOBAL NOTEのIPU（列国議会同盟）データ2021年、クオータ制導入状況は、IDEA（民主主義・選挙支援国際研究所）のデータを引用、女性議員割合の降順に日本を追加して筆者作成。

第2節 ▍ アフリカの女性大統領

　世界の女性閣僚比率国別ランキング（主要国）では、オーストリア、ベルギー、スウェーデンが同率1位で57.14％。セネガルは18.7％にとどまる。

　アフリカ初の女性大統領は、西アフリカのギニアビサウのカルメン・ペレイラ（Carmen Pereira）氏で、これは1984年に新憲法が導入される際の5月14〜16日の3日間、臨時大統領として就任したものである。選挙で選ばれたアフリカ初の女性大統領は、同じく西アフリカのリベリアのエレン・ジョンソン・サーリーフ（Johnson-Sirleaf, Ellen）氏である。サーリーフ氏は、内戦後の2006年1月16日に就任、その後2011年に再選され2018年1月22日まで二期12年を務めた。在任中に政党の候補者名簿に男女とも30％のクオータ制を要求する新選挙法を可決したが、同法には厳しい制裁がないため、2017年選挙で下院に選出された女性議員はわずか7名であった。サーリーフ氏は、「平和構築活動に女性が参加する権利のために非暴力で闘ってきた」という理由で、女性参政権を求めて女性を組織化した活動家のリーマ・ボウイー（Leymah Roberta Gbowee）氏とともに2011年ノーベル平和賞を授与されている。

　2015年6月5日モーリシャスでアミーナ・ギュリブファキム（Ameenah Gurib-Fakim）氏が第6代大統領に就任したが、金銭疑惑で2018年3月23日に辞任。これによりアフリカの女性大統領は不在となった（当時）。

　2018年10月25日、エチオピア初の女性大統領としてサヘレウォルク・ゼウデ（Sahle-Work Zewde）氏が任命された。また、2021年3月には、タンザニアのジョン・ボンベ・マグフリ大統領（男性）の急死に伴い、副大統領のサミア・スルフ・ハッサン（Samia Suluhu Hassan）氏が第6代大統領に就任し、タンザニア初の女性大統領となった[2]。

　女性の政治参画世界第1位のルワンダは、1990〜1994年、フツ族とツチ族の民族対立に端を発した内戦が続いた国である。また、ジョンソン・サーリーフ氏が二期12年を務めたリベリアも、1989〜1996年第一次リベリア内戦、1999〜2003年第二次リベリア内戦を経験している。ルワンダやリベリアが内

戦後の短期間に国家の政情を安定させ女性が政治参画を果たし女性大統領が選出されたことは興味深い[3]。

第3節 ┃ セネガルという国

　西アフリカの最西端に位置するセネガル（首都ダカール）は、面積197,161平方キロメートル（日本の約半分）、人口1,630万人、民族は、ウォロフ族、プル族、セレール族など、それぞれの民族の言語を持つが、公用語はフランス語である（フランスが旧宗主国）。アフリカでは数少ない多数党による民主主義政治が定着している国のひとつであり、大きな紛争なども少なく治安も安定している。1960年代以降も旧宗主国のフランスとの協調を基軸としつつ、同時に多くの先進国とも友好関係を構築する穏健な現実路線外交を取っている。また、非同盟運動を通じ第三世界諸国の関係も強く、アラブ・アフリカ諸国との絆も伝統的に強い。

　セネガルの歴史は、9世紀のテクルール王国、13世紀のジョロフ王国にさかのぼる。

　1815年のウィーン会議でセネガルはフランスの植民地となり、フランス領西アフリカでは、1895～1902年の首都はサンルイ、1902～1958年はダカールで、ダカールは現在もセネガルの首都である。フランス領西アフリカとは、モーリタニア、セネガル、フランス領スーダン（現在のマリ）、フランス領ギニア（同ギニア）、コートジボワール、ニジェール、オートボルダ（同ブルキナファソ）、フランス領ダホメ（同ベナン）をそれぞれ行政区画（州）とした8地域である。フランスは、ダカールなどの都市や港湾、サンルイまでの鉄道などの建設を推進し、ダカールは、16世紀から19世紀にかけて大西洋を横断する奴隷貿易の中心地であった。ダカールのゴレ島には、アメリカに輸出される前の奴隷が閉じ込められた「奴隷の家」が現在も博物館として保存されており、1978年セネガル初の世界文化遺産として認定され、現在も訪問者が絶えない。奴隷の家の向かいにはセネガル女性の生活に関する資料や女性運動を展示した「セネガル女性博物館」がある。

　セネガルは、憲法第一条で「信教の自由」を謳っているが、国民の95％がイスラム教徒で、5％がキリスト教徒と伝統的な土着の宗教を信仰している。イスラム教のお祈りや断食、男女隔離や性別役割分業等の慣習は広く観察され、それらはイスラム教徒以外にも浸透しているが、中東の国々に比べると厳格ではない。また、同じセネガルでも都市と村落では影響が異なることに留意したい。

第4節　セネガルの政治と女性

　2020年現在、セネガルは世界ジェンダー・ギャップ指数の総合ランキングで104位であるが、女性議員の割合では世界14位（43％）で、政治分野における女性指数が高い。セネガルは1960年の独立後、紛争や政変がなく、過去の大統領選挙も安全に実施され（一部に不正疑惑はある）、国際社会からは評価されており、IFAN（Institut fondamental d'Afrique hoire）のジェンダー研究所所長で社会学者のファトゥ・サール（Fatou SARR）は、セネガルで女性議員の割合が増加した要因は「長年にわたり戦争・紛争のないこと」「政治が安定していること」と分析している（SARR 2018）。

　セネガルは、憲法第七条で男女間の平等を保障している。また、1985年女子差別撤廃条約に批准し、その後すべての世界女性会議にも参加している。1977年第5次社会経済計画では国家開発計画（Plan national de développement）により、国家の社会経済開発への女性の参加を促進する方針が初めて採択された。女性の参加促進関連の取り組みは、1980年代後半、構造調整政策の影響で一度は影を潜めたものの、1995年の北京会議を契機として翌1996年の国家行動計画（Plan d'action national）以降採択されている。

　セネガルの議会は一院制で国民議会は165議席である。初代大統領のレオポール・セダール・サンゴール（Léopold Sédar Senghor）氏（1963年選挙により選出）は、1976年複数政党制を取り入れ、今日の民主的なセネガルの基礎を築いた。1981年に就任したアブドゥ・デュフ（Abdou Diouf）大統領は、サンゴール政権の基本路線を踏襲しつつ民主化政策を推進。また、国営企業の整理・民営化、大規模なインフラ整備、CFAフランの切り下げ、労働法改正、

輸入価格自由化などの大胆な構造改革を断行した。1995年以降、5％以上の経済成長率を遂げた一方、貧富の格差拡大、青年の失業率上昇など、女性や青年、貧困層の不満が募り、徐々に国民の支持を得られなくなった。その結果、2000年3月の大統領選挙で、セネガル民主党（PDS）党首のアブドゥライ・ワッド（Abdoulaye Wade）氏が選出され、サンゴール大統領以来40年にわたるセネガル社会党（PSS）の長期政権が終了した。現在の大統領は共和国同盟（APR）のマッキー・サール（Macky Sall）氏（2012年〜）である。

　セネガルの女性参政権が初めて行使されたのは、独立前の1945年フランスの占領下でのことである。当初、フランスはセネガル人の参政権を男性に限定し女性参政権は認めなかった。セネガル女性の参政権が認められたのは、セネガル女性の闘いの結果であるが、この闘いの過程で「女性市民グループ」の活動が大いに貢献している（女性参政権獲得と女性市民グループについては後述）。

第5節 ┃ セネガルのパリテ

　セネガルにおけるパリテ法の成立は、2010年5月のことである。同年5月14日に国会で可決され、5月19日に上院で採択、5月28日に公布された（L01 no° 2010-11 du 28 mai 2010）。このパリテ法のおかげで、セネガル議会は2012年の選挙で、64人（42.7％）の女性議員を擁することとなった（候補者が1人の選挙区で男性が選出されたため、完全に50％にはならない）。

　セネガルのパリテ法は、フランスのパリテ法に10年遅れて成立したが、アフリカでは比較的早期に導入された国のひとつである（アフリカでパリテ法またはクォータ制を導入しているのは、2019年現在で37／54か国）。セネガルがフランスの旧植民地であり、現在もフランスとの社会経済文化の交流が盛んなことから、フランスのパリテ法成立がセネガルに影響したことは容易に想像できる。しかし、旧フランス領アフリカの国々が必ずしもパリテ法やクオータ制を導入しているわけではない（ベナン、ガボン、ギニアビサウ、マダガスカル等は未導入）（表1）。また、パリテ法またはクオータ制を導入している国々の中でもセネガルの女性議員の割合は西アフリカ第1位（43％）で、第2位の

マリ（27.3％）を大きく引き離している。したがって、旧フランス領であることは要因の一つと考えられるが、それだけでは説明がつかない。

第6節 ┃ セネガルのパリテと女性リーダー

　ファトゥ・サールは、セネガルの政治を大きく変容させたパリテ法の成立には、フランスをはじめとする海外の影響だけでなく、数世代にわたるセネガル女性の闘いの歴史があるという。セネガルの歴史上、女性は大きな役割を果たしてきた。1855年、セネガルに入植した植民者たちにとって最初の抵抗勢力となったのは、セネガル北部のワーロ国で、女王ンダテ・ヤーラ・ムボジ（Ndate Yalla Mbodj）によって率いられていた。また、南部のカザマンスはアリーヌ・シトエ・ディアッタ（Aline Sitoe Diatta）という巫女が率いていた。最終的には植民地勢力に征服されてしまったが、このようにセネガルには女性をリーダーとする歴史と素地があるという。

　フランスの占領下でセネガル女性は様々な権利と自由を失った。1904年ナポレオン法に基づいて土地や全ての財産は家族の長（父または夫）に帰属し、女性の教育や職業訓練へのアクセスが制限された。1906年当時、29校の男子校で3,252人が学んだのに対して、女子は4校の女子校で40人が教育を受けたにすぎなかったし、1910年に開校された職業訓練校（l'Ecole Normal William Ponty）に女子部門が設けられたのは1939年、つまり男子に29年も遅れてのことだった。

　しかし、財産も教育の機会も奪われても、セネガル女性は植民地当局に屈しなかった。なかでも、ンダテ・ヤーラ・ファール（Ndate Yalla Fall）氏とスケイナ・コナテ（Soukeyna Konate）氏の2人の女性政治家は、対立する政党に所属しながらも、植民地当局と対峙するために協力し、当時フランス人女性にしか認められていなかった女性参政権を求める運動を展開した。女性リーダーの下、社会的・政治的立場、民族や階層を超えてセネガル女性とその賛同者が結集、市民グループによる大規模な集会を組織した。最終的には、セネガル女性の参政権を認めなければ、投票日に選挙に来るヨーロッパ人を攻撃すると

表明し、植民地当局はこれを認めざるを得なかったのである。

　また、1959年、女性活動家でジャーナリストのアネット・ンバイ・デルヌヴィル（Anette Mbaye Dernevill）氏が立ち上げた女性グループは、当時の評議会議長によって一度は解散させられたが、1977年、他の13のアソシアシオン（協会）とともにFAFS（Fédération des Associations Femmes Sénégalaises：セネガル女性協会連盟）を設立し、現在は400以上のアソシアシオンを統合する組織となっている。

　こうした女性グループの貢献は、2010 ～ 2012年のパリテ法成立の過程でも顕著である。

第7節　セネガルのパリテと女性市民グループ

　セネガル女性の政治参加において女性市民グループは大きな役割を果たしている。ルワンダは、2003年以来、女性議員の割合で世界一を維持しているが、それは大虐殺で大勢の男性が死亡したことや政府のイメージ戦略の結果であり、ルワンダ女性が自ら闘って獲得したわけでないという見方もある（アブゼイド 2019）。セネガルは、女性グループを中心とした市民活動から女性の政治参加が実現した、言わばボトムアップ式で女性議員の割合が増えたと言われる（SARR 2018）。ただし、セネガルにおいてもパリテ法成立当時の大統領アブドゥライ・ワッド氏の影響も大きく、政府の主導によるトップダウン的な要素もあった。ワッド大統領は、パリテ法成立の2010年、アフリカ諸国で初めて「奴隷制は人道に対する罪」であると法律で宣言し、フランスの植民地における奴隷貿易が廃止された4月27日[4]を祝日に定めるなど、人権や女性問題への意識が高いと言われる。現地では、あまり政治に詳しくないセネガル市民との会話でも「ワッド大統領は女性に優しいからね」としばしば話されていた。ここは両者の努力が上手く相乗して実現したと考えるのが妥当である。

　フランスでパリテが成立する過程においても市民グループの活動が貢献したことは、村上（2018）の「フランスの性別クオータ制『パリテ』に関する社会学的研究—女性たちの運動と差異のジレンマに焦点をあてて—」でも論じられ

ており、市民グループの運動がなければフランスでパリテが成立しなかった可能性も否定できないという。

　フランスでもセネガルでも、市民グループの運動がパリテの成立を後押ししたことは確かである。フランスのパリテ推進は政府主導で行われたと言われるが、市民の声を女男平等高等評議会に届ける媒介として「Elles aussi（エルゾシ、彼女たちも）」というアソシアシオン（association）が活動したことが知られている（内閣府 2018; 村上 2018）。

　セネガルには、村の地区単位の小グループから全国規模のグループまで、大小多くの市民グループ・女性グループが存在する。居住区をベースにした生活を守るためのグループや職業をベースにした経済活動を守るためのグループ（GIE = groupement d'intérêt économique：経済利益グループ）、教育や人権、女性・青年・子どもなど特定の活動や目的のために結成されたグループもある。生活に根差して地域住民から自然発生的に誕生したグループもあれば、行政や外部支援機関などの主導で結成されたグループもある。GIE は、会員名簿を居住地の裁判所に登録し、GPF（Groupement féminin：女性グループ）は名簿と団体規約を村役場に登録する。

　GIE、女性グループはどの地域にも存在する。イスラム教徒が多いセネガルは男女の棲み分けが見られるが、女性の識字率が下がる村落部では、情報源はラジオや口コミが多く、グループに所属することは情報弱者に陥らない対策にもなる（近年は、携帯電話やインターネット等通信手段の普及で情報源は増えつつある）。

　女性は、歴史的・文化的にグループを形成しやすい。アフリカの女性の間には、古くからトンチン（頼母子講）というインフォーマルな融資システムがある。これはグループメンバーで少額の資金を出し合いその資金を順番または希望により利用できるシステムで、セネガルのみならず北アフリカ・西アフリカ諸国で広く普及している（日本にもある）。資金の利用は、ビジネスだけでなく宝飾品の購入や教育資金にも利用でき、また担保も不要であるため、金融機関の融資システムよりも自由度が高く、活用する女性は多い。一般に、女性は男性に比べて融資の返済率が高いため、民間や支援機関のマイクロクレジットからの信用を得ているが、自由意思で形成されたグループ内の信用はそれよりもさらに厚く、またトンチンを繰り返すことでグループメンバー同士の信用が

ますます厚くなりグループの連帯が深まる。トンチンは、「銀行の手続きや融資の知識がない農村女性に好まれる」（JICA 2002）と言われるが、筆者の職場では首都在住の若い大卒女性たちも親しい友人女性のグループでトンチンを利用しており、地域や世代を超えて浸透している。

第8節　国際協力とセネガルの女性グループ

　2002 〜 2010年、筆者は、セネガルでJICA国際協力機構の社会・ジェンダー専門家として、政府開発支援（ODA）の複数のプロジェクトに携わった。当時、経済活動を主な活動目的とした女性グループは登録されているだけでも全国に6,800グループあり、会員数は1,046,000人に上った[5]。2002年のセネガルの生産年齢人口540万人の半分を女性と仮定すると、女性グループに加入する女性が非常に多いことがうかがえる。現地では市民グループ、特に女性グループと多く協働したほか、プロジェクトサイト以外の村を視察することも多く、多数の女性グループの現状を目の当たりにしてきた[6]。女性グループといっても、地域や活動目的、活動期間により、成熟度や実行力は大きく異なるが、グループ活動の成否にリーダーの資質が大きく影響していると観察された。生活インフラが十分に整備されず教育機関が小学校までしかないような地方の村落部であっても、読み書き計算やフランス語運用能力に長けたリーダーがいて、中には州都や首都で中等〜高等教育を修めた後地元に戻る女性リーダーや村議会議員を務める女性もいた。

　独立後のセネガルが内戦や政変がなく安定しており、そのことが政治分野への女性の参画に寄与していると述べたが、それは、政治以外の分野での女性の活躍や国際協力活動が安定的に進行できるという意味でもある。国際協力プロジェクトは、政府の方針やプロジェクト対象地域のニーズだけでなく、治安や自然環境、生活インフラなどによっても決定されるため、プロジェクトが実施しやすい国や地域というものも生じ、セネガルはそれに該当する。国連や複数の国の協力機関、アメリカ、フランス、カナダ、オランダ、スペイン、イタリア、日本などの海外支援や国内の行政や民間支援等、一年中セネガルのどこか

でプロジェクトが進行している印象がある。そのようなセネガルで行政や国際機関、国際・国内NGO等の支援機関と何年も協働してきた地域のリーダーたちは、その経験によってリーダーとしての資質をさらに高めている（小縣 2006）。

　国際協力において女性は、1970年代まで「保護・支援すべき存在」で受動的な立場であったが（「福祉アプローチ」「貧困アプローチ」）、1975年の国際婦人年、第1回世界女性会議（メキシコ）を契機に、女性を開発の担い手とする「公正アプローチ」「効率アプローチ」が主流となり、女性も積極的にプロジェクトに参加するようになった。その後1980年代以降、参加型開発・持続的発展の考えに伴って、女性の主体性を尊重する「エンパワーメントアプローチ」や人権としての平等概念に基づき男女の対等なパートナーシップを支援する「ジェンダー主流化アプローチ」が登場する。支援や配慮すべき対象が男女に拡大したことから、考え方もWID（Women in Development：開発における女性）からGAD（Gender and Development：開発とジェンダー）へと変化してきた（田中・大澤・伊藤 2001: 37）。

　開発プロジェクトが実施されやすく女性グループ活動が活発なセネガルでは、プロジェクトを通してさらにエンパワーメントされた女性グループや女性リーダーがパリテ・キャンペーンにも大いに貢献したと考えられる[7]。

第9節　パリテ・キャンペーンと女性グループ

　パリテ法成立当時、女性議員の躍進に貢献したのは、コーカス（Caucus：Caucus Parité Senegal：セネガルパリテ法党員集会）という女性団体である。コーカスは、2010年4月6日創立、女性政治家が政党を超越して持続可能な発展と男女平等を目的として立ち上げた女性団体である。

　2010年8月5日から2011年5月7日まで、UNDP（国連開発計画）の支援を得たコーカスは全国規模のパリテ啓発キャンペーンを展開した。全国キャンペーン開始前には、キャンペーン活動を効果的に行うための準備としてリーダー研修会を開催。セネガル全14州の女性リーダーを首都ダカールに招き、パリテ法の内容を理解し地方でのキャンペーンを遂行するための事前研修会を行っ

た。研修会では、各地でより良い議論が展開されるように各地域の社会的・文化的特性を配慮した行動計画が策定され、各地域でキャンペーンを遂行するための地元の実施チームが設立された。その後、2011年5月7日までキャンペーンチームがセネガル全土を巡り、地域住民の支持を得るために、各地でパンフレットの配布や歌や音楽、寸劇の実施でパリテへの理解を促し、地方では行政当局や政治的・宗教的・伝統的な指導者たちをキャンペーンイベントに招いた。また、国営テレビ・ラジオ局等のメディアを使って全国キャンペーンの広報を行うなどの手法で、女性の政治参加に対する啓発活動を行った。国営テレビではゴールデンタイムの放映に成功した。「パニエの誓い」活動を行い、女性たちが次々と意志を宣言した（パニエは、女性の腰巻型の民族衣装のことで、セネガル女性を象徴している）。

　全国放映のテレビから地元の村でのイベント開催まで、様々な手法で行われたパリテ推進キャンペーンであるが、実は、これらの手法はセネガルでは既に様々なプロジェクトを通して普及していた啓発手法で、目新しいものではない。しかし、目新しさこそないが効果は実証されていた。テレビやラジオは、チャンネル数や放映時間が限られているため、衛星放送が普及していない地域では高い視聴率が期待できる。また、テレビ視聴できない未電化の村落では、そもそも娯楽が少なく、キャンペーンチームの歌や音楽・寸劇は娯楽感覚のイベントとして集客効果が期待できるため、広報手段としては有効である。さらに、これらの手法が既に普及していたお蔭で、各地の女性リーダーはその実施方法に通じていた。目的やテーマは違っても、地域で歌や音楽イベントを行うために必要なこと、例えば地域での開催許可の申請方法や必要な場所や道具を確保する手段、人やお金が不足した場合に補う方法などは、既に多くのプロジェクトの中で経験しており、地方の女性グループにとって、パリテ・キャンペーンは難易度の低い活動である。担い手である女性たちの負担の大きさやグループ内の人間関係によって活動の成否が左右されることは、長年の女性グループとの協働で経験してきた。1年以上にわたる息の長いパリテ・キャンペーンの成功には、都市部のみならず村落部でも女性市民グループが成熟していたことも要因の一つであると思われる。

　その後も、コーカスはUNDPの支援を受け、2014年の地方選挙での女性候

補者の支援や訓練の実施や2019年の大統領選挙で最重要課題として「家族」問題を政策に取り上げるための広報や啓発活動を展開している。

第10節 ┃ 今後の課題

　開発の現場から見たセネガルは、政治が安定し国内外の支援プロジェクトを多く経験してきたという幸運な環境や女性市民グループの普及度・成熟度の高さも相まって女性の政治参画は進んだと言えるが、課題も残されている。

　1998年当時の国会における女性議員の割合は、12.8％（19／140人）、パリテ導入前の2009年は22％、パリテ導入後の2014年は42.7％（62／165人）に躍進した。ちなみに同年の地方議会における女性議員の割合は2009年の15.9％から47.2％に躍進している。しかし、詳細に見ると、パリテ法（男女交互の候補者名簿）を採用していない地域もある。セネガル国内のイスラム教の聖地Touba（トゥーバ）では、一部の宗教指導者たちの反対が強く、全国でただ一地域、パリテ法の採用に至らなかった。

　また、女性大臣の割合は1998年当時15.6％（32人中5人）であるが、2021年現在、18.7％（32人中6人）で、この20数年で1人増えただけである。

　地方選挙では、さらに状況は厳しくなる。国立パリテ監視所（L'observatoire national de la parité）によると、2014年に行われた地方選挙では、首都ダカール市長にソハム・エル・ワルディニ（Soham El Wardini）氏が、地方の大都市ポドール市長にアイサッタ・タール・サール（Aissata Tall Sall）氏の2人の女性が選出されたものの、全国557の自治体のうち女性首長が選出されたのは、たったの5自治体に過ぎず、まだまだ課題が多い。

　弁護士で政治家のElhadji Diouf氏のような政治指導者のほか、宗教運動家や知識人の一部は「パリテ法は平等の原則や実力主義に反しており、セネガルの文化・宗教にそぐわない」と主張している。また、セネガル在住経験もあるイギリスの作家でジャーナリストのAfua Hirsch氏は、セネガルのパリテを「たんに女性が当選しやすくなっただけで何も変わっていない」と述べている（Hirsch 2002, 2018）。

おわりに

　開発とジェンダーの流れでは、女性を開発の積極的な担い手としたWIDアプローチから男女を対象とし社会的弱者への配慮を深めたGADアプローチ、さらにジェンダー主流化アプローチへと変遷してきた。変遷の背景には、女性の積極的なプロジェクトへの参加を促したために、かえって女性の負担が増えてしまったという反省があった。家事や育児、水汲みや薪拾い（地域によっては、水汲みは一日の労働時間の大部分を占める重労働）の負担軽減のないままプロジェクトの担い手となることは、女性にとって大きな負担であった。

　セネガル女性の就業率は高く、地方の女性はとにかく忙しい。筆者が開発プロジェクトの現場で協働した女性グループの構成員は殆どが中高年であった。電気冷蔵庫も電気洗濯機も電子レンジもない未電化の村で、積極的に活動できる女性は限られている。子育てが終わり、水汲みや薪拾いなどの重労働を若手に譲り、市場が立つ日に買い物を任せられる家族やグループの活動日に炊事を任せられる家族（女性）がいないと、積極的な参加は難しいのである。

　政治参画についても同様で、女性議員や女性支援者を増やすためには、パリテ法やクオータ制などの法整備とともに、女性を取り巻く社会経済環境を整え、女性の家事・育児・介護・仕事の負担軽減を積極的に推進することが重要である。女性の政治参画は女性のためだけでなく、巡り巡って社会全体の幸福に繋がるからである。

注

(1) IPUのランキングは上院と下院を合計した割合なので、世界ジェンダー・ギャップ指数と異なる。日本の場合も衆議院と参議院を合計して増えている。
(2) JETROビジネス短信2021年3月23日号。
(3) リベリアでは、内戦終結への道筋をつけたのは、リーマ・ボウイーをリーダーとする女性市民グループによる平和大衆行動である。
(4) フランスによる奴隷貿易廃止は1848年4月27日。
(5) Ministère des affaires familials, socials et solidarités nationals

(6) 2002〜2005年のプロジェクト対象村18村と2007〜2010年の対象村4村のほか、調査や視察で約30村訪問している。

(7) 女性グループと言っても数名の男性メンバーが在籍することも多く、識字率が低い地方では、記帳や経理を担当する男性を「Gérant：マネージャー」として有償で雇うこともある。

参考文献・資料

アブゼイド，ラニア（2019）「大虐殺後に女性躍進、ルワンダで何が起きたのか」National Geographic日本版2019年11月号．

小縣早知子（2001）「アフリカの開発とジェンダー——モロッコ・モーリタニア・ギニアにおける開発とジェンダー事情から学ぶ—」『日本ジェンダー研究』4: 17-34.

小縣早知子（2006）「セネガルの村落開発計画とジェンダー問題」『日本ジェンダー研究』9: 29-43.

外務省国際協力局編「政府開発援助（ODA）国別データ集2020」．

Global note（2021）「世界の女性議員割合国別ランキング」．

国際協力機構（JICA）「国別WID情報整備調査1999」「同2007」．

JETROビジネス短信2021年3月23日号．

田中由美子・大沢真理・伊藤るり編著（2002）『開発とジェンダー：エンパワーメントの国際協力』国際協力出版会．

内閣府（2018）「諸外国における政治分野への女性の参画に関する調査研究報告書」．

内閣府（2019）「諸外国における政治分野への女性の参画に関する調査研究報告書」．

村上彩佳（2018）「フランスの性別クオータ制『パリテ』に関する社会学的研究—女性たちの運動と差異のジレンマに焦点をあてて—」大阪大学大学院人間科学研究科博士論文．

列国議会同盟（IPU）「議会における女性2017」「同2018」．

AFRO Barometer（2016）Briefing Paper No. 95, La gouvernance locale au Sénégal: Effet de la proximité de l'élu au Citoyen.

Causus Parité Sénégal（Facebook）.

Fatou, SOW SARR（2018）Loi sur la parité au Sénégal : une expérience « réussie » de luttes féminines.

International IDEA（2020）'Gender Quotas Database 2020'.

Ministère des affaires familials, socials et solidarités nationals HP.

UNDP（2019）'Elections 2019 - Quel Président pour la Famille Sénégalaise?', Programme du Caucus des Femmes Leader.

University of Florida, college of leberal arts and sciences, Trans-Saharan Elections Project, 'Gender quotas and representation Senegal'.

World Economic Forum（2021）Global Gender Gap Report 2021.

第IV部

日本への提言・
日本からの提言

第1章

子ども・若者ケアラー支援から考える ケアの政治
―ケアラーをめぐる政治の射程―

斎藤真緒

はじめに

　ここ数年で、「ヤングケアラー」という言葉を通じて、子ども・若者をめぐる「新しい」問題が注目を集めている。筆者は、2017年から、公益財団法人京都市ユースサービス協会の事業である「子ども・若者ケアラーの実態にかかわる事例検討会」に、発起人としてかかわり、この問題に取り組んできた。精神疾患を抱えるシングルマザーを支える子ども、仕事をしている親に代わって祖母の介護を引き受ける孫、きょうだいという立場から障害のある家族とかかわり続けていくこと、依存症の父親と息子の関係、難病の母親を小学校のころからケアし続ける娘など、検討会を通じて、子ども・若者が直面する実に多様なケアを目の当たりにしてきた[1]。本章では、子ども・若者が担っているケアの現状と、ケアラー支援という視点を手がかりとして、「ケアの政治」が目指すべき方向性を探ってみたい。

第1節　子ども・若者ケアラーの実態

1.1　なぜ「子ども・若者ケアラー」なのか

　「ケアラー」は、主にインフォーマルな家庭内でのケアの状況を、その担い手の立場から照射する際に用いられる言葉である。家族であるというアイデンティティの土台には、ありふれた日常生活の無限の積み重ねがある。「ケアラー」という言葉を導入することは、この、親しい間柄における日々の相互の関わり合いを、ケアという視点からとらえなおし、分節化させる営みである。当たり前のようにやってきた／やっていることを、ケアとして彫琢することで、これまで家庭という、外部からは見えづらい空間に幽閉されてきた特定の行為やそれに基づく関係性は、その意味づけのステージを一段階上げて、社会的背景とのかかわりの中で形成された、つまり他の家族にも通底する社会問題として、新しい輪郭を付与される。そして、ケアを担う人を照準することで、家庭の中で担っているケアが、社会の中でのポジションにどのような影響を及ぼしているのか、ひいては、これまでの来歴や未来への投企を含め、ケア以外の生活や人生設計にどのような影響を及ぼすのかを推察することを可能にする。「ケアラー」という新しい「窓」は、「誰かを『いなかったこと』にしないための、苦しみやかなしみを『なかったこと』にしないため」（惠 2020: 168）の糸口になる。

　政治やメディアでは、「ヤングケアラー」という言葉が流通している。この言葉には、法令上の定義は存在しないが、政府は、「本来大人が担うと想定されている家事や家族の世話などを日常的に行っている18歳未満の子ども」としている。18歳までという年齢による区分は、児童福祉法に基づく支援と連動している。しかし、宮本らが指摘するように、18歳以降は、社会保障制度の「陥没地帯」（宮本 2021、仲田・木村編 2021）となりやすく、進学や就職など、ライフスタイルも多様化するため、公的支援との接点が脆弱となる。筆者は、ケアラー本人の生活や人生設計全体への、長期的かつシームレスな支援の重要性を示すために、年齢で区切ることなく、あえて「子ども・若者ケアラ

ー」という連続的な言葉にこだわってきた。

1.2　本人調査の進展

　子ども・若者が担うケアは、生活スキルの獲得のために、誰もがやったほうがいいとされる「お手伝い」と地続き、すなわちグラデーションである（Joseph et al. 2020）。しかし、親・保護者らの見守りや支援があるかどうか、部活や友人と遊ぶ時間など、ほかの活動との両立が可能かどうか、そして何よりも「やらなくてもいい（家族が困らない）」という選択肢がどの程度保障されているかという点で、お手伝いとケアラーはその性質を異にする。

　日本では、2010年代から、学校の教職員や専門職、支援機関に対する比較的小規模な間接的な調査を通じて、子ども・若者ケアラーの実態把握が行われてきた。支援者というフィルターを通さない、本人に対する調査は、2016年の大阪での高校生調査（濱島・宮川 2018、濱島 2021）、次いで、全国の地方自治体で初めて「ケアラー支援条例」を制定した埼玉県での中高生調査がある。大阪の調査では、高校生の20人に1人（5.2%）が、そして埼玉県の調査では、25人に1人（4.1%）がケアラーであることが明らかになった。先行する実態調査の動きを受けて、厚生労働省も、2020年12月から中学生と高校生に対する全国調査に着手し、中学2年生の5.7%、全日制高校2年生の4.1%がヤングケアラーとして確認された。

　本人への調査結果を見ると、中学生高校生でのケアラーの発生率は5%前後となっており、先進国ではおおむね2〜8%という先行研究の指摘とも符合する（Joseph et al. 2020）。また、一連の実態調査では、子ども・若者がかかわっているケアの対象と内容の多様性も明らかになった。母親、父親、祖父母、きょうだい等、対象とケアの発生要因に応じて、主たるケアの内容も、家事、感情的ケア、買い物などの家庭管理、通院介助や医療的ケアなど、多岐にわたっている。小学生のころからケアにかかわっているケアラーや、ケアを理由とする不登校や退学など、学校との接点を失ってしまっているケアラーの存在も明らかになっており、さらなる実態把握が求められている。

　子ども・若者にとって、そもそも自分が生まれた家族は、選択できない、いわば運命である。全国調査では、ケア時間が長いケアラーほど「相談しても状

況が変わるとは思えない」「家族外の人に相談するような悩みではない」「家族のことのため話しにくい」「家族に対して偏見を持たれたくない」という回答も高くなっている。支援の必要性を感じると同時に、家族のことをどう第三者に話せばいいのかわからない、という葛藤がにじみ出ている。

1.3　子ども・若者期のケア―ライフコースの視点

　子ども・若者が担うケアをライフコースに沿って捉えて直してみると、ケア以外のさまざまなキャリアや対人関係、さらには成人への移行期固有の課題など、多様な生活場面を想定することができる（図1）。

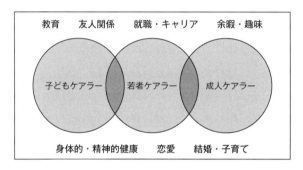

図1　ケアラーのライフコース

　成人ケアラーは、自身の教育・職業・家庭といったそれぞれのキャリアがある程度形成されたうえで、ケア役割を他の生活と調整することを迫られる。しかし、子ども・若者ケアラーは、自分自身の生活・人生にかかわる土台づくりの途上にあり、土台の構築それ自体がケア役割によって脆弱になる可能性がある。そのことによる、ケアラー自身の人生全体への影響は計り知れない。子ども・若者期のケアは、子ども・若者自身の日々の生活だけではなく、それが見えないボディーブローとなって、将来の人生設計や、夢を描く意欲そのものが削がれ萎縮してしまう可能性がある。とりわけ18歳以降、児童福祉政策の対象外となったとたん、生活の土台の脆弱性が一気に露呈する。他国に例を見ない高等教育費を中心とする経済的負担、さらにはケア責任と両立しやすい労働環境の未整備は、家族からのバックアップを十分受けることができない青年期

のケアラーにとって、大きな足枷となっている。

　ケアラーとの対話の中で筆者がよく出会う言葉は、「罪悪感」である。家族への負担にならないように、学費の高い私立の学校は選択しない、ケアと両立しやすい自宅から通いやすい学校だけを選択する、何かが起こった時にすぐにかけつけられるように、遠方での就職は選択しないなど、ケア役割を放棄して、自分自身の人生や可能性にチャレンジすることを躊躇させている現実がある。一人暮らしを選択してもなお、家族を気にかけ続けるように、かれらの人生の分岐点における選択には、つねにケア役割がつきまとっている。

　育児と介護との板挟み（サンドイッチケア）を示す言葉として、近年「ダブルケア」が注目を浴びている（相馬・山下 2020）。30代のダブルケアラーの73％は、「育児先行型」である。40代、50代となると、「育児先行型」が、84.1％、88.9％とその比率はさらに高くなる。妊娠・出産、おそらくそれに先行する恋愛や結婚といった人生のイベントは、自ら選択し計画することがある程度できるのに対して、介護はケアする側にとってはほとんど選択の余地がない。30代のダブルケアラーの2割が「介護先行型」で妊娠・出産・育児を選択しているが、こうした選択は極めてハードルが高いものであることが容易に想像できるだろう。

第2節　ケアラーとジェンダー

2.1　ジェンダー格差の縮小？

　ライフコースは、時代・社会・文化といった時空間上の位置の影響を受ける。従来のケア提供体制は、妻・母・嫁としての専業主婦の女性に家事・育児・介護を割り当てることで維持されてきた。表層的には、ケアラーにおける性差は縮小する傾向にある。例えば介護の分野に目を向けてみると、1998年に同居の主たる介護者の第1位を占めていた嫁（27.4％）は、夫・妻、娘・息子よりも下回っている（13.2％）（図2）。

　子ども・若者ケアラーの場合、性差はさらに縮小する傾向にある。埼玉県調査では、ケアラーの男女比は、女性58.9％に対して男性39.0％、さらに全国調

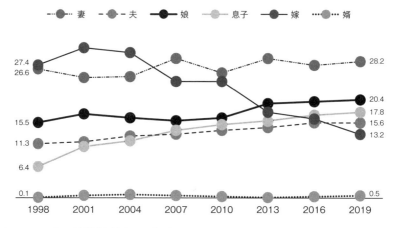

図2　同居の主たる介護者の続柄別推移

査では、男女による差がほとんどないに等しくなっている。しかし、量的な差異の縮小によって、ジェンダー格差が解消傾向にあると判断するのは、いささか性急であると思われる。実際に、男性きょうだいがいる女性の子ども・若者ケアラーが、女性であるがゆえに、引き受けるケアの種類や負担の度合いなど、より多くの役割を求められる事例は枚挙にいとまない。男きょうだいがいても、女性のほうが、ケア役割と親和的な進路選択を周囲から要請されることも多い。

2.2　ケアとジェンダー

　では、ライフステージの移行過程で、ケアとジェンダーはどのように関連しているのだろうか。

　今日では、多くの女性が労働市場に進出するようになったが、その働き方は、流動的で不安定な身分での非正規雇用が主流となっている。有償労働における急速な変化とは裏腹に、再生産にかかわる家事やケア分担のジェンダー平等に向けた変化のスピードは遅々としたままであり、その矛盾は結果的に女性に集中している。介護・看護を理由とする離職・転職を見てみると、2016年10月～2017年9月までの1年間で9万9,100人、うち75.8％は女性である。その

うち7割弱が50代までの離職・転職であり（図3）、男性と比べてライフコースのより早い段階でケア責任を引き受けることが依然として要請されている現実がある（平成29年度「就業構造基本調査」）。

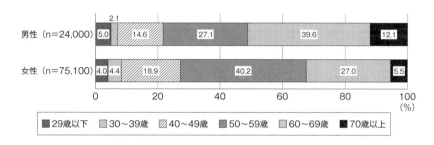

（備考）総務省「平成29年就業構造基本調」より作成。

図3　介護・看護を理由に離職・転職した人の年齢構成割合
（2016年10月～ 2017年9月に離職・転職した人）

　また、中年期（35 ～ 59歳）の非正規シングル女性の実態調査からは、子供の養育責任がない女性として、きょうだいや親自身から介護役割を期待され、自分自身の生活や人生設計がケアによって左右されやすい現状が示されている（公益財団法人横浜市男女共同参画推進協会・一般財団法人大阪市男女共同参画のまち創生協会・公立大学法人福岡女子大学野依智子 2016）。ケア責任ゆえに転職や離職を迫られる不安定な女性の働き方は、むしろ、ケア責任との両立による女性自身の「選択」という名目で、非正規雇用の不十分な身分保障に対する正当化の論理として用いられやすい。

　本稿では十分に検討することができないが、ケアサービスの市場化が進行する中で、身体的・精神的負荷が大きいにもかかわらず低賃金のままとなっている有償ケア労働に従事する圧倒的多数が女性であること、世界レベルに目を向ければ、ケアをめぐる国際労働力移動——グローバルケアチェーン——をめぐる問題が先鋭化していることも忘れてはならない。

2.3　新しい家族主義

　時代に規定されたライフコースを通じて、ジェンダー不平等がケアラーの生

活・人生設計に大きな影響を及ぼしていることは一目瞭然だろう。とりわけ現在の日本社会は、ケア責任を引き受けることによる社会的不利が、時間の経過とともに、軽減されることなく、むしろ累積してしまう。世代とジェンダーという変数からケアラーのライフコースを考えるならば、ケアを私的な責任に押しとどめ続けている社会のあり方こそが問われなければならない。この点で、箕輪が指摘する「新自由主義下における新しい家族主義」という視点は重要である（箕輪 2017）。新自由主義の進行は、夫の賃金に過度に依存した家族モデル（男性片働き―専業主婦モデル）から、教育費を含む生活維持のための「多就業化」という稼得にかかわるモデルチェンジを要請する。そしてこのことは、家庭内でのケアの供給体制にも直結する。新自由主義の下では、個人は何よりもまず、競争的自己であることを強要され、ケアは何よりもまずプライベートな問題――自助――とされる。誰かのために自分の時間と自分の体を差し出すことは、競争からの脱落を意味する。あるいは、自分以外の誰かのことに思いをはせることは、競争への心身の没頭を阻む「邪念」として一蹴される。新自由主義によって、ケアは何よりもまず「リスク」と化す。公的なケアサービスの縮小と、ケアの商品化によって、多くの人々が、適切なケアを受けられなくなるだけではなく、ケアを提供する能力すらはく奪される状況にさらされやすくなる（ケア・コレクティヴ 2021）。生存のための収入の確保と、断絶的に発生するケアニーズに対して、家族メンバーは、総動員で対処しなければならない。いまや家族は、メンバー数や状況にかかわらず、社会と個人の側、双方で発生するあらゆるリスクに臨機応変に対応する緩衝地帯としての役割を背負いこまされているのだ。

　しかし、こうした状況は、見方を変えれば、人間と社会の再生産にとって必要不可欠なケアの空洞化、すなわち「ケアの危機」でもある（フレイザー 2019; アルッザら 2020）。子ども・若者ケアラーにふりかかる様々な不利は、個別の家族事情を超えて、ケアの構造的軽視の問題として位置づけることによってこそ、その根本的な解決の道筋を示すことができるだろう。

第3節 ┃ 政治的アジェンダとしての子ども・若者ケアラー支援

3.1　子ども・若者ケアラー支援の争点は何か

　厚生労働省と文部科学省の共同プロジェクトチームは、一連の実態調査の結果を踏まえ、①ヤングケアラーの早期発見・把握、②福祉サービスの柔軟な運用の検討を含む支援策の充実、③社会的認知度の向上を主たる支援策として提示した。

　一連のヤングケアラー支援に向けた動きは、首相肝いりの「子ども庁」設置へと連動している。今後の国政選挙の争点の一つになることが予想されるが、保護・救済の対象としての「子ども」への支援は、政治的合意が得やすいという安易な政治的意図が透けて見える（藤原 2017）。子どもと大人の意図的な二分法は、社会保障における高齢者と子どもという安易な世代間の対立構図を正当化する可能性があるため、どのようにこの問題が提起・具体化されていくか、注意を払う必要があるだろう。

　現在の支援策は、すでに固定化してしまった子ども・若者が担うケア役割の「軽減」に焦点が当てられていることに特徴がある。その典型が、ネグレクトを視野に入れた要保護児童対策地域協議会の体制強化や、ひとり親家庭などをターゲットとする家事サービスの普及であろう。事後的な「火消し」は、そもそもケア責任が家庭に押し付けられている現状そのものの改革にはつながらない。子ども・若者ケアラーをめぐる問題の根源は、子ども・若者にケアを担わせている個別家族にはない。「ケアの政治」は、家族ですら、所得の確保やケアニーズへの対処のために子ども・若者をマンパワーとして位置づけざるを得ないような働き方やケアを取り巻く社会状況こそを問わなければならない（Tronto 2013）。

3.2　政治的アジェンダとしてのケアラー支援

　子ども・若者ケアラー支援を具体化するための「ケアの政治」はどのようにあるべきなのだろうか。筆者はかねてから、子ども・若者ケアラー支援につい

て、＜子ども・若者＞支援と＜ケアラー＞支援という、2つの要素に分節化しつつ統合的にとらえていく視点の重要性を強調してきた（斎藤 2019）。つまり、子ども・若者期の「固有性」を強調するだけでは不十分であり、意図的な断絶は、成人ケアラーの自己責任規範を強化しかねない。育児や介護のみならず、がんや生活習慣病といった慢性疾患の増加、うつ病や統合失調症といった精神疾患の増加、長期化しやすい不妊治療など、ケアをめぐる状況を踏まえれば、ケアは老若男女問わず、他人事では片づけられないはずだ。ケアは、「他者（the Other）」、私が知らない誰かの問題ではない、私たち自身の生活、人生の問題なのだ。子ども・若者ケアラー支援が、＜ケアラー＞全体に対する包括的な支援と接続される必要性はここにある。

　ケアラー支援の基本的な考え方は、ケアラーには、ケアを必要とする人のニーズとは異なる、独自のニーズがあるというものである。ケアを担う人は、ケアにかかわる身体的・精神的な負担に加えて、経済活動を含む社会生活において、時間の使い方や生活圏域が利他的なものにならざるを得ないために、ケア役割を全く担っていない人と比較して、圧倒的に脆弱な立場に置かれる。ケアにかかわるフェミニズムの研究では、人間の生老病死にまつわる、避けることができない「一次的依存」に対して、ケアを担うことによって生じる社会的な脆弱性を「二次的依存」という区分を重視している（キテイ 2010）。

　日本は、家族を同質的集団として捉え、家族のための自己犠牲を美徳とする考え方が依然として根強い。しかし本来、ケアを要する人のニーズと、ケアラー自身のニーズは、必ずしも一致するとは限らず、二者間、あるいはその他の家族構成員を含めた複数のニーズの調整が極めて重要となる。ケアを担うことによる社会的脆弱性を前提として、ケア役割によって自らの諸資源を枯渇させないような支援が求められている。これこそが、ケアラーが社会的な支援の対象となる根拠である（斎藤 2011）。

　たとえば介護保険制度は、間接的にはケアラー支援として機能することはありうる（身体介護の代替やレスパイト）が、ケアラーであることに起因する社会的脆弱性の総体を対象とし支援するものではない。介護サービスを利用することによる物理的負担の軽減や、ケアから解放される時間の確保は、ケアラー自身の精神的な余裕を生み出すが、ケアにまつわる不安や悩み、ケアラー自身

の人生設計をふまえた、生活のより良いバランスのための支援を目的としていないために、ケアラーにとっては部分的・断片的な支援とならざるをえない。全国で最も早く制定された埼玉県の「ケアラー支援条例」（2020年3月）では、「ケアラーの支援は、全てのケアラーが個人として尊重され、健康で文化的な生活を営むことができるように行われなければならない」（第3条1項）という基本理念が提唱されている。

3.3　イギリスにおけるケアラー支援

　ちなみに、ケアラー支援先進国イギリスでは、高齢者、身体障がい者、知的障がい者、精神障がい者に次いで，コミュニティ・ケア・サービスの第5の利用者グループとして初めてケアラーを位置づける考え方が1990年代に登場する（Audit Commission 1992）。こうした考え方が、1995年のケアラー（認定およびサービス）法の制定に結実する。それによって、要介護者とは別に，ケアラー自身が独自にアセスメントを受ける権利が承認された。その後、ブレア政権の下では、包括的なケアラー支援として『ケアラー全国戦略』（1999年）が作成された。この戦略で示されたのは、ケアラーへの支援が、ケアを必要とする人々を支援するための「最良の方法」であるという考え方である。

　イギリスのケアラー支援の起点には、「ケアラー・ニーズ・アセスメント」がある。要介護者が望まない場合でも、ケアラーには、独自にアセスメントを受ける権利がある。ケア責任を引き受けることを，「自己選択」「自己責任」として過酷な介護の現実を放置せず、仕事や余暇活動など、ケア以外の生活とのバランスを追求することを目指す。ケアを要する人とケアラーとは異なるニーズを持ちうることを前提として、第三者を介してその調整を行うことで、ケアへのかかわりの濃淡を承認し、両者に対する多様な選択を保障するものである（斎藤 2010）。2014年子供と家族に関する法律では、18歳未満のケアラーにもアセスメント請求権が認められている。

　イギリスのケアラー支援の展開の社会的原動力のひとつとして、ケアラーの組織化があったことを忘れてはならない。イギリスのケアラー運動は、1963年の「単身女性および彼女らの依存者のための全国委員会」に端を発する。性別役割分業が前提となっていた当時の社会において、この委員会は、稼得役割

とケア役割の板挟みにあうシングル女性ケアラーの社会的脆弱性を訴えた。離職した女性に対する年金保険料の納付猶予の導入（1967年）ののちに、障害者ケア手当（Invalid Care Allowance）が導入される（1976年）。ケアラー向けの手当の対象が、既婚女性、さらにはすべての女性へと拡充されるなかで、ケアを担うことそれ自体の脆弱性に対する社会的な共通理解が形成されていった。

3.4　「ケアの政治」の方向性—ジェンダー平等との接続—

　ケアラー支援が政治的なアジェンダとして位置づけられる際、ケアラーがいかにケア役割を継続し続けることができるか、大きすぎる負担の軽減に争点が矮小化されがちである。しかし前述したように、「ケアの政治」では、何よりもまず、社会のメインステージである経済や政治がなぜケアレスなままなのかということ、いかに経済や政治が、ケアを第三者に押しつけること――「特権化された無責任（privileged irresponsibility）」（Tronto 1993）――によって成立しているか、ということが問われなければならない。現在、他の地方自治体レベルでも、「ケアラー支援条例」を制定する動きが広がりつつあるが、ケアラーの問題を家庭内の問題として「個人化」させ続けるのか、働き方や政治の問題へときちんと接続するのか、どちらのベクトルを基軸にするかによって、その政治的効果は大きく異なるだろう。

　ケアに無責任なままでいられる現在の政治のあり方は、議会に子どもを連れてきた女性議員を恫喝し、「政治」の「神聖性」を説く政治家たちの心性に、典型的に表れている。パリテ制度が、単に「量」の問題ではなく、政治という権力の中枢における「男性的な心性と習慣に浸透する質的変化」を要求するものであるとすれば（シャンペイユ＝デスプラ 2017）、ケアレスな政治の変革、すなわち私的なものとしてのケアの封じ込めへの抵抗の一歩として、ジェンダー平等の視点がケアの政治にもたらす影響は決して少なくないだろう。

おわりに

　コロナ危機は、命を守るケア労働のかけがえのなさを再認識させると同時

に、こうした労働に従事する人々の社会的処遇の問題を露呈させる結果となった。新たなケアの発生、若い世代・子育て世代を中心とする非正規雇用者の失業、家庭内でのケア負担の増大、適切なケアを受けられずに放置される人々の増加など、日本社会が抱えるケアと労働をめぐる矛盾が一気に露呈している。政治への不信がこれまでになく高まっている日本において、「ケアの欠如を正す」政治（ケア・コレクティヴ 2021）をどのように構想できるだろうか。政治的アジェンダとしてのケアラー支援は、ケアレスからケアフルな政治への転換の成否を問うひとつの試金石になるだろう。

付記

　本研究はJSPS科研費20K02172「家族責任規範の構築・脱構築―多様化するケアラー支援のためのメタ分析―」の助成を受けたものである。

注

(1)　事例検討会で報告・共有された当事者の経験の詳細については、斎藤・濱島・松本・京都市ユースサービス協会編（近刊）を参照のこと。

参考文献・資料

アルッザ, シンジア／ティティ・バタチャーリャ／ナンシー・フレイザー（2020）『99％のためのフェミニズム宣言』惠愛由訳, 人文書院

キテイ, エヴァ・フェダー（2010）『愛の労働あるいは依存とケアの正義論』岡野八代・牟田和恵訳, 白澤社.

ケア, コレクティヴ（2021）『ケア宣言：相互依存の政治へ』岡野八代・冨岡薫・武田宏子訳・解説, 大月書店.

斎藤真緒（2010）「介護者支援の論理とダイナミズム―ケアとジェンダーの新たな射程」『立命館産業社会論集』46(1): 155-171.

斎藤真緒（2019）「『子ども・若者ケアラー』支援のための予備的考察―〈ケアラー〉支援と〈子ども・若者〉支援との接合―」『立命館産業社会論集』55(2): 35-50.

斎藤真緒・濱島淑恵・松本理沙・京都市ユースサービス協会編（近刊）『子ども・若者ケアラーの声からはじまる：ヤングケアラー支援の課題』クリエイツかもがわ.

澁谷智子（2018）『ヤングケアラー：介護を担う子ども・若者の現実』中公新書.

シャンペイユ＝デスプラ, ヴェロニック（2017）「憲法学からみたパリテ―平等原則の実施か、それとも破壊か―」『比較法雑誌』51(1): 1-36.

相馬直子・山下順子（2020）『ひとりでやらない育児・介護のダブルケア』ポプラ新書.

トロント，ジョアン・C／岡野八代（2020）『ケアをするのは誰か？：新しい民主主義のかたちへ』白澤社.

仲田海人・木村諭志編（2021）『ヤングでは終わらないヤングケアラー：きょうだいヤングケアラーのライフステージと葛藤』クリエイツかもがわ.

濱島淑惠（2021）『子ども介護者：ヤングケアラーの現実と社会の壁』角川書店.

濱島淑惠・宮川雅充（2018）「高校におけるヤングケアラーの割合とケアの状況―大阪府下の公立高校の生徒を対象とした質問紙調査の結果より―」『厚生の指標』65（2）: 22-29.

藤原千沙（2017）「新自由主義への抵抗軸としての反貧困とフェミニズム」松本伊智朗編『「子どもの貧困」を問いなおす：家族・ジェンダーの視点から』法律文化社, 35-56頁.

フレイザー，ナンシー（2019）「資本主義におけるケアの危機」菊池夏野訳・解説『早稲田文学』2019年冬号.

三菱UFJリサーチ＆コンサルティング（2021）『ヤングケアラーの実態に関する調査研究報告書』.

蓑輪明子（2017）「新自由主義下における日本型生活構造と家族依存の変容」松本伊智朗編『「子どもの貧困」を問いなおす：家族・ジェンダーの視点から』法律文化社, 99-119頁.

宮本みち子（2021）「若者問題とは何か」宮本みち子・佐藤洋作・宮本太郎編『アンダークラス化する若者たち：生活保障をどう立て直すか』明石書店, 13-37頁.

惠愛由（2020）「訳者あとがき」シンジア・アルッザ／ティティ・バタチャーリャ／ナンシー・フレイザー『99％のためのフェミニズム宣言』惠愛由訳, 人文書院.

公益財団法人横浜市男女共同参画推進協会・一般財団法人大阪市男女共同参画のまち創生協会・公立大学法人福岡女子大学野依智子（2016）『非正規職シングル女性の社会的支援に向けたニーズ調査報告書』.

Audit Commission（1992）*The Community Revolution: Personal Social Services and Community Care*, HMSO.

Joseph, Stephan, Joe Sempik, Agnes Leu, Saul Becker（2020）Young Carers Research, Practice and Policy: An Overview and Critical Perspective on Possible Future Directions, *Adolescent Research Review*, 5: 7-89.

Tronto, Joan Clair.（1993）*Moral boundaries: A political argument for an ethic of care*, New York, NY, and London: Routledge.

Tronto, Joan Clair.（2013）*Caring Democracy: Markets, Equality, and Justice*, New York University Press.

第2章

若者の政治参画の現状と課題
―主権者教育の広がりと「学校内民主主義」の必要性―

西尾亜希子

はじめに

　「投票率の低下は全世界的なトレンド」（日本学術会議 2020）であり、若者の投票率の低さもまた世界的なトレンドである。経済協力開発機構加盟国（以下、「OECD」という）によれば、1990年代前半から2020年代後半の約30年間で、議会選挙の投票率はOECD平均で75%から65%に低下している（OECD 2019）。また、OECDの壮年層（25から50歳）の投票率と若年層（18から24歳）の投票率を比較すると、韓国を除き、すべての国で若年層の投票率は低く、OECD平均で16ポイント低い（OECD 2016）。

　しかし、民主主義国家で市民[1]の投票率の低下傾向が続けば、市民が直接、あるいは多数の市民から選出された代表を通じて権限を行使し、市民としての義務を遂行するという統治形態が危ぶまれる。同時に、少子高齢化が進行する状況においては、通常、有権者に占める高齢層の比率が高まる。その上、高齢層の投票率は若年層に比べて高い傾向があるため、高齢層の政治への影響力がいっそう強まる「シルバー民主主義」[2]も懸念される。

　日本は、そのような懸念や1994年に批准した子どもの権利条約が18歳未満を子どもと位置づけていることもあり、2015年6月に「公職選挙法等の一部を改正する法律」（平成27年法律第43号）の成立により、選挙権年齢を満20歳

以上から満18歳以上に引き下げた⑶。しかし、総務省によると、それ以降に実施された国政選挙における10代の投票率は、2016年の第24回参議院議員通常選挙で46.78%、2017年の第48回衆議院議員総選挙で40.49%、2019年の第25回参議院議員通常選挙で32.28%と低下傾向にある。また、20代の投票率も少なくとも1969年以降50年以上、どの年代よりも低く留まっており、よほど若者の関心を引くような政策的争点や、教育的な働きかけなどがなければ、若年層の低い投票率は将来的にも固定化することが予測される。

　このような状況において、若年層の投票率が向上し、若者の政治参画を促す教育として期待されているのが、主権者教育である。高等学校では2017年より「公民科」や「特別活動」の中で実施されており、2017年から2019年にかけて公示された学習指導要領（以下、「新学習指導要領」という）のもと、2020年に小学校、2021年に中学校、2022年に高等学校（共通必履修科目「公共」を新設）と広がりつつある（主権者教育推進会議 2021）。

　主権者教育は緒に就いたばかりであり、今後の展開が期待される一方で、児童生徒が主体的に、主権者として必要な資質や能力を身に付けていくためには、教員こそ、主体的に、まずは学校内を民主化すること（以下、「学校内民主主義⑷」という）の必要性に気づき、教育改革に取り組むことが不可欠である。本章では、主権者教育を概観した後、なぜ主権者教育と教員による学校内民主主義が同時に実施されなければならないのか、日本が民主主義国家である観点からその理由を論じ、最後に学校内民主主義に関わる画期的な動きを紹介する。

第1節　主権者教育の概要

1.1　主権者教育推進の背景とその内容

　2009年、政府の教育再生懇談会のもとに設置された「主権者教育ワーキンググループ（篠原文也主査）」によって、望ましい主権者教育のあり方についての議論が開始された。それ以降、今日に至るまで、主権者教育のあり方をめぐっては多くの議論がかわされている（例えば、常時啓発事業のあり方等研究

会 2011; 総務省 2017; 日本学術会議 政治学委員会 政治過程分科会 2020; 主権者教育推進会議 2021)。その背景には、冒頭で述べた通り、公職選挙法等の改正により、(1) 選挙権年齢が満18歳に引き下げられたこと、(2) 2022年より民法に規定する成年年齢が満18歳へと引き下げられること、(3) そのような変化に伴う新学習指導要領のもとで、主権者としての資質や能力を初等教育段階から身に付けることが重要と考えられていることがある(主権者教育推進会議 2021)。

　主権者教育においては、「国や社会の問題を自分の問題として捉え、自ら考え、自ら判断し、行動していく新しい主権者像が求められている」(常時啓発事業のあり方等研究会 2011: 5)。また、主権者教育の大きな特徴として、文部科学省通知(文部科学省 2015)に確認されるように、政治や選挙に関する知識の提供にとどまらず、現実の具体的な政治的事象も取り扱うことによって、生徒自らが考え、判断、行動できる教育を実施することを求めていることがある。文部省通知(文部省1969年)が、1960年代以降の大学紛争の影響もあり、高等学校の生徒らによる授業妨害や学校封鎖などが発生していた状況を踏まえて、授業における現実の具体的な政治的事象の取扱いについては慎重を期さなければならないという指導上の留意事項を示していたことを考えると[5]、180度の転換のようにみえる。日本の主権者教育がこの転換に踏み切った背景には、イギリスが2002年に中等教育のカリキュラムに導入したシティズンシップ教育をモデルにしており、そのモデルを方向づけた1998年のクリック・レポート(The Crick Report)が、「学校における政治教育の鍵は『争点を知る』ことにあるとし」(常時啓発事業のあり方等研究会 2011: 4)ていることにある。同様に、1976年にドイツの政治学者らによってまとめられたボイテルスバッハ・コンセンサス(Beutelsbacher Konsens)における政治教育の3原則のうちのひとつである「学問と政治の世界において議論があることは，授業においても議論があることとして扱わなければならない」(近藤 2011)に則っているものと考えられる[6]。

　2015年には、総務省と文部科学省の共同で開発された副教材『私たちが拓く日本の未来』が全国のすべての高校生に配布され、主権者教育が実施されてきた。具体的な指導内容としては、「公職選挙法や選挙の具体的取り組み」「現

実の政治的事象についての話し合い活動」の他、「模擬選挙等の実践的な学習活動」などが取り上げられている（文部科学省 2020a）。

1.2　主権者教育の課題

　主権者教育はまだ始まって間がなく、指導内容や方法については試行錯誤があるのが現状であり、「課題」として取り上げることには慎重であらねばならない。ただし、教科書用図書の検定基準や検定審査要項の改定ならびに教科書用図書の採択に対する政府などによる過度な介入については懸念される。また、教員が過度に政治的中立性を意識したり、どの程度特定の見解を取り上げてよいのか困惑したりするなどのケースが見受けられ（主権者教育推進会議 2021）、その調整も労を要するであろう。さらに、大学・短大進学率が年々上昇し、2020年度には58.6％に達する中で（文部科学省 2020c）、例えば進学校や進学コースを設ける学校において、教員は実際にどれだけの内容を、どれだけ時間をかけて指導できるか、また指導するつもりがあるかなどの課題は今後も残り続けるだろう。

第2節　主権者教育と教員による「学校内民主主義化」が同時に実施される必要性

　国政選挙や地方選挙における投票率の低下に歯止めがかからない中で、主権者教育が必要なことは間違いない。しかし、教員が生徒指導の名のもとで学校内治外法権を手放さず、市民感覚を欠如したまま、主権者教育によって児童生徒の国や社会の問題を自分の問題として捉え、自ら考え、自ら判断し、行動していく力を育てようとすることは大きな矛盾をはらんでいる。実際に、日本の学校の異常さを指摘する専門家は多い。

　哲学者の苫野一徳は、「無言清掃」や「無言給食」など学校でしか通用しない、社会から見れば異様な決まりがあまりにも多すぎることを指摘する（苫野 2019）。そして「何より問題なのは、そのルールを、子どもたち自身が自分たちで変えたりつくったりする機会が、あまり保障されていないということ」（同上: 23）だとして、学校と若者の政治的関心の弱さについて以下のように

関連付ける。

> よく、若者は政治に興味がないとか、投票に行かないとか言われます。でもその責任は、実は多くの場合、学校にあるのではないかとわたしは思います。学校は変えられる、自分たちでつくっていける。そんな感覚を、多くの子どもたちは持てずに学校生活を送っているのではないでしょうか。そんな彼ら彼女らが、社会は変えられる、自分たちでつくっていけるなんて思えないのは、当然のことです。(同上: 24-25)

　いじめ研究の第一人者である内藤朝雄も、いじめを生む学校環境を問題視し、「人道に反する『学校らしさ』」(内藤 2009: 26)が蔓延していることが問題だと述べる。「現行の学校制度は、若い人たちに、(学級制度という)密閉空間で一日中、ベタベタしながら共同生活をおくることを強いる。この学校共同体制度のもとで、人間の尊厳を踏みにじる群生秩序が蔓延する」(同上: 198、カッコ内は西尾による)ためである。その上で、学校制度を変えるための短期的政策として、学校の法化と学級制度の廃止を提案する。具体的には、暴力系のいじめに対しては、加害者が生徒であろうと、教員であろうと、「学校内治外法権(聖域としての無法特権)」を廃し、「通常の市民社会と同じ基準で、法にゆだねる。(中略)(悪口、しかと、くすくす笑いなどの)コミュニケーション操作系のいじめに対しては学級制度を廃止する」(同上: 199、カッコ内は西尾による)ことを主張する。内藤は、学校内治外法権によって、被害者に「泣き寝入り」状態を日常的に体験させることは、市民的な現実感覚を破壊させる一方、法によって加害者が処罰されることを知る経験は、普遍的な正義が法によって守られていることを学習させる市民教育として効果があるという(同上)。
　さらに、社会科教師として中高一貫校で勤務しつつ、弁護士として各地の学校のスクールロイヤーを担当する神内聡は、現行の教育制度において、公立小中学校では例外なく停学や退学が認められていないことに注目する(神内 2020)[7]。いじめの被害者が転校するケースが、加害者が転校するケースよりもはるかに多い状況はどう考えても異常だからである。「停学や退学を禁止する現行の日本の教育制度はいじめの適切な解決を図る観点からは有害でしかな

く、子どもの人権に配慮した制度として何ら機能していない」（同上: 68）とし、いじめの加害者の停学をまずは認めることを主張する。

　神内はさらに日本の学校にはびこる理不尽な校則、いわゆる「ブラック校則」についても、弁護士の立場から是正を求める。「地毛が黒でない者の髪を黒に染色することは傷害罪に該当する可能性があり、それを強要するのは強要罪であり、犯罪である。（中略）教師が下着の色を確認することは明らかなセクシャル・ハラスメントに該当し、違法であるし、（中略）強制わいせつ罪すら成立する可能性がある」（同上: 68）という。また、日焼け止め使用の禁止、白いマスク着用の強要についても、法的見地から問題視する。

　神内は、このような行き過ぎた統制を児童生徒に課す背景に「メールやSNSで教師と児童生徒が連絡すること自体が道徳的に問題」と捉えるなど、教育関係者特有の道徳観があることや、多くの子どもの対応や生徒指導などの教員の負担が大きく、画一的なルールで統制する方が効率的なことがあるのではないかとする（同上）。しかし、波多野・稲垣（2020）は、セリグマンの学習性無力感に触れながら、このような状況において効率を追求しすぎると、学習者の効力感の喪失や意欲の低下を招くため、結局は教育の効果が上がらなくなることを指摘し、行き過ぎた統制に警鐘を鳴らす。

2.2　理不尽な校則と行き過ぎた指導の歴史的経緯

　それにしても、なぜ学校はこれほどまでに市民感覚が欠如し、治外法権化しているのだろうか。例えば校則の法的根拠について見てみると「実は、学校が校則を制定できると明記している法律はない」（神内 2020: 123）。フランスの市民教育カリキュラム史が専門の大津尚志も、「中学校や高校が校則を定めなければならないという明文による法的根拠は、明治時代から今日に至るまで存在しない。戦前から『生徒心得』が定められることはあったが、その形態はさまざまであり、統一された形式でないことは今日まで至っている」（大津 2021: i）とし、「校則はあくまで『校則』とカッコつきで表記するべきとも思われる」（同上）と結論づける。

　もっとも、学校側としては、前述の教員の指導上の負担の大きさの他にも、児童生徒を効率よく管理したいと考える歴史的経緯がある。大津（2021）によ

れば、1880年代からは、特に中学校や師範学校で学校紛擾（学校騒動）が起きたり、同盟休校（ストライキ）が起こるようになった。そのため、文部省が1893年および1894年に訓令を立て続けに出し、「校長・教員の排斥や同盟休校に対して、『師を尊ぶのは当然』ということから厳しい処分で臨むこと」（同上: 16）を表明したという。

戦後の1947年には教育基本法が制定され、性別による教育機会の差別を禁じたことから、旧制中学校と高等女学校は男女共学の高校となるなど、教育における民主主義は進んだように見える。しかし、大津は「『民主主義』が強調された時代ではあるが、生徒の意見を取り入れて規則をつくるという動きはまずない。やはり『心得』は学校や教員がつくるものだった」（大津 2021: 25-27）と述べ、児童生徒にとって校則はアンタッチャブルな領域だったことを指摘する。さらに、前述したように1960年後半以降は大学紛争の影響もあり、高等学校の生徒らによる授業妨害や学校封鎖などが頻発した。そのため、「取り締まり」であるかのような生活指導や生徒管理が行われるようになる。そして、その際の基準として用いられるようになったのが校則だという（同上: 31）。取り締まりであるかのような生活指導や生徒管理とは、前述したような理不尽な校則や行き過ぎた指導など、市民社会では犯罪と見なされるようなものも含む。

2.3　教員による「学校内民主主義」の必要性

文部科学省は、主権者教育の中で、積極的に具体的な政治事象を扱うことを通じて、生徒自ら考え、判断、行動できる教育を実施することを求めている。そのような観点から学校環境の改善を考えれば、いじめや校則など児童生徒にとって、具体的で身近な事象を児童会や生徒会などで扱うことを通じて、改善方法について児童生徒らに考え、判断させることは、大きな意義がある。自らの力で学校が変わるという実感を持たせることができれば、自らの一票で社会を変えられるかもしれないという期待を抱かせるだろう[8]。児童生徒の自己効力感を高めるという意味でも有効である。

しかし、前述したように、教員が治外法権を手放さず、市民感覚を欠如させたまま、主権者教育によって児童生徒の市民感覚や主権者としての資質を育も

うとすることは矛盾をはらんでいる。教員が子どもの人権を無視し、学校の外であれば犯罪と見なされかねない行為を「決まり」や「指導」という名のもとで行ったり、正さずに沈黙したりすることは、治外法権化した学校文化の中で市民感覚を失っている証である。

　ただし、このような問題が常態化している背景には、教員を追い込む過酷な労働環境があることも忘れてはならない。OECDが2018年に実施した調査によると、日本の小中学校教員の一週間当たりの平均勤務時間は約54時間で、OECD平均の約38時間と比較して圧倒的に長く、調査に参加した48か国の中で最も長い。また、事務的業務の多さや保護者対応によってストレスを感じている教員の割合も最も大きい（文部科学省 2020b）。学校内民主主義を進めるためには、教員に対する子どもの権利条約の周知を含む人権教育と、教員の労働環境の改善の両方が不可欠である。

第3節　「学校内民主主義」の推進に向けて

3.1　日本若者協議会の動き

　2021年1月、日本若者協議会が学校内民主主義に関する提言を文部科学省に行い、その中で「校則の改正プロセス明文化」「学校運営への生徒参加」など9点を要望したことが、メディアで大きく取り上げられた(9)。今後の活動がどの程度教育界に影響を与えるのか注目される。

　同団体は2015年11月に若者の声を政治に反映させることをめざして設立された若者団体で、具体的には若者の声を社会（各政党、政府、自治体）へ届けるための窓口として機能している。事業内容は、若者（39歳以下）の意見を集約、政党・政府に対して政策提言や、若者の政治参加、教育、労働、社会保障、ジェンダー、環境・SDGsの政策委員会を設置することである。これまで「LGBT理解増進法にLGBTの差別的取扱いの禁止を明記することを求める緊急提言」や「若者の政治参加推進基本法」の要望書の提出など数々の政策提言を行ってきており（以上、日本若者協議会）、その実行力は、目を見張るものがある。

3.2　文部科学省や教育委員会などの動き

　昨今、全国の教育委員会、学校、政党などのさまざまな主体が、校則の改正に向けて活発に議論をかわしている。2021年6月には文部科学省が、全国の教育委員会などに対し、異例の「校則の見直し等に関する取組事例」を通知した（文部科学省 2021）。その中で、各地の取り組み事例として、校則について生徒が協議し、校則を改正した例や、改正手続きを明文化するよう求めた例が挙げられている。特に、前述したように、これまで児童会や生徒会で学校に関する規則について生徒を交えてあまり議論されてこなかった経緯を考えると、校則について生徒が協議して校則を改正しやすくなりつつあることは、大きな前進といえる。ただし、地方行政の組織及び運営に関する法律において、校則の見直しはあくまで「各校の校長の判断」とされているため、学校間格差が生じることは否めないだろう。

おわりに

　本章では、若者の政治参画を推進する上で期待のかかる主権者教育を概観し、その効果を最大限にするために不可欠な教員による学校内民主化の重要性について論じてきた。

　主権者教育は若者の政治参画を推進するための切り札ではあるが、それのみでは十分ではないことはすでに述べてきたとおりである。かつて、ドイツ初の民主的な選挙により選出され、ドイツ（ワイマール共和政）の初代大統領を務めたフリードリヒ・エーベルトは、「民主主義には民主主義者が必要だ」と述べた。若者の政治参画を促すためには、まず教員が学校内で市民としての感覚を研ぎ澄まし、学校内民主主義を推し進めることである。児童生徒が学校の内外に矛盾なく民主主義が浸透していることを実感できれば、市民感覚を身に付けやすくなり、主権者としての自覚も持ちやすくなることは間違いない。自己効力感も高まるだろう。

　同時に、学校が主権者教育をどの程度国や行政の介入を避けつつ民主主義の

観点から推し進めることができるのか、その行方を注視していく必要がある。

注

(1)　ここでいう市民とは、民主主義社会の構成員で政治参加の主体となる人のことを
　　　さす。

(2)　経済学者の八代尚宏は、「個人にとって、長生きすることは望ましいことである」
　　　としながらも、人口に占める高齢者の比率が高まると「年金・医療・介護などの
　　　社会保障給付が増大し、税や社会保険料が高まるなど、社会にとっては大きな負
　　　担となる」（八代 2016: iii）と述べる。

(3)　イギリスで1969年、ドイツで1970年、アメリカで1971年、フランスで1974年
　　　に、それぞれ21歳から18歳に引き下げている。詳細については那須（2015）を
　　　参照。

(4)　学校内民主主義については、後述の日本若者協議会が積極的に活動している。

(5)　第2次世界大戦直後からの政治的社会化の経緯については次章の上杉論文が詳し
　　　い。

(6)　このような動きは日本に限られたものではない。イギリスの他、アメリカ、カナ
　　　ダ、ドイツ、スウェーデンなど多くの国々においても、早くから政治教育が行わ
　　　れている（詳細については、常時啓発事業のあり方等研究会 2011参照）。

(7)　停学については公立小中学校だけでなく、私立中学校であっても例外なくできな
　　　いという。一方で、日本には停学に似た「出席停止制度」があるが、「出席停止
　　　はあくまでも教育委員会の判断で保護者に命じるものであり、学校の判断で児童
　　　生徒に対して登校を一時的に禁止する停学とは似て非なるものだ」（神内 2020:
　　　67）と述べ、停学制度の導入の必要性を唱える。

(8)　ただし、「投票（参加）のパラドックス」あるいは「ダウンズパラドックス」と呼
　　　ばれる理論と現実の乖離があることが指摘されている（荒井 2019）。すなわち、
　　　合理的な有権者ほど投票（参加）しないという理論と、それでは社会的に問題だ
　　　という現実の乖離である。

(9)　大阪の府立高等学校の頭髪指導をめぐる大阪地方裁判所の判決に注目が集まって
　　　いたこともその背景にあったと考えられる。

参考文献・資料

荒井紀一郎（2019）「だれが、なぜ、政治に参加するのか？―投票行動と政治参加」福
　　　井英次郎編『基礎ゼミ 政治学』第7章, 世界思想社, 82-92頁.

大津尚志（2021）『校則を考える―歴史・現状・国際比較』晃洋書房.

経済協力開発機構（OECD）（2016）*Society at a Glance 2016*, OECD Publishing, Paris.

［https://doi.org/10.1787/9789264261488-en］（2021年8月14日アクセス）

経済協力開発機構（OECD）(2019) *Society at a Glance 2019*, OECD Publishing, Paris.
［https://doi.org/10.1787/soc_glance-2019-en］（2021年8月14日アクセス）

近藤孝弘（2011）「ドイツの政治教育における政治的中立性の考え方」.
［https://www.soumu.go.jp/main_content/000127877.pdf］（2021年8月14日 ア ク セ ス）

主権者教育推進会議（2021）「今後の主権者教育の推進に向けて（最終報告）」.
［https://www.mext.go.jp/content/20210331-mxt_kyoiku02-000013640_2.pdf］（2021年8月12日アクセス）

常時啓発事業のあり方等研究会（2011）「『常時啓発事業のあり方等研究会』最終報告書―社会に参加し、自ら考え、自ら判断する主権者を目指して ～新たなステージ『主権者教育』へ」.
［https://www.soumu.go.jp/main_content/000141752.pdf］（2021年8月14日 ア ク セ ス）

神内聡（2020）『学校弁護士：スクールロイヤーが見た教育現場』KADOKAWA.

総務省「国政選挙の年代別投票率の推移について」.
［https://www.soumu.go.jp/senkyo/senkyo_s/news/sonota/nendaibetu/］（2021年8月6日アクセス）

総務省（2017）「主権者教育の推進に関する有識者会議 とりまとめ」.
［https://www.soumu.go.jp/main_content/000474648.pdf］（2021年8月6日アクセス）

苫野一徳（2019）『ほんとうの道徳』トランスビュー.

内藤朝雄（2009）『いじめの構造：なぜ人が怪物になるのか』講談社.

那須俊貴（2015）「諸外国の選挙権年齢及び被選挙権年齢」『レファレンス』平成27年12月号, 145-153頁.
［https://dl.ndl.go.jp/view/download/digidepo_9578222_po_077907.pdf?contentNo=1］（2021年8月12日アクセス）

日本学術会議 政治学委員会 政治過程分科会（2020）『主権者教育の理論と実践 報告』.
［http://www.scj.go.jp/ja/info/kohyo/pdf/kohyo-24-h200811.pdf］（2021年8月12日アクセス）

日本若者協議会『「学校内民主主義」に関する提言』.
［https://youthconference.jp/wp/wp-content/uploads/2021/01/b4814d556999c81f07c8e9d50f161247-1.pdf］（2021年8月12日アクセス）

波多野誼余夫・稲垣佳世子（2020）『無気力の心理学：やりがいの条件（改版）』中央公論新社.

文部科学省（2015）「高等学校等における政治的教養の教育と高等学校等の生徒による

政治的活動等について（通知）」.
［https://warp.ndl.go.jp/info:ndljp/pid/11373293/www.mext.go.jp/b_menu/hakusho/nc/1363082.htm］（2021年8月12日アクセス）

文部科学省（2020a）「主権者教育（政治的教養の教育）実施状況調査について（概要）」.
［https://www.mext.go.jp/content/20210105-mxt_kyoiku02-000011959_2.pdf］（2021年8月12日アクセス）

文部科学省（2020b）「OECD国際教員指導環境調査（TALIS）2018報告書Vol.2のポイント」.
［https://www.mext.go.jp/b_menu/toukei/data/Others/1349189.htm］（2021年12月10日アクセス）

文部科学省（2020c）「令和2年度学校基本調査（確定値）の公表について」.
［https://www.mext.go.jp/content/20200825-mxt_chousa01-1419591_8.pdf］（2021年8月16日アクセス）

文部科学省（2021）「校則の見直し等に関する取組事例」.
［https://www.mext.go.jp/a_menu/shotou/seitoshidou/1414737_00004.htm］（2021年8月12日アクセス）

八代尚宏（2016）『シルバー民主主義：高齢者優遇をどう克服するか』中央公論新社.

第**3**章
生涯教育における政治教育

上杉孝實

はじめに

　政治におけるジェンダー平等を達成するうえで、制度の整備とともに教育の
再構築が求められる。長年、父権制社会にあって、公的領域は男性中心に構成
され、女性は私的領域に閉じ込められる傾向があった。近代化は個人単位の世
界を広げながらも、家制度の下で多くは男性が家代表となり、そのような家を
基盤として社会の運営が行われ、女性への良妻賢母主義の教育がそれを支え
た。

　第二次世界大戦後は、民主主義の普及が図られ、女性も参政権を確保したも
のの、家単位の考え、性別役割分業が維持され、自治会やPTAなどの地域団
体も家代表から成る組織としての性格を示すところが多かった。国の教育政策
においても、1960年代には中学校の技術家庭科で、女子は家庭分野、男子は
技術分野の別修が進められ、高等学校普通課程では、女子のみ家庭一般が必修
になるなど、性別で異なった教育が施された。これに対して、男女共修を進め
る運動も見られたが、国策としての是正は、1985年女子差別撤廃条約の批准
に伴っての措置までなされなかった。

　1960年代以後の高度経済成長の下、第一次産業の衰退、女性の雇用労働の
増大がありながらも、女性は本来家庭を守るべきものといった言説が、女性の

社会活動を妨げ、社会参加があっても、意思決定の場への参加は容易でなく、補助的役割が課せられることがしばしばであった。この状況を打破するために、国際的な動向とも関連させながら、女性の参画促進が課題となり、1999年の「男女共同参画社会基本法」の制定もなされ、自治体でもこれを受けた条例がつくられたが、政界に占める女性の比率は極めて低い状態にある。

　この間に、国際的にも生涯教育の提起があり、青少年教育と成人教育、学校教育と社会教育、一般教育と職業教育の統合が課題となっている。生涯教育において、政治教育がどのようにとらえられているのか、その実態はどうかを考察し、政治におけるジェンダー平等を進めるために、そのあり方を検討する。

第1節　生涯教育論における政治教育

　1965年ユネスコ継続教育部門の責任者としてポール・ラングランが、成人教育国際委員会に生涯教育のアイデアを提起した背景として、技術の進歩への対応もさることながら、社会の構造の変化として政治的権利の増大が大きく取り上げられている。社会の成員すべてが民主主義の原理に沿って行動し、この制度を活かすことが求められるのである。ラングランは、学校教育として社会科や公民科を置いている国はあっても、国の行政制度と市民の権利・義務についての講義が中心で、平和、戦争、正義、社会諸階級の関係、労働組合、開発、国家の性質・役割・機能・構造などについて考えることがすすめられないまま成人になっていると言う。すべての教育に関するプログラム並びに方法は政治意識を覚醒し、民主的な人間の長所を伸ばすようにすべきであるというのが、彼の主張である（ラングラン 1979: 53-55）。とくに女性の場合、男性にくらべて生涯に学校教育内容と成人後の活動内容とに不連続を経験しやすい状況に置かれているだけに、生涯教育が重要であり、社会と生きたつながりを保障することが課題であることを示している（ラングラン 1970: 261）。

　1972年には、エドガー・フォールを委員長とするユネスコ教育開発国際委員会は、『人間であるための学習：今日と明日の教育の世界』と題する報告書を提出した。ここでは、富などを所有するための学習でなく、人間性を高める

ための学習の重要性が強調されているのが特徴である。しかし、政治は教育の中でそれに値する位置を占めていないと述べ、政治的もしくはイデオロギー的教え込みと、権力の性質及びその構成要素について、さらに諸制度の中で、またそれを通じて作用している諸力について、幅広い自由な考察をするための準備とが、混同されていることを指摘している。民主主義の原理に沿った討議の原理が、学校外で実践されることが望まれても、学校の中で避けられるといった問題もあげられている（ユネスコ教育開発国際委員会 1975: 180）。

　さらに、1996年に、ジャック・ドロール委員長の下、ユネスコ21世紀教育国際委員会が出した報告書『学習：秘められた宝』では、学習の4本の柱として、「知ることを学ぶ」「為すことを学ぶ」「共に生きることを学ぶ」「人間として生きることを学ぶ」を掲げた。ここで注目されるのは、「共に生きることを学ぶ」で、為政者と国民との間のギャップやメディアに煽られた感情的で一過性の強い反応などによる民主主義の危機に触れ、民主的参加の教育の重要性を強調している（ユネスコ21世紀教育国際委員会 1997: 39-40）。1995年の第4回世界女性会議の諸勧告をうけて、女性の教育を強化奨励するような政策を立案することも、冒頭部分で述べている（同上: 22）。

　ラングランは、フランスで第二次世界大戦中レジスタンスに携わり、戦後、民衆と文化の活動を展開した人、フォールは、フランスの文相、首相を務めた人、ドロールはフランスの元蔵相、元EC（ヨーロッパ共同体）の議長であった人で、いずれもフランスで活躍した人物であることは偶然ではない。フランスにおける政治と文化のかかわりがすけて見えるのである。

　ラングランの後を承けて、ユネスコの生涯教育部門の責任者やコンサルタントを務めたエトレ・ジェルピは、生涯教育が抑圧の手段ともなれば解放の手段ともなることを指摘し、その意味で政治的に中立はあり得ないと言い、自己決定学習の重要性を主張している。そして、進歩的な生涯教育政策のもっとも基本的な原則の一つは、社会参加であり、社会・政治教育と経済の教育がその不可欠の要素となると述べている（ジェルピ 1983: 17-20）。ジェルピはイタリアの出身であるが、フランスに長く住んで活躍した人である。

　日本においても、1970年代に入るころから生涯教育に言及した公文書も増え、1981年には国の中央教育審議会が「生涯教育について」と題する答申を

出しているが、政治教育についての記述は見当たらない。また、1985年から1987年にかけて4次にわたって出された臨時教育審議会の答申でも、生涯学習体系への移行がうたわれているが、政治教育についての言及はない。1990年制定の「生涯学習の振興のための施策の推進体制等の整備に関する法律」に基づいて設置された生涯学習審議会が1992年に出した答申「今後の社会の動向に対応した生涯学習の振興方策について」では、当面重点を置いて取り組むべき4つの課題として、リカレント教育、ボランティア活動、青少年の学校外活動、現代的課題をあげ、現代的課題には人権、まちづくり、男女共同参画型社会などが列挙されているが、ここでも政治教育の特記は見当たらない。

　しかし、2006年改正の教育基本法第14条は、政治教育として、「良識ある公民として必要な政治的教養は、教育上尊重されなければならない。2 法律に定める学校は、特定の政党を支持し、又はこれに反対するための政治教育その他政治的活動をしてはならない」と規定している。この文は、改正前の規定とほぼ同じである。にもかかわらず、公的に政治教育が取り上げられることが少ないのはなぜかが問われる。

第2節　政治的社会化

　政治に関心を持ち、政治に関わる知識や態度を身につける政治的社会化は、幼少期から家庭や同輩集団を通じて始まっているが、意図的には学校における教科学習や学級活動、児童会・生徒会活動などによってなされる。日本の学校では、第二次世界大戦後、地理・歴史を含めて社会科が設けられ、そこで政治学習も行われた。当初は教科書にこだわらないで、調査発表や意見交換の授業が少なくなく、時事問題などを取り上げての学習も多かった。文部省も1948年に民主主義の意味、政治の歴史、婦人参政権などを扱った『民主主義』と題する本をつくり、1953年まで中学校や高等学校での教科書として用いられることもあった。問題をめぐって、討論することもよく行われていた。

　1958年以後は、学習指導要領が法的拘束力を持つとされ、文部省検定の教科書に沿った学習が多くなり、試験との関係もあって、政治についても仕組み

の理解に力点が置かれるようになる。政治的中立の名の下で、様々な政治的見解を取り上げて考えるよりも、それらに触れることを避ける傾向も強まってくる。

　社会の問題については正解が一つとは言えないものが多く、それだけに意見を交わしながら考えることが必要であるにもかかわらず、一つの答えを求める問題、答えを一つにしやすい問題を学ぶことが多くなってくる。この点、フランスなどではより討論重視の教育が行われている。中・高校では社会科の教師として女性が少ないといったジェンダーの不均衡も問題となる。

　学級会や児童会・生徒会も自治意識を高めるものとして重視されたが、しだいに生徒指導の対象として扱われることも多くなる。また、男子が主要な役割を占めることも多かった。児童会では女子で主導性を発揮する例は少なくないが、中・高校と進むにつれ、社会の状況を反映して男子中心になりやすかった。学校教育が受験に影響されるようになるにつれ、役員のなり手が乏しくなり、ときにはいやがらせとして役員を押しつけることさえ見られた。一斉授業が多く、ペーパーテストの比重が増すこともあって、討論による学習や意思決定の場面が少なくなり、ほとんど討論抜きの多数決が行われたりする。

　第二次世界大戦後の教育改革において、それまでの男女別学から共学への中等教育機関の再編成がなされたが、別学の高校や一方の性に偏った制度を維持した県もあり、私学で別学の中・高校であるところも少なくなかった。男性本位の社会にあっては、むしろ女子校である方が、女性もリーダーシップを発揮できるとの考えも見られるが、そのことを教育の柱に位置づけない限り、従来の性別役割に沿った人間形成になりやすかった。

　大学においても、理工系もさることながら、社会科学専攻の女性比率が低い現状にある。それでも、以前に比べれば、この分野における女性の進出は顕著である。京都大学に例を取ってみると、1955年には法学部1人、経済学部0人の女性の入学であったが、2020年には法学部で26.8％、経済学部で19.0％、女性が在籍している。もっとも、他分野の女性が、政治に関心を持たないというわけではないが、政界や経済界で活躍している人に、法学部や経済学部出身者が多いことも事実である。ちなみに、2017年の経済協力開発機構（OECD）の統計によると、学士課程の商学・経営学・法学分野への新入学者における女性

の比率は、日本の31％に対し、フランスは59％であり、イギリスは51％である（経済協力開発機構 2019: 233）。

第3節　社会教育における政治教育

　学校教育もさることながら、生涯教育においては社会教育の比重が高い。学校外の青少年教育とともに、成人の教育はほとんど社会教育として展開されている。社会教育の歴史を見ても、戦前でも田澤義鋪のように、社会教育として政治教育を重視した例がある。田澤は、生活に根差した政治の必要を説き、女性に公民権を認めることを主張している（田澤 1967: 160-164）。

　戦後は、民主主義の普及といった課題もあって、政治に関する学習会も多く開かれた。戦前被抑圧の立場になりやすかった青年団や婦人会で、民主主義の追求と重ねての活動が活発になり、その中で政治的関心も高まった。青年学級や婦人学級が盛んになり、生活課題に取り組む学習が進められた。戦前は男女別組織であった青年団も、戦後は同一組織に属することになったものの、役員の多くは男性であり、そこから政界に出る者も男性であった。その点、婦人会は女性のみの組織ということで、役職も女性自身が担い、各団体から成る地域組織にも、代表を送ることが可能であった。裏返せば、地域自治会にせよPTAにせよ、男女が会員に含まれていても、世帯単位の考えが強い中で男性中心の運営が行われていた。実質的な活動は女性が担っても、男性が意思決定に関わることが多いといった状況は、今日に至っても大きくは変わらないものの、以前に比べれば、女性の進出が見られるところが増えている。

　1946年から全国に広がった公民館を拠点として、様々な集団が形成され、その事業や施設の利用は女性に多い。公民館は教育機関として位置づいていて、生涯教育を進め、政治教育においても重要な役割を果たすことが期待される。ただし、社会教育法第23条は、「公民館は、次の行為を行ってはならない」として、営利事業を行ったり営利事業を援助することや、公立の場合特定の宗教を支持したり特定の教派、宗派もしくは教団を支持することを禁じるとともに、公私立とも第1項第2号で「特定の政党の利害に関する事業を行い、

又は公私の選挙に関し、特定の候補者を支持すること」を禁止している。

　これは、公民館が主催する事業で特定の政党を支えることを禁じているのであり、政治教育をしてはならないとか、政党に施設を利用させてはならないということではないのであるが、自治体によっては、政治に関する学習会を避けたり、団体の利用を阻んだりすることがある。政治と関係のない問題はなく、重要な問題は政治的イッシューとなるのであり、その学習が必要になるが、政党間の見解に差異があるもの、とくに政権党と異なる意見を避ける傾向がある。大阪府のある市で、公民館がいったん団体の利用を受け入れながら、原子力に批判的な集会であるとして断った事例もある。これについては、受付上のミスで今さら仕方がないとして、結局利用は認められたが、本来は駄目という姿勢がうかがわれる。

　しかし、公民館の施設利用に関する1955年の文部省社会教育局長の千葉県教育委員会教育長あて回答では、「特定政党に貸すという事実のみをもって直ちに社会教育法第23条第1項第2号に該当するとはいえないが、当該事業の目的及び内容が特定政党の利害のみに関するものであって、社会教育の施設としての目的及び性格にふさわしくないと認められるものである場合、又はこれに該当しないものであっても当該使用が一般の利用とは異なった特恵的な利用若しくは特別に不利益な利用にわたるものである場合、若しくは以上の場合に該当しないものであっても特定の政党に利用が偏るものである場合には、いずれも社会教育法第23条第1項第2号の規定に該当すると解せられるから注意を要する」とある。特定の政党の利用が禁じられているのでなく、広く一般に参加を呼び掛けて行う討論集会のようなものは、利用可能と解することができる。

　文部省公民教育課長、社会教育課長として、公民館設置促進、社会教育法制定にあたり、のち社会教育局長になった寺中作雄も、次のように法の解説をしている。「政党の事業と関係ある限り、何事も実施できないというのではない。すべての政党の公平な扱いによって公民館の活用を図る事は公民館の公共的利用の趣旨に反することではなく、また公民教育の目的で各政党の立会演説会または各政党の人々が参加する討論会等を公民館の主催を以て行うことは公民館の趣旨に反するものではない。また仮に一政党に公民館を利用させる場合

でも常に他の政党と公平平等な取扱いをなす限り不当ではない」（寺中 1995: 114）。1976年当時文部省社会教育課長であった福原匡彦の解説でも、「住民の政治的教養の向上をはかることは社会教育行政の重要な課題であり、公民館もその一翼をになうものであるから、政治に関する事柄に消極的になってしまってはいけない。住民に対して政治教育を行うことはもちろん奨励されるし、各政党の参加する討論会、立会演説会なども当然に行われてよい。政党の演説会に貸す場合でも、他の政党との公平な扱いが確保される限り、違法ではない」（福原 1976: 77）となっている。

　ところが、先述の市の場合、特定の政党と関連する集会を禁止事項とし、さらにそれを拡大解釈している。筆者が2001年に、近畿圏内の市立中央公民館と京都府内の町村立公民館について利用規定を調査した結果では、市の47.0％。町村の44.4％が政党の利用は認めないと回答している（上杉 2003: 175-176）。政治的意見には対立するものが多くあるが、それらに触れることを避けることが続くと、政治的認識が深まらないだけでなく、政治的無関心をもたらし、政権の意のままになり、かつてのようにファシズムの支配に行きつきかねない。多様な見方に触れ、自由な論議がなされて初めて政治学習が進むのである。

　2014年にさいたま市の公民館で、館報に掲載されてきた、俳句グループの推薦した句が、館によって拒否され、そのことを市も支持するといった事態が生じた。その句は「梅雨空に『九条守れ』の女性デモ」であるが、これが世論を二分する問題に触れているという理由で掲載されなかったのである。これに対して、作者たちは、これでは学習や表現の自由が侵されるとして、裁判所に訴え、一審、二審とも原告の勝訴となり、最終的には最高裁判所で原告・被告双方の上告が棄却され、高裁での判決が確定したのである。判決では、「ある事柄に関して意見の対立があることを理由に、公民館がその事柄に関する意見を含む住民の学習成果をすべて本件たよりの掲載から排除することは、そのような意見を含まない他の住民の学習成果の発表行為と比較して不公正な取扱いとして許されない」と述べられている。政治的中立を名に、実際は政治に触れることを避けながら、長続きしている政権与党に忖度することが目立つのである。生活の中で起きている問題には、政治が無関係というものはまずありえな

いのであり、そこを避けた学習は、問題解決に役立たず、住民主体の社会づくりに寄与しないことになる。

　1975年の国際婦人年以後、多くの自治体で女性センターが設置されるようになり、1999年の男女共参画社会基本法制定後、男女共同参画センターの名称で、男女平等の実現に向けての、啓発・教育、相談、情報収集・提供などの活動を行っている。「参画」は、意思決定への参加を意味するのであり、政策決定の場への女性の進出を支える機能発揮が期待されるのであって、政治教育を避けるわけにはいかないのである。

　フランスの場合、20世紀初頭以来、さまざまなアソシアシオンが国の認可を受けて活動していて、社会教育においても、その役割は大きい。それらの中には、政治的なものも含まれていて、政治教育の機能も果たしている。青少年施設の中にも、政党が背後にあるものがある。社会文化活動の拠点となっている施設も、民衆の立場から社会変革を指向するものが多い。多くの政党があり、その組み合わせによって政権交代がなされていることなどが、その背景にある。

第4節 ┃ 仕組みづくりと教育

　日本でも、かねてから女性の政治的進出を進める運動は展開されてきた。近年は、自治体でそのための仕組みづくりを行ってきたところがある。兵庫県宝塚市に例をとると、1994年に男女共同参画宣言都市として、堺市、塩尻市と共に全国に先がけて総理府の指定を受けたが、その前の1992年に、公募で50人から成る任期2年の「女性ボード」を設置している。1年目は市政のさまざまなテーマについて学習し、2年目はテーマごとにグループを形成して共同研究を行い、市の施策に提言を行ってきた。このボードには、10年間に500人の女性が参加したのである。また、男女住民が、テーマ別に市政への提言を行う「百人委員会」も設けられ、そこでもこの間に500人が参加することによって、多くの人が地域で活躍するようになった。

　審議会等への登用においても、肩書へのこだわりがある中で、これらを通じ

て参加の道が開かれることになる。そのこともあって、女性の社会進出が目覚ましく、NPOの設立、テーマ別グループ活動、「まちづくり協議会」の運営などにあたり、これらをバックに、2割以上の地域自治会で女性が会長となり、女性の市会議員も2019年の選挙では4割を占めている。女性市長も2代続いている。隣接の川西市も、4割が女性議員であり、その背景として、かつて任意団体として女性有志で「明日を拓く女性の会」を立ち上げ、女性議員を出すことに努めてきたことがある。

　教育は重要であるとしても、並行して男女平等を実現するための仕組みづくりがなされ、それが見えることによる教育効果が大きいことに着目しなければならない。パリテ法に見られるように、男女同数の議員が出て当たり前であり、それが実現することが実感されてこそ、男女平等の意識も広がるのである。教育によって意識が高まることは重要であるが、仕組みを変えることによって、今まで潜在化していた力が発揮される機会を得ることになり、そこに現れたロール・モデルを見て、政治への参加意欲も増し、それに向けての学習も進み、啓発効果も高まるのである。

　これまでにも、行政委員会や審議会等への女性の参加が3割ないし4割を占めることを目標とした取り組みが、国や自治体で行われてきた。審議会では、専門性が問われることも多いが、同時に代表性があり、住民各層の意見を示す機能がある。住民の男女比がほぼ同じであることからも、少なくとも一方の性が4割を下回らず、6割を超えないことが目指されるのである。審議会への参加は重要であるとしても、それだけでは政治参画として不十分であり、やはり決定に関わる議会議員への進出が必要である。ここでは代表性が核となるのであり、審議会以上に性などによるバランスが重視されなければならず、その仕組みが整えられなければならないのである。同時に、一部の者のみに焦点が当たるのでなく、被抑圧状態にあるすべての層のエンパワーメントとなる仕組みづくりと学習の展開が課題となる。

参考文献・資料

上杉孝實（2003）「社会教育法第23条（公民館の運営方針）に関する一考察—公的社

会教育と政治・宗教の問題を中心として—」『龍谷大學論集』第461號, 龍谷學會.

経済協力開発機構（OECD）（2019）『図表でみる教育OECDインディケータ（2019年版）』明石書店.

ジェルピ, E.（1983）『生涯教育』（前平泰志訳）, 東京創元社.

田澤義鋪（1967）『田澤義鋪選集』財団法人田澤義鋪記念会.

寺中作雄（1995）『社会教育法解説・公民館の建設』国土社.

福原匡彦（1976）『社会教育法解説』財団法人全日本社会教育連合会.

ユネスコ教育開発国際委員会（1975）『未来の学習』国立教育研究所内フォール報告書検討委員会訳, 第一法規.

ユネスコ21世紀教育国際委員会（1997）『学習：秘められた宝』（天城勲監訳）, ぎょうせい.

ラングラン, P.（1970）「生涯教育について」（波多野完治訳）, 森隆夫編著『生涯教育』帝国地方行政学会.

ラングラン, P.（1979）『生涯教育入門・第二部』（波多野完治訳）, 財団法人全日本社会教育連合会.

第4章
京都の共同子育てと学校支援からの提言

大束貢生

はじめに

　本章では、第Ⅲ部までの「フランスに学ぶ」議論からフランスにおけるいくつかの問題を解決するための方策として、パリ市の姉妹都市である京都市とその近郊での地域住民、特にシニア層による子育て・学校支援の実践について紹介したい。

　第Ⅱ部で展開されているように、フランスにおけるパリテ法は本書のテーマである「女性の意思決定参画」について特に政治領域において大きな成果があがっている。一方すべての女性が公平に意思決定に参画しているのかについては第Ⅱ部第6章で牧陽子が述べているように、特に首都のパリ市では、優秀なフランス人女性の産後の職場復帰は早いが、外部化された家庭内のケアを担うのは、保育・介護のいずれも圧倒的多数が女性たちであり、その女性たちの多くはフランス旧植民地からの移民である。外部化されたケアは、労働市場で厳しい立場におかれる移民女性の貴重な就労機会となっており、ケアを外部化する側、される側、両方の女性の就業を支える効果を有している。一方ケアを担っている移民女性の学歴は低く、学位なしが半数を占めている（牧 2008, 2020）。ここから移民女性の意思決定への参画が不十分な状況にあることが推測される[1]。

　こうした移民女性の問題は、フランスだけの問題ではなくヨーロッパ共通の課題である。ドイツの移民政策について言及しているヴィクトリア・エッシュバッハ＝サボーによれば、移民女性は高い専門性が必要とされる分野で移民男性に比べて失業率が高く、また低賃金の職に集中している。また賃金においても移民女性の方が不利な立場に置かれているという。エッシュバッハ＝サボーは世界の移住動向調査から移民女性の重要性が増しているにもかかわらずジェンダーの視点は移民政策にほとんど欠けているという。ドイツでは移民女性に対して特に言語面での教育の機会を提供することで、移民の子どもの学校教育や職業教育を支援する政策が打ち出されている（エッシュバッハ＝サボー2009: 133-136）。

　一方、日本においては牧が述べているように保育は保育園等の施設での対応が多いが、第IV部第5章で塚本が述べているように、地域でのシニア層の子育て支援も重要である。かつて有地（1981）が述べたように、フランスの大人は自分の子ども以外の保育・子育てにクールだと言える。特にシニア層は生涯余暇を大切にするが、次世代の子育てを支援するシニア層の情報に乏しく、シニア層が子どもの教育に関わる地域の連携もあまりないようである[2]。

　こうした移民女性の問題やシニア層の子育て支援の希薄化はフランスの在宅保育・介護政策での個人によるケアの在宅での外部化にも要因があると思われる。保育や介護の問題は個人あるいは家庭がその主体であり、家族外の人が担い手になることがない。社会保障には「自助・共助・公助」の考え方があるが、子育てはフランスでは「自助」と「公助」によって成り立っており、「共助」すなわち関わりのある人々同士の助け合いが少ないようである。

　日本、特に京都市やその近郊には、学校を中心として子育ての問題を地域住民、特にシニア層が担うという「共助」の実践がある。以下では事例を紹介し、京都における「共助」による子育て・学校支援の展開について考えたい。

第1節　「京都」における地域住民を主体とした学校運営

　京都においては、町衆市民による地域の学校創設の歴史がある。和崎光太郎

（2015）によれば明治2（1869）年5月に京都で全国初の学区制小学校が創設され、約半年の間に京都の中心部には合計64の学区制小学校が創設された。これらの小学校は中世以来の自治組織「町組」が再編された複数の町の連合体である「番組」を学区としたので総称して番組小学校（以下、番組小）と呼ばれている（和崎 2015）。和崎は番組小の特徴として①日本初の学区制小学校であること、②明治5（1872）年の学制頒布に先立った創設、つまり明治政府の政策に先行していたということ、③地域が主体となって設立・運営したことであるという（和崎 2014）。

　番組小創設について和崎は京都府による圧倒的な「上から」の力によるものでもなく、町衆のエネルギーのみによるものでもなく、両者の協力と意見対立、およびその折衷と成果があって初めて可能となった事業であること、さらに「府－町衆」という軸だけでは番組小の創設過程は語りえず、幕末から活躍していた京都市中有志者の存在がそこには不可欠な存在であるという（和崎 2014）。

　こうした番組小の運営について、和崎は大人と子どもの立場、教育資金の拠出と教育内容の決定などに明確な線引きがされつつ，地域が学校をつくりその学校が地域をつくるという、地域と学校の双方向的な発展が実現した一つのモデルと位置づけられるという（和崎 2015）。

　番組小設立・運営の歴史は、「自助」と「公助」のせめぎあいの中で「共助」として小学校が設立・運営されていること、こうした「共助」が「学校が地域を創る」という地域活性化につながるものとされている。ところで、京都市内は現在、京都市中心部のドーナツ化現象による子どもの減少から統廃合が進み地域住民が子育てにかかわる精神が失われつつあるようである。しかし地域住民が子育てにかかわるケースは、京都市近郊において数多くみられる。次節ではこうした地域住民の活動について取り上げたい。

第2節　「京都」近郊における地域住民による子育て・学校支援

京都市近郊の京都府乙訓地域は京都市の南西部に位置し、長岡京市・向日

市・大山崎町の2市1町で構成されており、人口は約15万人、京都・大阪のベッドタウンとして成長した地域である。乙訓地域では地域住民による子育て・学校支援の活動が盛んにおこなわれている。以下では乙訓地域在住の西村日出男さんと松野敬子さんの活動を事例として取り上げたい。西村さんの活動は、2020年11月28日開催された京都文化創生機構の講座「展示と語らい」の記録を参考にしている。また松野さんの活動は京都文化創生機構が2017年に発行した報告書である『京のおんな』での松野さんの寄稿を参考にしている（松野2017）。

2.1　放課後子ども教室による学校支援

　西村日出男さんは1947年大阪市生まれ。大学院の時に結婚をして長岡京市に住み50年になる。「新生涯教育」を提唱し、帝塚山大学教授を退職後様々な取り組みを行ってきた。シニアとしてこれからも教育のための地域づくりに挑戦していきたいと決意しているという。

　放課後子ども教室「すくすくキッズテン」の開始について西村さんは次のように語る。西村さんの3人のお子さんは長岡市立小学校に通い、西村さんはPTA会長を引き受けた。そんなこともあってか、小学校から文部科学省と厚生労働省が共同で進める「放課後子ども教室」のコーディネーターを依頼された。この教室は子どもたちに多様な経験の機会を提供することと地域の人々に指導員やサポーターを依頼するという方針を持ち、2007年から「すくすくキッズテン」を始めた。これまで10年余りで50以上の教室の開催に挑戦してきた。

　西村さんによれば、この取り組みはまさに地域の人々による生涯教育の実践として、西村さん自身が提唱する「新生涯教育」の一つのモデルでもあるという。「すくすくキッズテン」は学校教育のようにカリキュラム優先ではなく、地域の人々の得意分野に合わせたカリキュラムである。指導員は必ずしも専門家ではなく児童が出会う校区の人々である。将棋の得意な人がいたら将棋教室を開設し、料理の得意な人がいたら料理教室を開設している。指導員やサポーターも子どもたちからあいさつされると嬉しいし、関わった子どもたちが中学生、高校生へと成長するのを楽しみにしている。地域の多くの大人が子どもたちと関わり、「子どもは地域のみんなの宝もの」という考えが、地域に広まっ

てほしいという。

2.2　NPO団体の設立による子育て支援

　松野敬子さんは1961年神戸市生まれ。向日市在住。育児サークルをきっかけにタウン誌ライターを経て主婦の友社『Como』などに執筆。取材での関心から取り組んだ遊具での事故防止に関しては、2010年より関西大学大学院で学術研究として取り組み、2015年に博士号を取得し、2016年から神戸常盤大学で非常勤講師をしている。

　松野さんの子育て支援として「NPOいんふぁんとroomさくらんぼ」の活動がある。この活動は長岡京市を拠点に2006年から「infant（乳幼児）＆ママ」のための子育て支援の活動として始められた。このNPO活動として松野さんは待機児童、児童虐待、養育支援訪問事業を行っている。待機児童に対する取り組みとしては、小規模保育園の設立にかかわり2015年度から長岡京市と向日市の2園をNPO団体と関わる株式会社で運営している。乙訓地域で開園する小規模保育園は、すべての基準が通常の保育園と同様であり、むしろ乳幼児には手厚い保育が提供できる保育施設でありながら、質の悪いベビーホテル等と混同されるという誤解や偏見も根強くあり、その払拭が喫緊の課題という。

　児童虐待に対しては、2011・2012年度に京都府の助成金を得て、行政が発見した児童虐待に対する具体的な支援を市民団体が行うという仕組みを作り、児童虐待ハイリスク家庭へのリアルタイムな家事支援や一時預かりなどを実施し高い評価を得ている。2013年度からはその仕組みが養育支援訪問事業として長岡京市の施策となり、現在に至っているという。養育支援訪問事業は国の施策でもあるが実効性のあるものとはなっていないため、長岡京市でのNPO団体と行政の協働は画期的なことだと言われた。さらに2017年度は向日市でも同様の形態での養育支援訪問事業をスタートした。

　松野さんは少子高齢化から少子多死時代に移行することが予測される昨今、まちは人が集約され賑わうか消滅するかの二極分化されるという。そのためにはそこに暮らす人たちがまちへの愛着をいかに形成できるかが課題であるという。乙訓地域は地域へ強い愛着を持った人たちがユニークな活動を展開しており、そのことが乙訓地域の「強さ」であるという。今後、保育、教育、地域社

会等に関する企画、立案、調査、研究、情報の提供及びコンサルティング、各種人材の育成、研修、教育、訓練及び指導といった多角的な事業展開を視野にいれ、地域住民、商工会などとコラボレーションを行い、活動をしていきたいという。

2.3　乙訓地域での「共助」による子育て・学校支援

　乙訓地域では西村さん、松野さんなど地域住民のシニア層が、「自助」・「公助」のみによらない「共助」の子育て・学校支援を行っている。こうした支援活動は「子どもは地域のみんなの宝物」という認識を共有することで西村さんの言うように地域住民のやりがいにもつながり、松野さんの言うように地域住民同士がつながりを創り出すことで地域活性化の可能性を秘めているといえよう。次にはこうした共助の子育て・学校支援について京都府南丹市美山町にある美山小学校のコミュニティ・スクールによる活動を見ていきたい。

第3節　「京都」近郊自治体での学校と地域社会の連携

　京都府南丹市美山町は2006年に八木町、日吉町、園部町と合併し南丹市の一部となった。美山町は京都府のほぼ中央に位置し京都市右京区・左京区と接しているが、京都市中心部からは車で約1時間の位置にある中山間地である。美山町はその96％が森林であり、日本の農山村の原風景が残っている地域である。

3.1　南丹市立美山小学校でのコミュニティ・スクールの展開

　コミュニティ・スクール（学校運営協議会制度）とは、保護者や地域住民等がともに知恵を出し合い学校運営に意見を反映させることで、一緒に協働しながら子どもたちの豊かな成長を支え「地域とともにある学校づくり」を進める仕組みである（文部科学省 2018）。南丹市教育委員会は2014年の「南丹市教育振興基本計画」において南丹市内の小学校再編後すべての小学校に学校運営協議会の設置を謳った（南丹市教育委員会 2014: 36）。その後2017年からすべ

ての小学校を順次コミュニティ・スクール化し、熟議（グループワークやワークショップ）を実施している。美山小学校も2018年度よりコミュニティ・スクールとなり、学校運営協議会を中心に熟議を行い、議論を重ねている。

　美山小学校は2016年4月に、旧村五地区にあった旧知井小学校、旧平屋小学校、旧宮島小学校、旧鶴ヶ岡小学校、旧大野小学校が統合して開校した学校である。合併当時五校の児童数は各16〜34人と少なく、全15学級のうち7学級が複式学級であった。統合後に美山小学校の通学圏は広くなり、最も遠い児童は約1時間もかけてバスで通学している状況である。

　美山小学校は2016年の統合後、コミュニティ・スクール推進校としてコミュニティ・スクール推進委員を設置し活動を行い、2018年度より学校運営協議会制度を採り入れコミュニティ・スクールとなった。またコミュニティ・スクールに必要とされる熟議についても、南丹市教育委員会がすべての小学校に熟議開催の要請を行ったことから、美山小学校においても毎年複数回熟議が開催されている。熟議の参加者は、実施主体の美山小学校から教職員とコミュニティ・スクール推進委員・学校運営協議委員、地域代表として美山まちづくり委員（地域振興会会長兼任）、行政から南丹市役所職員、また、小学校統合後美山町内が1小学校1中学校になり校区が重なったことがあり、美山中学校教職員や美山中学校学校評議員、第2回目より、美山小学校保護者（PTA運営委員）と少子化・人口減少に対応した活力ある学校教育推進委員が参加している。

　熟議はグループワークで行うことを基本としている。4〜6名がグループとなり、まずテーマについて各自の思いを付箋等に書き、その後グループで模造紙に似たような付箋をまとめて貼り、最後に模造紙を提示しながら発表を行う形式等である。熟議のテーマは「美山の子どもたちにどう育ってほしいか」「子どものよさをとらえて地域と学校でいっしょに取り組めることを考えよう」等であり、美山町の地域資源をどのように教育に生かすのかがテーマとなっている。

3.2　コミュニティ・スクール化による地域住民への影響
　それでは、美山小学校のコミュニティ・スクールは地域にどのような影響を

与えているのであろうか。以下では、美山小学校運営協議会委員（以下、委員）に対するインタビューからいくつかの示唆を得たい。なおインタビューは2019年2月に女性委員2名に対して半構造化面接法により実施した（大束2020）。

　委員Aさんによれば、熟議の成果は「もっと地域のみなさんと一緒に子どもたちを育てていかなければいけない」という思いが各委員に生じたことであるという。子どもたちの教育について学校任せであった委員や保護者が、熟議の中で教育に関わる意見を積極的に語ることが増え、さらに熟議を離れて地域の集まりでも子どもたちの教育のことを話すことも出てきたという。

　その中でAさんは次のように語る。これまで熟議の参加者の選考は学校任せであったが、今後は地域でがんばっている様々な方に参加してもらいたい。例えば、2016年度の美山小学校統合を機として始まった地域連携科目である「美山学」は小学校がコーディネートする形で地域の人々に講師をお願いしている。この「美山学」の講師の方にも熟議の参加を呼びかけたい。さらに「美山学」に加えて美山まちづくり委員会が学校・PTAと開始した体験学習である「美山クラス」においてもコミュニティ・スクールの体制自体がきちんと整ってくれば、学校・保護者・地域の分担の中で正課のカリキュラムとしてできるという。今の「美山学」は学校負担が大き過ぎるので、地域側がきちんと役割を果たしていく必要があるという。

　一方委員Bさんは以下のように述べる。地域と学校と保護者が、同じビジョンを持って子どもたちの将来のことを考えるということは、地域のことに対して将来を見据えた上で地域づくりをするのと同じことである。美山のよさを生かして子どもたちの成長を促すということが地域づくりにもつながる。子どもの教育が必然的に美山の魅力を発信するという外向きへのPRにもつながる。美山で子育てしたいという人が増えてくればIターンUターンにもつながる。だからぜんぶつながっているという。

3.3　美山町での「共助」による学校と地域社会の連携

　美山町では南丹市教育委員会による美山小学校のコミュニティ・スクール化に基づき議論を積み重ねることによって「地域で子どもを育てる」意識が生

じ、学校が地域住民に講師を依頼する正課教育としての「美山学」や、地域住民独自のカリキュラムである「美山クラス」を地域住民が担うことが期待される。特に美山学での地域住民側の講師であるシニア層を巻き込むことで、学校経営に地域住民が参画するとともに地域住民も地域活性化の担い手となることが期待されている。

おわりに

　本章では、フランスにおけるいくつかの問題を解決するための方策として、パリ市の姉妹都市である京都市とその近郊での地域住民、特にシニア層による子育て・学校支援の実践をみてきた。フランスではケアは「自助」と「公助」によって実践され、地域住民であるシニア層がかかわることが少ないこと、それが結果として「公助」としての低学歴の移民女性の就労につながっている。

　一方、パリ市と姉妹都市である京都市とその近郊での地域住民による子育て・学校支援として、町衆市民による地域の学校である番組小学校創設と運営に始まり、乙訓地域での行政と連携した子育て・学校支援、美山町でのコミュニティ・スクールによる子育て・学校支援という「共助」のかたちを見てきた。

　さらにこうした「共助」の在り方は、番組小学校の地域が学校をつくりその学校が地域をつくるという、地域と学校の双方向的な発展、乙訓地域での様々な地域団体との連携による地域活性化の可能性、美山町での学校経営に地域住民が参画することによる地域活性化の可能性にも結び付く。「子どもは地域のみんなの宝もの」「もっと地域のみなさんと一緒に子どもたちを育てていかなければいけない」という子育て・学校支援にかかわる地域住民、特にシニア層の思いは、子育て支援の「共助」の枠組みが、移民の子どもを含めたすべての子どもを地域の宝物と考え、移民女性を含めたすべての地域住民がかかわりあい地域の未来を考えることにつながると言えば言いすぎであろうか。京都とその近郊にある子育て・学校支援の「共助」によるつながりづくりを注視していきたいと思う。

注

(1) フランス旧植民地からの移民女性の意思決定参画については、園部裕子の研究が
　　ある。園部はフランス旧植民地である西アフリカ出身の移民女性たちが「生活の
　　便宜」のために展開する社会・文化的仲介と市民団体活動から、移民女性の「自
　　立」と「連帯」の位相を分析している（園部 2014）。この章の文脈から言えば移
　　民女性たちの「共助」による意思決定参画の姿が描かれている。こうした「共
　　助」が移民女性間だけではなく、地域に関係するすべての人々との「共助」につ
　　ながることが期待されるであろう。

(2) 藤井佐知子によればフランスでは学校管理運営の最高機関として管理委員会を
　　1985年以降に設置しているが、構成メンバーは教員・保護者・生徒であり地域住
　　民は参加していない（藤井 2004: 156-158）。一方、フランスの地域住民による子
　　育て・学校支援に類するものとして、地域スポーツクラブの活動がある。フラン
　　スおよびヨーロッパやアメリカでは課外活動としてのスポーツ活動は学校教育と
　　してではなく地域社会で行われている（溝口・光本・田辺 2006）。こうした活動
　　が地域に関係するすべての人々を巻き込むことが期待されるであろう。

参考文献・資料

有地亨（1981）『フランスの親子・日本の親子』日本放送出版協会.

エルシュバッハ＝サボー，ヴィクトリア（2009）「移民とジェンダー、言語、アイデン
　　ティティ―欧州統合の過程で―」加藤由美子訳, 冨士谷あつ子・伊藤公雄編『日
　　本・ドイツ・イタリア 超少子高齢社会からの脱却：家族・社会・文化とジェンダ
　　ー政策』明石書店.

大束貢生（2020）「学校を中心とした地域活性化の可能性について―南丹市美山町での
　　コミュニティ・スクールの展開から―」『佛教大学総合研究所紀要』27: 65-78頁.

園部裕子（2014）『フランスの西アフリカ出身移住女性の日常的実践：「社会・文化的
　　仲介」による「自立」と「連帯」の位相』明石書店.

田中滋編（2017）『都市の憧れ、山村の戸惑い：京都府美山町という「夢」』晃洋書房.

藤井佐知子（2004）「フランスの学校評価」窪田眞二・木岡一明編『学校評価の仕組み
　　をどう創るか：先進5カ国に学ぶ自律性の育て方』学陽書房, 151-173頁.

牧陽子（2008）『産める国フランスの子育て事情：出生率はなぜ高いのか』明石書店.

牧陽子（2020）『フランスの在宅保育政策：女性の就労と移民ケア労働者』ミネルヴァ
　　書房.

松野敬子（2017）「乙訓で子育て支援とタウン誌づくり」京都文化創生機構編『京のお
　　んな』33-34頁.

南丹市教育委員会（2014）『南丹市教育振興プラン 南丹市教育振興基本計画』.

溝口紀子・光本健次・田辺陽子（2006）「フランスにおけるスポーツクラブの変遷につ

いて」『静岡文化芸術大学研究紀要』6: 77-82.

文部科学省（2018）『コミュニティ・スクール2018〜地域とともにある学校づくりを目指して〜』.

和崎光太郎（2014）「京都番組小学校の創設過程」『京都市学校歴史博物館研究紀要』3: 3-14.

和崎光太郎（2015）「京都番組小学校にみる町衆の自治と教育参加」『日本教育行政学会年報』41: 166-170.

第5章
シニアの社会貢献活動

塚本利幸

はじめに

　日本は世界有数の長寿国で、WHOの2021年度版の世界保健統計（World Health Statistics）によると2019年の平均寿命は、男性が81.5歳で世界2位、女性が86.9歳で1位、トータルでも84.3歳で1位となっている。フランスも日本には及ばないものの男性が79.8歳で19位、女性が85.1歳で5位、トータルでは82.5歳で11位と長寿国である。健康寿命（日常活動動作が自立し、健康で過ごせる期間）に関しても、2016年の日本で男性が72.6歳、女性が75.5歳、トータルでは74.1歳で世界1位、フランスで男性が71.1歳、女性が73.1歳、トータルでは72.1歳で6位と、両国ともに上位を占めている。一方で、平均寿命と健康寿命の差（健康が損なわれて介護が必要となる期間）は、日本で10.2年、フランスで10.4年と両国ともに10年を超える。健康寿命を延ばし、平均寿命との差を縮めることが、人生100年時代に向けての日本とフランスの共通の課題である。

　日本では上記の課題への解決策として、生きがいをもって能動的に社会活動に参加する高齢者（アクティブシニア）の存在が注目されている。アクティブシニアの社会貢献活動に、1）地域や社会全体の活力向上への貢献と、2）介護予防の効果への期待が寄せられている。

　筆者の勤務先に、定年退職後に大学院に入学されたシニアの男性がおられる。地域で長年にわたって民生委員・児童委員として活躍されており、近年ではボランティアとして子ども食堂の運営にもかかわっておられる。スポーツマンで週末には小学生のお孫さんとテニスに興じられるそうである。知的好奇心に満ち、心身ともに潑剌としておられる。自己実現と社会貢献と健康長寿、ここまで何拍子もそろったアクティブシニアも珍しいとは思うが、理想の高齢期のモデルであることは間違いない。

　本稿では、日本の一地方（福井県）におけるシニアの社会貢献活動の展開について検討する。福井県は人口80万人以下の小さな自治体ではあるが、いくつかの顕著な特徴を有している。女性の労働力率が高く、共働き率が日本で最も高い。合計特殊出生率も高く、女性が就労を継続しながら出産・子育しやすい環境が整っている。子どもの学力・体力が日本トップレベルであることでも知られている。フランスの場合、女性の就労と子育ての両立を支えているのは保育ママやヌリスによる在宅保育であり、「大都市では保育ママやヌリスは移民女性であることが多く、フランス語の読み書きができない人もいる」ことが本書の第Ⅱ部第6章で、牧によって指摘されている。福井県では大きく様相が異なる。女性の就労と子育ての両立、子どもの学力・体力の高さを支えているのは、①県や市町による施設保育を柱とした育児支援の取り組み、②三世代同居や近居による祖父母世代の育児分担、③ボランティアをはじめとする地域住民の協力、などである。そのすべての局面で、①ではシルバー人材を活用した子どもの一時預かり保育、②では祖父母の孫守り、③では社会貢献活動、といった形で、シニア層の活躍が大きな役割を果たしている。シニア層の活躍は、生きがいにつながり、福井県を健康長寿の面でも全国トップクラスにしているという好循環も生み出されている。フランスにとっても参考にしていただける事例であると考える。

第1節　シニアの社会貢献活動参加状況

1.1　データの出典

　以下の分析で使用するデータは、2013年6月と2019年3月に実施したアンケ

ート調査によるものである。いずれも筆者を含む福井県立大学ボランティア研究会による調査である。2013年調査はシニア層に特化したもので、福井県在住の60歳から80歳までの一般住民から無作為抽出した2,000人を対象としている。2019年調査はシニア層を対象とした調査から得られた知見がどの程度の一般性を持つかを検証する目的で、福井市在住の20歳から80歳までの一般住民から無作為抽出した4,000人を対象として実施されている[1]。有効回答率は前者が47.5％、後者が30.9％である。福井県はボランティア活動が盛んで、「平成28年社会生活基本調査」（総務省）によれば、福井県の行動者率（過去1年間に何らかの「ボランティア活動」を行ったものが10歳以上人口に占める割合）は32.2％で、全国平均の26.0％を大幅に上回り、全国第9位となっている。

1.2　参加の概況

　まず、2019年調査のデータを使って他の年代に対するシニア層の参加の特徴を確認しておきたい。過去1年間のボランティア活動への参加の有無については、20歳代、30歳代の若年層の参加が有意に少ない（図1）。それ以上の年代については差がない。

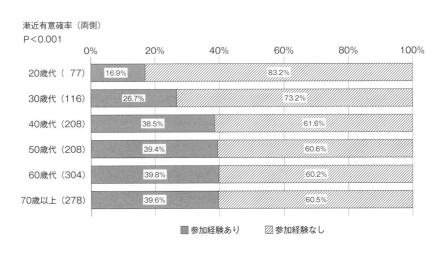

図1　年代×過去1年間の参加経験の有無

　ボランティア活動への参加頻度に関しては、60歳以上の年代で、「年に4回以上」「月に1回以上」といった回答が有意に多い（図2）。ボランティア活動においてシニア層が担い手として中心的な役割を果たしていることが分かる。

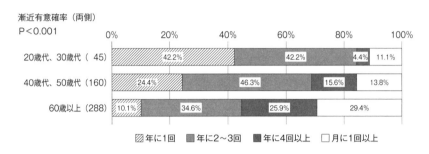

図2　年代×過去1年間の活動の回数

第2節 ┃ シニアの社会貢献の意義

2.1　健康長寿への効果

　福井県の2015年の平均寿命は、男性が81.22歳（全国6位）、女性が87.54歳（全国5位）と男女ともに長寿である。2018年3月に厚生労働省から2016年の都道府県別健康寿命が公表されており、福井県の健康寿命は男性が72.45歳（全国10位）、女性が75.26歳（全国14位）となっている。平均寿命ほどではないが男女とも上位にランクインしている。

　杉村・石原・塚本（2019）の福井県永平寺町をフィールドとした研究からは、1）地域に人間関係のネットワークを多く持っているものほどメンタルヘルスが良好であること、2）地域のつながりを高く評価しているものほどメンタルヘルスが良好で、かつ、生活満足度も高いこと、が分かっている。上記の研究では、3）メンタルヘルスが良好で生活満足度が高いほど、健康度の自己評価が良好になることも確認されている。

　シニア層の社会貢献活動への取り組みは、高齢者自身にとっては、社会との
つながりを維持し、生きがいを持って暮らし続けることを可能にし、健康寿命
を延伸する効果が期待できる。さらには、地域のつながりを良好にすることを
通して、住民の生活満足度を高め、ストレスの少ない環境を作り出し、地域全
体の健康寿命を延ばす効果についても期待することができる。

2.2　高齢社会への効果

　シニア層の社会貢献活動への参加の意義は、健康寿命の延伸にとどまるわけ
ではない。図3は2013年調査のデータを使ってシニア層のボランティア活動に
ついて分野ごとの参加状況を確かめたものである。

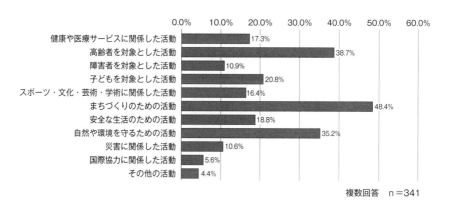

図3　シニア層が過去1年間に参加した活動（行動者ベース）

　過去1年間にボランティア活動をおこなったもののおよそ半数にあたる48.4
％が「まちづくりのための活動」に参加している。これに「高齢者を対象とし
た活動」の38.7％、「自然や環境を守るための活動」の35.2％、「子どもを対象
とした活動」の20.8％、「安全な生活を守るための活動」の18.8％が続く。シ
ニア層がさまざまな領域で社会貢献に取り組んでいることが分かる。

　図4は2019年調査のデータを用いて「高齢者を対象とした活動（高齢者の日
常生活の手助け、高齢者とのリクリエーションなど）」に関して、年代ごとの
過去1年間の参加経験の有無および今後の参加の意向の有無について確かめた

ものである。参加経験に関しては、60歳代、70歳以上が有意に高く、参加意欲に関しても60歳代が有意に高い。対象者と年代の近いシニア層で経験が豊富で意欲も旺盛な傾向がみられる。

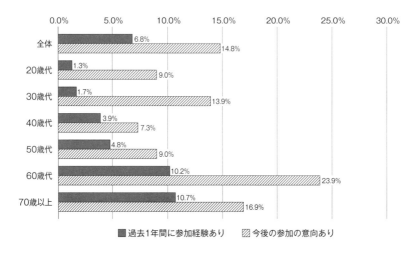

図4　年代ごとの「高齢者を対象とした活動」への参加経験と参加の意向（回答者ベース）

　少子高齢社会が本格化していくなかで、高齢者による高齢者へのサポートの必要性が高まっていくことが予想される。地縁的なつながりを基盤とした互酬的な助け合いに加えて、ボランティア活動のような選択縁の次元でも、シニア層の支え合いの関係を育んでいくことが重要になっていくと考えられる。

2.3　子育てへの効果

　福井県の子どもたちは全国学力調査、体力調査の上位の常連で、学力・体力ともに全国トップクラスであることが知られている（表1）。

　志水・前馬（2001）では、「家庭・学校・地域における人間関係の豊かさが、小・中学生の学力形成に大きな影響を与えている」（p.17）という「つながり格差」仮説に基づき、福井県の子どもの学力・体力の高さと、それを可能にしている自尊感情の強さの秘密が探られている。答えは、三世代同居（もしくは近居）による家庭生活の安定性、見守りやボランティア活動などの地域の

力、それに支えられた学校の「鍛える」文化である。「学校の先生だけではなく、地域の人々との関わりがあり、祖父母や家族とのふれ合いがある。先にこうした地域のつながりを『社会関係資本』として位置付けたが、社会関係資本は子どもたちの自尊感情を育むことにも一役買っているのである。こうした地域性によって、学校での教育活動が効果的に子どもたちの『力』へとつながっているに違いない」（p.193）と、地域のつながり、地域による見守りや学校へのサポートが高く評価されている。

表1　福井県の子どもの学力・体力

	全国学力調査		全国体力・運動能力調査			
	小学生	中学生	小学生（男子）	小学生（女子）	中学生（男子）	中学生（女子）
2019年度	3位	1位	1位	1位	2位	1位
2018年度	2位	2位	1位	1位	2位	2位
2017年度	3位	1位	1位	1位	1位	1位
2016年度	3位	1位	1位	1位	1位	1位
2015年度	2位	1位	1位	1位	1位	1位
2014年度	2位	1位	1位	1位	1位	1位
2013年度	2位	2位	1位	1位	2位	1位

　図3で確認できるように「子どもを対象とした活動（子ども会の世話、子育て支援ボランティア、いじめ電話相談など）」や「安全な生活のための活動（防災活動、防犯活動、交通安全運動など）」に取り組むシニアも少なくない。

　筆者の娘が通っていた小学校でもPTAによる登下校時の見守りの活動がおこなわれていたが、PTAの誰よりも活躍されていたのはシニアの男性ボランティアであった。登校してくる児童に、にこやかな笑顔で「おはよう」と元気に声をかけながら、手にした交通安全の黄色い旗を使って熟練の腕前で横断歩道を横切ろうとする車をさえぎり、子どもたちに安全に道を渡らせてくださっていた。福井県ではこうしたボランティアの姿を街のあちこちで見かける。他にも「あいさつボランティア」や「読み聞かせのボランティア」などもおこなわれており、シニア層が主力となって活動されている。こうしたつながりを通して、子どもは地域の多様な人々から見守られているという実感を抱き、地域でのびのびと過ごせるようになっていくのではないだろうか。

　福井県で子育てをしたものとして、忘れることのできない体験がある。筆者は子どもの頃から運動が苦手で、コンプレックスを持ち続けてきた。娘には同じ思いをさせたくないと運動教室への入会を検討しているとき、インターネットである団体を見つけた。「運動苦手な子、運動嫌いな子、体力・運動能力のない子大歓迎」というフレーズにひかれて体験参加を申し込んだ。当時、幼稚園の年長だった娘が気に入ったので、すぐに入会を決め、参加期間の上限である小6までお世話になった。スポーツ科学が専門のM先生が大学を退職後に設立された運動教室で、M先生をはじめとして指導者の多くはシニアのボランティアである。備品費、会場費などで足が出るのではないかと心配になるような会費で運営されており、親が一緒に参加し会場の準備や後始末を手伝うことが条件になっている。M先生は丁寧に指導をしてくださり、生徒一人ひとりに注意をはらい大きな声で励ましのエールを送ってくださった。筆者に似て運動の不得意な娘に対しても、少しでも上手くできると、見逃さずにこやかな笑顔で「スゴイ」と褒め言葉をかけてくださった。いろいろなスポーツを体験させていただいたが、冬場には縄跳びをすることが多かった。簡単な跳び方から、後ろ跳び、交差跳び、二重跳び、と難しい技に挑戦していき、どこまで進めたかを記録していく。二重跳びができるようになるとは思ってもいなかった娘が、何十回と連続して跳べるようになったのはM先生のおかげだと感謝している。他者からの承認、自尊感情（自己肯定感）の高まり、挑戦への意欲、努力、成功、という一連のステップが絵に描いたように進んでいくのを目の当たりにし、本当にこんなことがあるのだと感動したことを憶えている。福井県の子どもの体力・運動能力の高さの背景には、ボランティアの指導者によるこうした実践の積み重ねがあるに違いないと確信している。

第3節　｜　シニアの社会貢献活動と社会関係資本

3.1　社会関係資本の意義

　社会関係資本（Social capital）の定義は一様ではなく、論者によって強調されるポイントは異なるが、ロバート・パットナムによる代表的な定義である

「協調行動を容易にすることにより社会の効率を改善しうる信頼、規範、ネットワークなどの社会的仕組みの特徴」（Putnam 1993）にみられるように、信頼、互酬性などの規範、個人や企業などの間の具体的なネットワークによって定義されることが一般的である。パットナムは社会関係資本が豊かであることのメリットとして、①市民による集合的問題の解決を容易にすること、②コミュニティの潤滑油となること、③寛容で他者の不幸に共感的な性格特性の形成・維持につながること、④目標達成を促進するのに有用な情報の流れるパイプとして機能すること、をあげている（Putnam 2000）。

　社会関係資本が豊かな社会は孤立した人をつくらない包容力のある社会になると考えられ、地域コミュニティの一体感の醸成や犯罪の抑止が社会関係資本の効果として指摘されている。社会関係資本が豊かであることは、ボランティア活動が活性化する上でも重要なポイントであると考えられる。福井県でシニア層をはじめとするボランティア活動が盛んな理由としては、人口移動の少ない定住型社会であり、その結果として地縁的な結びつきのような結束型（bonding）のネットワークが豊かであることが予想される。

3.2　シニアのボランティア活動参加と社会関係資本

　塚本・舟木・橋本・永井（2020）では、2013年調査のデータを使ってシニア層のボランティア活動参加について総合的な分析をおこなった。下記の3つの仮説に基づく分析である。1)「興味・関心」に関する仮説：支援を必要としている他者や対応を必要とする社会問題に興味や関心のない層はボランティア活動に参加してこない。2)「構造的制約条件」に関する仮説：興味や関心があったとしても、時間的・経済的なゆとりがなかったり健康状態が思わしくなかったりすれば参加は困難である。3)「ネットワーク・情報」に関する仮説：何かきっかけがあれば参加してもよいといった程度の漠然とした参加意欲の場合、知り合いからの口コミ情報や勧誘（社会的なネットワークとの接続）や自分にピッタリの活動が見つかる（情報の入手）といった機会に恵まれなければ、参加への最初の一歩を踏み出すには至りにくい。

　共分散構造分析の結果が図5である。紙幅の関係で詳細な説明はできないが、設定した仮説に関して以下のことが確かめられた。1)「関心」に関して

は、「利己的傾向性」が強く、他者や社会問題への興味・関心が希薄なものは
ボランティア活動への参加経験が乏しい。2）「構造的制約条件」に関しては、
時間的な要素はボランティア活動参加にほとんど影響を与えておらず、経済的
な要素や健康状態は他の要素を介して間接的に影響を及ぼしている。3）「ネッ
トワーク・情報」に関しては、社会的なネットワークに包摂されているもの
は、ボランティア活動への参加経験が豊富であることが確認された。顔見知り
からの口コミ情報や勧誘が、参加のきっかけを付与する要因として作用するこ
とが推察される。インターネット利用に関しても、利用者の方が参加経験が豊
富なことが確認された。ボランティアに関する情報をICTを介して入手でき
ることで、自分にあった活動を見つけることが容易になるのではと考えられ
る。

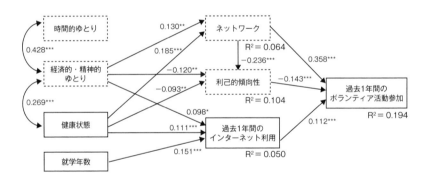

図5　「過去1年間のボランティア活動参加の有無」に関する共分散構造分析の結果

　データの分析結果から、シニアのボランティア活動参加者に関して、1）人
間関係のネットワークが豊富で地域社会とのつながりを維持しており、2）他
者や社会問題への興味や関心が旺盛なタイプで、3）時間的なゆとりの有無と
はあまり関係なく（忙しくても関心があれば時間を捻出して）、社会貢献に取
り組む人たちといった姿が浮かび上がってくる。筆者がこれまでに出会ってき
たシニアボランティアの方々の姿と見事にオーバーラップする分析結果である
と思っている。
　ボランティア活動への参加の動機として、奉仕の精神や使命感といったシリ

アスな要素が無関係だとは思わないが、ボランティアを実践するシニアの姿として、真っ先に思い浮かぶのは楽しそうな笑顔の方である。好奇心が旺盛で、友人・知人の輪に囲まれたアクティブなシニアが溌剌と活躍されており、みんなをハッピーにしていく。みんなの笑顔が糧となって、シニアの方もいつまでも若々しくアクティブでいられる。理想的すぎるかもしれないが、そうした好循環を想定することができる。

おわりに

　仕事や子育て、介護が一段落し、重荷を下ろしたのだから、老後は思う存分バカンスを満喫したい。そんな生き方を否定するつもりは毛頭ない。一度きりの人生なのだから、それぞれの趣味、嗜好に合わせてできるだけ楽しめばいいと思う。その上で、社会貢献活動もシニアが生きがいを持ち、喜びを感じながら暮らしていくための重要な選択肢の1つであることは間違いないだろう。喜びの好循環が創り出せれば、自分（実践者）よし、相手（対象者）よし、世間（社会）よしの「三方よし」が実現できる。

　福井県は客観的な統計指標を用いて算出された各種の幸福度ランキングでは無類の強さを誇っている。働く場所が豊富にあり、定住性が高く、血縁や地域の人間関係のネットワークに包摂されて暮らしていくことができる。こうした結束型（bonding）のネットワークの豊かさは福井県の強みであると思われる。一方で、こうした選択性の低い閉じたネットワークは異質な存在を受け入れない排他的な性格を帯びやすいという性格も有している。これに対して、ボランティア活動への参加のような興味や関心にもとづく選択縁的なつながりは橋渡し型（bridging）のネットワークと呼ばれ、異質な人々を結びつける働きをすることが知られている。福井県がより暮らしやすさを高めていくには、橋渡し型のネットワークを創り出し、増やしていくことが重要であると考える。シニアの社会貢献活動は、こうした意味でも大きな波及効果を秘めているのである。

注

(1) 科学研究費助成事業の基盤研究（C）（一般）の助成を受け（課題番号：
　　17K04214）、福井市総合ボランティアセンターとの共同でおこなわれた。

参考文献・資料

志水宏吉・前馬優策編著（2014）『福井県の学力・体力がトップクラスの秘密』中央公
　　論新社.

杉村和彦・石原一成・塚本利幸編著（2019）『三世代近居の健康長寿学：福井・北
　　陸・日本・世界』晃洋書房.

塚本利幸・舟木紳介・橋本直子・永井裕子（2020）「アクティブシニアのボランティア
　　活動参加の規定要因の総合的分析―福井県で実施したアンケート調査のデータ分
　　析から7―」『福井県立大学論集』54: 17-43.

Putnam, R.D.（1993）*Making Democracy Work: Civic Traditions in Modern Italy*.
　　Princeton University Press.（ロバート・パットナム『哲学する民主主義：伝統と
　　改革の市民的構造』河田潤一訳, NTT出版、2001年）

Putnam, R.D.（2000）*Bowling Alone: The Collapse and Revival of American
　　Community*. New York: Simon & Schuster.（ロバート・パットナム『孤独なボウ
　　リング：米国コミュニティの崩壊と再生』柴内康文訳, 柏書房, 2006年）

第6章
日本文化のジェンダー観再考

西野悠紀子

はじめに

　現代の日本では、ジェンダーに関する「伝統的」価値観を復活させようとする人々と、それに対して異議申し立てを行う人々の間で様々な対立が生じている。最近では「選択的夫婦別姓」の否定が憲法違反に当たるかどうかが争われた裁判、最高裁は夫婦同姓に賛成する層の存在を前提に、憲法違反に当たらないとする多数意見で「夫婦同姓」維持を支持した。また新型コロナウイルスの拡大で、「伝統的」家族モデルの陰に隠れていた男女間の様々な矛盾が露呈している、こうしたジェンダーバイアスを生じさせた「伝統的」価値観の中身は、「家」を代表し社会的活動を担う男性家長と、その支配下で家内部の秩序維持に奉仕する女性といった性別役割分担意識の是認と、その結果生じる男性優越の意識である。しかしこの意識は古来存在したものではない。この小論では日本古代史研究を例に「伝統的」ジェンダー観が研究に与えた影響を考え、その形成と変遷を概観したい。

第1節 ▌ 日本古代史研究におけるジェンダーバイアスの事例

　最初に今日「伝統的」ジェンダー観と言われるものの具体例として、日本史研究上の事例の紹介から始めたい。それは、「薬子の変」と呼ばれる事件について、その首謀者とされた女官藤原薬子の評価を巡る問題である。

　「薬子の変」は810（弘仁元）年、一旦退位した後平城京への遷都による権力奪還を企てた平城上皇と、平安京を拠点とする嵯峨天皇の間で起こった権力闘争である。当時の上皇と天皇は最高権力者として法的にも同等の地位にあり、両者の対立が政治問題に発展した例もあった。しかしこの乱で上皇方が敗北した結果天皇が唯一最高権力者となり、明治維新まで都が平安京（京都）から動くこともなくなった。このようにこの乱が王権と政治に与えた影響は大きかったが、その経過を記した同時代の記録は、840（承和7）年完成の『日本後紀』にしかない。その記述は勝利した嵯峨を正当化する立場から書かれ、乱の責任を平城側近の尚侍（天皇の秘書官長的職掌）藤原薬子とその兄仲成に全面的に負わせ、平城上皇の責任を回避する記述になっている。特に薬子については、＜常に天皇を欺き、天皇は彼女を寵愛し悪巧みを見抜けなかった＞、＜前代桓武天皇は東宮宣旨であった薬子の性格が良くないとして職から追放したが、平城即位後は権勢をふるい、ついには奈良に都を移し大乱を起そうとした＞と決めつけている[1]。また『類聚国史』に見える平城天皇崩伝には、女性の政治関与を否定する「牝鶏戒晨　惟家之喪」とまで書かれている[2]。9世紀前半の嵯峨・淳和朝は、唐文化の積極的受容が進められた時期であり、『日本後紀』の執筆者たちも自らの儒教的教養を前提に、漢文の知識を駆使して文章を練り上げた。中国社会の倫理を前提とするそれらの知識が、薬子の評価を書く際大きく影響したことは間違いない。但し後に触れるように、当時の人々のジェンダー観は、必ずしもこの通りではなかった。

　では明治以後の近代歴史学は、この変と尚侍薬子をどう評価してきたのだろうか。結論から言うと、少なくとも1970年代頃までの古代史研究者の多くは、『日本後紀』の記述を基に薬子の評価を行っていた。客観性を重んじる研

究論文でさえ『日本後紀』の記述に疑問を持つものは少なく、薬子を首謀者と考えるものが多かった。その背景には、彼ら自身意識するか否かを問わず、『日本後紀』の編者と同様の男女役割分担論に基づくジェンダー認識（政治権限がない女性が寵愛を受けた上皇を唆し、反乱にまで至ったのは薬子の罪であり、薬子は悪女であるという儒教的モラルに基づく認識）を、持っていた事にある。こうした認識は、彼らが一般の人々を対象に書いた概説書に如実に現れている。例えば1972年出版の『めくるめく王朝の女』[3] に収められた黛弘道「藤原薬子」の記述をみよう。筆者は1930年生まれ、戦後に大学教育を受けた古代史学者である。しかし恐らく女性を中心とする読者を想定したこの本では、驚くような記述が随所にみられる。例えば薬子の父藤原種継[4] については「陰謀にたけた寝業師」「桓武に巧みに取り入る」などと表現し、仲成・薬子がその血を引いていることを強調、兄弟についても「愚物あるいは姦物ばかり」と書く。また薬子と夫の縄主との関係については「東宮に接近してその寵を受けた妻（略）その妻は次第に常軌を逸し、不倫の淵に身を落としていく」「妻に裏切られ絶望しながらも一方ではその妻の援助で順調に出世」した人物として「やり手の女房を持つ平凡な現代のサラリーマン」の姿を縄主に見ている。まるでメロドラマである。さらに乱については「この間における薬子・仲成の暗躍は、（嵯峨）天皇側にとって目に余る」ため反撃に踏み切ったと述べ、「牝鶏時を作る」事を非難してもいる。平城の東宮妃であった薬子の長女については、乱以前に亡くなっていたと想像し「早死にして幸いであった」、死だけが母娘がともに天皇の寵愛を受けるという「畜生道から抜ける唯一の手段・方法であった」と書いている。このように筆者は『日本後紀』が描いた「儒教的秩序を逸脱した悪女薬子」像をより拡大し卑俗化して読み物風に描いており、「後紀」編者の叙述と女性観の問題点の検証を全く行っていない。むしろ「後紀」編者と女性観を共有し、それに自己の感覚を交え書いている。

　またこの例に関しては、他にも問題がある。特に多くの人を対象とする一般書において、超歴史的な差別的女性観の存在を印象付け、ジェンダー差別を助長する役割を果たしている点は、読者の多くが女性であったであろうことからも問題である。この本の記述は、今日から考えてかなり極端なものに思えるが、出版に関わった人々にも幾分かは共通するジェンダー認識が存在したので

はないかと思われる。

　その後の「薬子の変」の研究については、女性史の実証的研究が進み女性官僚としての尚侍の役割が明らかになり、尚侍とキサキや愛人の混同が無くなったことや⁽⁵⁾、天皇と上皇の権力闘争と両者の政権構想の違いに焦点が移ったことなどから大きく変化し、現在では乱を起こした当事者は平城上皇であるとする説が有力である。但し薬子の役割の評価については、現在でも議論が分かれている。

第2節　日本の親族構造とジェンダー意識の変化

2.1　日本近代国家とジェンダー

　研究内容にさえ影響を与えた「伝統的」ジェンダー観は、第一義的には明治以後の近代国家の産物である。日本文化のジェンダー観を考える時、この点を初めに抑える必要がある。先の例の筆者も10代半ばまで戦前の社会・教育体制の中で過ごし、戦後旧帝大の伝統の中で学んだ研究者である。従って彼のジェンダー観は、戦前の社会の「伝統的」価値観の中で形成されたと考えられる。それは明治以後、どのように形成されたものだったのだろうか。

　1867年権力を握り幕藩体制を解体した明治政府は、天皇主権の下で中央集権体制による国民国家を作り上げようとした。その体制を下から支えるために重視されたのが法の強制によって作り出された家父長制下の「家」制度であり、国民全体は天皇を家父長とする一つの疑似家族と想定された。「教育勅語」にあるように、親への孝と天皇への忠は一体として機能する仕掛けになっていたが、その実効性を担保したのが法制度と教育であり、徴兵制軍隊内での天皇を頂点とする上官と兵士の服従関係もそれを補強する役割を果たしている。

　法制度の中で家族制度を直接規定したのが、民法であることは言うまでもない。明治民法は当初1889（明治22）年から92（明治25）年にかけて制定されたが、この民法（ボアソナード民法）の施行を巡って穂積八束を中心とする激しい反対（民法典論争）が起こり、日清戦争後の1896（明治29）年改定され

施行された。旧民法はフランス法に倣った市民社会を前提とする法であったが、ドイツ法学と朱子学の影響を強く受けた穂積たちは、「民法出て、忠孝滅ぶ」というスローガンの下に、「家制度」を社会の中核に置くことを求め改定に成功した。古代末期に貴族社会で成立した日本独自の「家」の制度は、家職・家産の保有者（家督）による「家」の継承、家督（家長）による家族員の支配を特徴とし、中世〜近世の武家社会、近世の庶民にまで拡大した制度である。しかし96年改訂民法は、前近代の「家」をベースにしながらそれを全面的に継承したものではなく、19世紀の欧米国民国家を下支えした家父長制と同様、近代天皇制国家に適合的な制度として作り上げられた。「家」は男系の男子によって相続され(6)、家の財産は基本的に歴代戸主によって単独相続された。但し前近代の「家」と異なり戸主の職業の自由は認められ、家職と「家」が切り離された。戸主は家父長として妻子を法的に支配する強い権限を認められていた反面、女性は法律上の無能力者とされ、夫婦財産の夫による管理、事情によって戸主となった女性への後見人の設定、離婚・姦通罪における取り扱いの男女格差など様々な不平等規定が存在した(7)。また「治安警察法」第5条により「女子及び未成年者」の政治活動が禁じられ、成人女性は未成年者と同様の無権利状態に置かれた。そこで「婦人は男子よりも小児に近い」（生田長江(8)）等の、言説が生まれることになる。「家」は原則として父系継承をとり、女性は結婚により実家から夫の家に入り、夫婦同姓の規定により夫の姓を名乗った(9)。今日夫婦同姓の強制の下で、結婚した女性の九割までが夫の姓に改姓するのは、その名残である。夫婦同姓の制度は明治民法の産物であった。

　家父長制とそれに伴うジェンダー観は、教育によって支えられた。第二次世界大戦敗戦までの教育は男女とも小学校を義務教育としたが、忠孝を基本とする倫理観が「道徳」を始めとする授業や行事で教え込まれた。また女性に教育は必要ないとする風潮も強く、進学も家を継承する男子が優先された。中等教育以後は複線の教育システムをとり、男女別学を基本とした。教育内容も男女で大きく分かれ、男性には軍事訓練が課されるなど男らしさが刷り込まれた。教育の頂点にある帝国大学は「帝国大学令」により各方面の指導者養成を目指したが、例外を除いて女性の入学は認められなかった(10)。一方女性に対しては、男女の内外役割分担に基づく「良妻賢母」教育が行われた。例えば女学校

では家庭生活を維持するための料理や裁縫等、実用的な家事・育児の知識、お茶、お花など女らしさを養う教養が重視され、夫を支えて家を守り、国家を支える健全な子どもを育てる妻母役割を叩き込まれた。良妻賢母の刷り込みはまた、家を支える「貞女」を賛美する一方で、遊郭の女性の様にそこから逸脱せざるを得なかった女性に対する蔑視を強める事にもなった。こうした教育の結果が、女性の社会活動からの排除、男性は無条件に女性より優れているという意識の、男女双方への刷り込みだったのである。先に見た藤原薬子の評価も、『日本後紀』の女性観とともに、近代社会におけるジェンダー認識の産物である。

2.2　前近代社会のジェンダー観

　近代の「家」を支えるジェンダー観は、一見前近代の日本社会のそれを継承した様に見える。しかし日本の前近代におけるジェンダー観は、違っていた。

　近代国家における「伝統的」ジェンダー観の前提となる「家」の制度は、貴族社会で家格・家業・家職が固定する12世紀頃に出現し武家に拡大[11]、江戸時代中期には庶民にも定着した。江戸幕府は朱子学を武家の学問の中心に据え、忠孝の観念を植え付ける事で、戦国以前の相互契約的主従観念からの脱却を目指した。

　朱子学（宋学）は中国の伝統的な社会家族制度を背景に、皇帝専制が確立した宋代に成立した大義名分を強調する儒学である。その前提となる中国の家族は、黄河流域で殷周頃には成立していた父系制家族である。その規範は儒学によって理論化され、後漢以後の国家法の基礎となった。ここでは父から子に受け継がれる気の存在（父子同気）を前提に、一人の男性を祖とし同じ気を持つ父系集団を親族とした。親族は同じ姓を名乗り、同気（同姓）の親族間の婚姻は禁止された（同姓不婚）。同居家族は両親と子どもで構成され、父の財産は親の死を契機に男子の間で分割相続され、それぞれ別の一家を構えた。従って家族そのものは一代ごとに分裂と再編を繰り返したが、同祖同姓親族集団としての結束は保たれていた（滋賀 1967）。女性には相続権がなく[12]、婚姻は女性が男性の家に入る嫁入り婚である。しかし婚姻後も姓の変更はなく、従って婚家の完全な家族員とは認められず、男子を産まない限り婚家の祖先祭祀の対象

にはならなかった。但し男子を産んだ母はその子による孝の対象となり、子に対して権力を持った。しかし子の孝を示す服喪年数も父と母では大きな差があり、また再婚した母への服喪義務はないとされた。

　父系制的親族秩序は、律令国家が唐律令を一部修正して受け入れた時それと連動して受け入れられ、儒学自体も教養として男女支配層に学ばれた[13]。しかし当時の日本社会の親族構造は唐のそれとは全く異なっていたために矛盾やダブルスタンダードが生じ、日本独自の「家」へ収斂するジェンダー観を生じる事になった。それを最もよく示すものが、古代以来後の時代まで残る親族観念である。例えば7世紀に制作された「天寿国繍帳」[14] に記される聖徳太子（厩戸王）の系譜は、父母双方について、世代ごとにその父母を繰り返し記している。この系譜は世代を遡るほど記載人数が増し、それら全ての子孫として（開いた扇の要の位置に）厩戸王が存在する形になっている。このように遡るにつれて祖先が拡散する系譜から窺える親族意識は、唯一の祖先から出発し片方の系のみを辿りながら世代を重ね、単系（父系・母系）の枠内でのみ拡大し完結する親族意識と全く異なっている（義江 1986）。早く高群逸枝が指摘したように、日本の氏（ウヂナ）には父母双方の氏名を名のる複姓や複数の祖先伝承、祖先の変更が見られ、個人は父母双方の氏に対して帰属意識を持っていた（高群 1966）。律令制下で母の氏から父の氏へ氏名の変更請願がしばしば見られるのも、親族集団に系の縛りが曖昧だったことを示している。従って中国や儒教を国是とした後の朝鮮と異なり日本社会には同姓不婚の原則は存在せず、むしろ身近な血縁集団の結束を固め、他と差異化を図る意味で近親間の婚姻が好まれた。近親間の婚姻は世襲王権を形成しつつあった大王一族で最も顕著であり、異母兄弟姉妹の婚姻を始め同母以外すべての近親間での結婚が行われた。律令法においても、皇族女性は皇族以外の男性と結婚することを禁止されている。この傾向は8世紀に政権の中枢を占めた有力氏族でも顕著で、例えば藤原不比等を祖とする新興氏族藤原氏の女性は、殆ど氏内の近親（叔父姪。従兄弟）と婚姻した（西野 1982）。そのため一見父系集団に見える内実は、権力独占のための父系母系双方の緊密な血縁集団であった。この傾向は10 〜 11世紀の貴族社会にも見られ、藤原道長の長女彰子が産んだ兄弟の天皇はともに母彰子の同母妹と叔母甥婚を行っている。さらに父系制が定着したかに見える江戸時代に

おいても、例えば三井一族が一族内部で婚姻を重ねたように、家存続の手段と
して、むしろ好まれた。

　氏の境界があいまいな古代社会では、（近代的な意味ではないが）男女が相
対的に自立する。律令法に見る限り支配を受け持つ官僚は一見男性主体であ
り、女性の役割は天皇の日常生活に奉仕する後宮に限定されているように見
え、現に官僚制研究の多くは男性官僚のみを対象としている。しかし7・8世
紀の200年間、天皇の半数は女性であり実力者として政治を支配していた。ま
た日常内裏内で活動するのは女性に限られ男性は臨時に参入するだけであった
から、女官の役割も単なる家政管理に限定されず、天皇の政治運営を支え男性
官人に伝達する秘書・スポークスマンの役割を担っていた（野村 1978; 伊集院
2014）。男性の蔵人頭が天皇の秘書として権限を拡大する摂関期においてもこ
の形式は守られ、内裏における政事奏上の儀礼は女性の内侍の取次なしに行う
ことができなかった。男女官人は夫婦であってもそれぞれ独自の家政機関と収
入を持ち、自立した経済生活を営んだ。後代の北政所はその名残である。また
親の財産は男女に分割相続されたが、この相続法は「家」成立後にも「一期相
続」[(15)] など女性の相続権が狭められるとは言え長く残り、鎌倉時代には将軍
との直接的主従関係を示す地頭職に女性が任じられた例もある。

　古代の婚姻は天皇を除く貴族から庶民まで、男が女のもとに通う「妻問」、
女の家に住み着く「婿入り」が普通であり、夫婦の関係は不安定であった。従
って古代の家族は成人前の子どもと母を単位とする母子同居が基本であり、そ
こに夫が加わる形が一般的である。中国的な「嫁入り」婚の普及は南北朝・室
町時代頃以後であった。

　古代社会にも男女の性別分業は見られる。しかし例えば近世社会で穢れ観念
の下に女性を排除した酒造が古代では女性の仕事であったように、分業とその
評価そのものが「伝統的」社会とされるものとは異なっていた。

　比較的男女差の少ない古代社会のジェンダー認識は、「家」成立後次第に変
化した。公家や武家など主従関係下にある階層では、主に男性の家相続人は社
会の中で「家」を代表して家職を務め、女性は主に「家」内部で活動する様に
なる。しかし近代国家が法の強制により人為的に作り上げた父系継承の「家」
と前近代の「家」では、その性格が異なっている。前近代の「家」は、職業選

択の自由はなく、歴代家長は家職や家産を守り次代に伝えることで、支配下に
ある家族や使用人とその子孫の生活を永続的に保障する一種の経営共同体であ
り、家の存続がまず優先された。江戸時代の大名改易の例のように、家の破綻
は家臣を含む家全員の生活破綻を意味し、従って商家などで実男子が存在して
いても有能な人物を娘婿として経営の存続を図るとか、血縁関係が全くない人
物を養子として存続を図ることが普通に行われた。改姓も「家」継承のためで
あり、「家」を継承した養子は養家の姓に改姓したが、女性が結婚により姓を
変える事はなかった。父系制原理の建前の背後には、古代以来の双系的な原理
が生きていたのであり、ジェンダー観も同様である。

おわりに

　平安仏教と共に導入された女性穢れ観(16)、仮名文字の発達が逆に齎した男
女の教養・文化の差など時々の社会の影響により、男性優位のジェンダー観は
次第に力を強めた。しかし紫式部や清少納言に代表される、漢詩文の知識をベ
ースに仮名と日本語で書かれた女房文学は、日本を代表する古典として後の時
代に受け継がれた。中世社会にも例えば日野富子のように、政治の表舞台で活
動し、時の男性に賞賛された女性達がいる。また江戸時代、養蚕と機織りで一
家を支え、名物は「嬶天下と空風」と言われた上州の女性のように、家族で働
く庶民の男女観も、儒教倫理に縛られた男女観とは異なっていた。明治民法と
教育で刷り込まれたジェンダー観の陰で異なるジェンダー観が生き続け、今日
に受継がれた事は、「米騒動」の女性の例一つからも明らかである。

注

(1)　『日本後紀』弘仁元年9月6日、10日条、「薬子の変」の経過と藤原薬子伝、廃太
　　子を含む乱の処理を記し、藤原薬子の罪を強調するため、平城上皇との性関係を
　　暗示するともとれる表現がある。
(2)　『日本後紀』は早く散逸し、部分的に残るのみである。『類聚国史』は『日本書
　　紀』以下六国史の記事を、菅原道真が事項別に整理し収録した書。この文は『日

本後紀』の文の一部。

(3) 7巻のシリーズ「日本女性史」の第1巻。60〜70年代女性史関連の本に注目が集まる中で出された大規模なシリーズ。編集者は笠原一男、各時代の代表的女性を取り上げた人物史で、執筆者は歴史研究者だけでなく作家も多い。

(4) 藤原種継は桓武に信頼された有能な官僚で、長岡京遷都の実施を担ったが、785年反対派により暗殺された。この事件により時の皇太弟早良親王は廃嫡、桓武の長子平城が皇太子となった。

(5) 尚侍は後に触れるように、天皇側近の秘書・スポークスマンであるとともに、後宮女官を管理する役割も担った高位の女官で定員は2名。平安時代前半までは天皇の親族や高官の身内が任じられ政治を支えた。経験を積んだ40〜50代以上の人物が多い。10世紀末の藤原兼家・道長時代、他のキサキに優越する地位を確保するため女を尚侍兼東宮妃とするようになり、尚侍はキサキ化した。薬子や桓武が寵愛したとされる百済王明信について、「寵愛」と言う文字を性関係と結びつけて理解する傾向があったのは、摂関期の尚侍の性格を遡らせて理解したためである。

(6) 相続人は直系の子（または孫）、男性、嫡出子を優先し、嫡出男子がいない時、庶子と女子が私生児に優先すると規定された（旧民法970条）。婚姻は家と家の契約であり、戸主の同意を必要とした（旧750条）同様の論理は皇位の継承にも見られる。江戸時代にも2人の女帝が即位したように、明治以前女性の全面排除はなかった。しかし明治の「皇室典範」により皇位の継承が男系男子に限られた結果、現在後継者問題を引き起こしている。

(7) 旧14〜18条で女性を無能力者と規定、未成年の子に対する母の親権の制限（旧886条）など、結婚した女性が単独で諸種の契約を行うことはできなかった。また旧801条は夫婦財産の夫による管理を規定している。さらに813条では女性にのみ厳しい貞操の義務を課している。

(8) 『女性改造』1924（大正13）年6月号。

(9) 女性は婚姻により夫の家に入ることが規定されている（旧788条）。

(10) 1886（明治19）年森有礼の教育改革によって出された教育令の一つ。帝国大学は「国家ノ須要ニ応ズル学術技芸ヲ教授シ」とあるように、国家の指導者を養成することを目的とした。特に明治期に設立された東京と京都の大学は、敗戦まで女性を全く入学させなかった。

(11) 貴族社会では藤原道長・頼通の時代に、道長子孫（御堂流）の地位が卓越し、摂政関白の地位を独占継承した。12世紀末〜13世紀半ばに摂関家は5家に固定化し、摂関家を頂点とし位階・官職と結びついた公家社会の家格が固定した。また公家は蹴鞠・音楽など家固有の文化・技能を持ち、代々継承した。

(12) 大沢正昭によると、宋代に女子のみを残して亡くなった父の財産をその子が継げ

るかが争われた裁判で女性の相続が全面否定され、同族の男子の手に渡った判例がある（大沢 2005）。

(13) 平安前期頃まで支配階級の男女は、ともに漢籍中心の教育を受けた。吉備真備による孝謙天皇の教育内容や、現在正倉院に残る光明皇后の手になる「楽毅論」等が、それを示している。政務遂行のための最低限の漢字・漢文の知識は官人の必須教養であったが、この点は女官も同様であった。

(14) 聖徳太子の没後、そのキサキ橘大郎女の願いで采女が作成した刺繍の帳。現在は残片のみ中宮寺に保存。中に銘文があり、『上宮聖徳法王帝説』に全文が記載されている（義江 2020 参照）。

(15) 鎌倉時代後半から見られる相続法、分割相続による財産の細分化を防ぐため、家督相続人以外の女性や庶子の相続を一代限りとし、死後は家督に返す。

(16) 女性には生来成仏の妨げとなる「五障」が存在し、成仏の為には男性化する必要が有る（変生男子）等とする論で、天台・真言宗の普及とともに浸透し、女性穢れ観を生み出した。

参考文献・資料

阿部恒久・大日方純夫・天野正子編（2006）『男性史（全3巻）』日本経済評論社.

伊集院葉子（2014）『古代の女性官僚：女官の出世・結婚・引退』吉川弘文館.

大口勇次郎・成田龍一・服藤早苗編（2014）『ジェンダー史』山川出版社.

大沢正昭（2005）『唐宋時代の家族・婚姻・女性：婦は強く』明石書店.

国立歴史民俗博物館編・展示企画（2020）『性差の日本史』図録.

滋賀秀三（1967）『中国家族法の原理』創文社.

女性史総合研究会編（1982）『日本女性史（全5巻）』東京大学出版会.

女性史総合研究会編（1990）『日本女性生活史（全5巻）』東京大学出版会.

高群逸枝（1966）『母系制の研究（高群逸枝全集1）』理論社.

西野悠紀子（1982）「律令体制下の氏族と近親婚」女性史総合研究会編『日本女性史 1 原始古代』東京大学出版会.

野村忠夫（1978）『後宮と女官』教育社歴史新書.

義江明子（2020）『推古天皇』ミネルヴァ書房.

義江明子（1986）『日本古代氏の系譜』吉川弘文館.

渡辺浩（2021）『明治革命・性・文明：政治思想史の冒険』東京大学出版会.

おわりに
―パリテ法に学ぶ―

　本書を終えるにあたって、「私たちの危機感」を改めて示しておきたい。本書は、女性の政治参画推進が重要と考えるジェンダー平等実現に向けての運動と研究の成果として編まれたものである。本書の筆者たちは、女性の政治参画の権利が抑圧されていることに対して強い問題意識をもち、日本の民主主義に対する危機感を抱いて、本書の執筆にあたった。政治分野に限っても、太平洋戦争後の民主化と男女平等の制度の実現にもかかわらず、女性を差別する構造はほとんど変化していないといってもよい。

　男女共同参画に関してこれまでの経緯を見れば、何もしてこなかったわけではない。これまで、男女共同参画推進が法律で定められ、そのための推進計画（5か年計画）が5次にわたって閣議決定されてきた。2003年には、当時の小泉首相が意思決定分野における男女共同参画を掲げ、その後2020年までに行政機関や企業の管理職の30％を女性に、また政治家（国、地方の議員）の30％を女性とする目標を定めた。また2018年には「政治分野における男女共同参画の推進に関する法律」が制定された。しかしながら、2020年の目標は達成できないままに先送りされ、今後も不透明な状況にある。政府は2020年代の早い時期にとしているが、各政党において、2030年までに30％目標が達成されるのか、一部を除くと全く見通しは立たない。

　おりしも本書出版の直前に衆議院議員総選挙があり、「選挙政治と男女共同参画」が問われるはずであった。しかし一部の政党を除けばジェンダー平等は大きな争点にはならず、感染症対策や景気対策が焦点となった。男女共同参画は選択的夫婦別姓やLGBT平等を除くと政策的争点にすらならない状況が見られた。政治分野における男女共同参画がいわれて久しく、2003年にその推進を掲げた自民党政権は、目標を達成できないままに、2021年9月の自由民主党総裁選挙、そして10月に任期終了となる衆議院議員選挙を行った。

自民党総裁選挙では、4人の候補者が立候補し、そのうち2人が女性候補であった。結局、9月29日の投票では、男性候補2人が上位となり、決選投票となって岸田文雄が総裁に就任した。10月31日に投票された衆議院選挙では、政治分野における男女共同参画推進法に基づいて、各政党は、立候補者の男女同数を目指すことが努力義務とされていたのであるが、一部の政党を除いては、大きくその目標を下回る結果となった。女性の立候補者が少なければ、一般的には当選者も少ないこととなる。衆議院議員総選挙の結果、女性議員の比率は、改選前よりも微かに減ることになった。

　世界の状況からすれば、日本のジェンダー不平等は、直ちに改革されなければならない課題である。日本の国会における女性議員の比率は、諸外国と比べると極めて低い。また閣僚における女性比率も中位に留まっている。その一方では、EUや北欧、北米の諸国では、女性の政治分野での活躍は当然のことと考えられており、議員数においても、閣僚数においても、日本とは大きな差がある。もちろんどの国も、この100年ほどの間にようやく女性の参政権を認め、男女平等を実現してきたのが実際である。しかしながら、その一方では、遅れてきた国の中でも急速に男女平等を実現してきた国もある。その一つがフランスである。

　私たちは、このフランスの男女平等を実現できた「パリテ法」に注目した。パリテ法はまた女性の政治参画を目指す日本の運動団体にとってもモデルとするべき法律となっていた。パリテ法は比例代表選挙等の男性と女性の候補者をパリテ（同数）にすることを基本に、小選挙区の立候補者全体でもそれを政党に義務付けるために政党への助成金の給付によるコントロールを行い、成果を上げることができた。もちろんパリテ法は大きな成果を上げたが、同時に憲法上の議論を呼び、その差別構造を指摘する声もあった。パリテ法制定の経緯と背景には、自由主義と平等主義の相克、普遍主義からの批判もあった。

　パリテの考え方の議論としては、パリテに賛成する普遍主義と反対する普遍主義があり、フランスにおける平等主義原理と女性優先政策の相克が問題となった。もちろん、思想と実際の対策の問題でもあり、女性性の主張の正当性を問うところもあった。すなわち男女という二元的な平等策では、語ることができない性的指向や性自任（の自己同一性）があり、LGBTQa+、SOGI、多様

な性の在り方、少数派の権利保障といった観点からは、パリテを超えて進むべき新たな地平も展望されようとしている。

　なお、実際的な対策という側面が強調されるとしても、フランスにおける女性の社会進出においては、現実には、家事や育児、介護における差別の構造化があり、とりわけ、移民女性労働に家事や育児の労働を依存する状況がある。

　ヨーロッパや北米の状況に対して、アジア・アフリカ諸国の状況は様々であり、セネガルのように進んだ国もある。概して厳しいところとして、パキスタンやバングラデシュ、韓国などに見るように、必ずしも女性の政界進出は進んでいない。女性議席数の割り当て制度などもあるが、基本的に小数派に留められる制度であり、女性政治家への割り当てによる女性差別が進んでいるし、くわえて、富裕層の特定家系など女性政治家の選出基盤によるゆがみも見られる。

　私たちは、改めてジェンダー平等に向けての「研究と実践を進め、実践と研究の往還」を通じて、不平等問題の解決を目指していく必要があることはいうまでもない。本書では、フランスに学ぶことから始めた。フランスでの経緯はどうであったのか、本当に変わったのか、また変わるには何が必要なのか。フランスパリテ法に学んだ日本での「政治分野の男女均等を目指した法律」は機能しているのか、今後機能するのか、そのために何を変えていけばよいのか検討を重ねていかなければならない。

　加えて人権保障を進め、だれ一人取り残されないためにも、「ジェンダー平等社会の実現」を目指すことが喫緊の課題となる。男女共同参画が進まない社会である日本は、同時にその他の人権問題でも遅れているといわねばならない。日本の問題なのか、世界の問題なのか、多少の違いはあるとしても、そこには共通する差別の構造が見られる。

　そうした背景にある歴史、文化、思想、政治、政策、行政、制度、社会行動・制度、経済活動・構造・制度、人々の意識や態度をどのように変えていくことができるのか。思想と運動による変革の試みも必要かもしれない。フランスでも議論になった、真の普遍主義の実現に向けて、男女という二元的な平等策では、語ることができない性的指向や性自任（の自己同一性）、それらのいう多様な性の在り方や、少数派の権利保障を我々も考えなければならないのである。

これからの日本における改革に向けては、少子高齢社会、人口減少社会を前提に、地域の変化を踏まえて、女性の政治参画やそれを超えた普遍的平等の権利の実現を考えていかなければならない。地域や家族、社会や経済における差別の構造化と無意識の差別に変化を及ぼすことが求められる。そのためには、社会構造とそれを支える制度の一大変革のみならず、人々の日常の生活意識と態度、そして行動様式の組み替えを求めるところまで及ばざるをえない。

　日本の地域社会における家族の在り方や、性別役割分担の考え方は、様々な問題を内包しているが、それらが実質的には差別の意識や行動に結び付いているのである。そうした意識や行動は、家族や地域で再生産されるところもあるが、もう一方では、非民主的な学校教育を通じて修得されているところもある。生涯教育における社会教育や学校教育、特に主権者教育の在り方も考えていかなければならない。幸いにして地域社会には、その社会課題に能動的に応えようとするアクティブシニアがいるし、地域住民が主体的に教育を支え担おうとする動きもある。

　もちろん現実にすべてを変えていくことは難しいが、政策的に変えていく必要はあるし、特に政治分野については、そうした働きかけ方が容易な側面もある。

　明治以来の差別観と社会的慣行が残るとしても、差別撤廃に向けて、男女共同参画を政治分野・意思決定分野において実現しようというのは、形式的には法律で定められている通り、共通の理念となり目標となっている。この政策目標があることから、突破口としての政治分野からの具体的な政策提言が重要となろう。

　理念や建前が重要視されるような政治分野においては、ジェンダー平等は共通の価値となっているし、政治と政策から動く余地は大きい。この問題に関する政治理念はすでに確立しているが、問題は政策の不足にある。理念を実現するには努力義務中心の現行の政策では効果が小さいのである。これを社会的、経済的、法的に見て強制力のあるものに変え、政治の実態を変える力を発揮していかなければならない。

2021 年 10 月

新川 達郎

◎編著者・著者紹介（執筆順）

冨士谷 あつ子（ふじたに・あつこ）──編著者、はじめに・第Ⅰ部第1章
1932年、京都市生まれ。京都大学農学部卒、博士（農学、京都大学）。評論家、日本ペンクラブ名誉会員。1970年から生涯学習支援・国際文化交流・文化芸術の創造活動等を推進。武庫川女子大学、福井県立大学に専任教授として招聘され、定年後に社会活動を再開。日本ジェンダー学会初代会長、京都文化創生機構理事長、ジェンダー平等推進機構理事長、元京都国際文化協会会長。第24回読売教育賞受賞。著書：『三十歳からの出発』（読売新聞社）、『生涯学習への出発』（朱鷺書房）、『日本農業の女性学』（ドメス出版）、『宇治の流れに』（南山出版）他。編著：『女性学入門』（サイマル出版会）、『フランスに学ぶ男女共同の子育てと少子化抑止政策』（明石書店）など。

新川 達郎（にいかわ・たつろう）──編著者、第Ⅰ部第2章・おわりに
早稲田大学大学院政治学研究科、東北大学大学院情報科学研究科助教授などを経て99年から同志社大学大学院総合政策科学研究科教授。現在、同志社大学名誉教授。専門は行政学。市民参加・市民協働の研究と実践にも関心。日本公共政策学会元会長（2012～2014年）、日本計画行政学会元副会長（2014～2016年）などを歴任。特定非営利活動法人日本サステイナブル・コミュニティ・センター代表理事、特定非営利活動法人水環境ネット東北代表理事、一般社団法人東北圏地域づくりコンソーシアム代表理事、一般財団法人地域公共人材開発機構理事長など兼任。主著に『京都の地域力再生と協働の実践』（編著、法律文化社、2013年）、『持続可能な地域実現と協働型ガバナンス』（編著、日本評論社、2011年）など。

井谷 聡子（いたに・さとこ）──第Ⅰ部コラム
1982年、兵庫県に生まれる。2015年、トロント大学博士課程修了。博士（Ph.d）。現在、関西大学文学部准教授。主著に『〈体育会系女子〉のポリティクス：身体・ジェンダー・セクシュアリティ』（関西大学出版、2021年）、『オリンピックという名の虚構』（ヘレン・レンスキー著、監訳、晃洋書房、2021年）、『オリンピック：反対する側の論理』（ジュールズ・ボイコフ著、監訳、作品社、2021年）など。

藤野 敦子（ふじの・あつこ）──第Ⅱ部第1章
京都産業大学現代社会学部教授、博士（経済学）。神戸市生まれ。大阪大学経済学部卒業。公務員を経験後、大阪大学大学院経済学研究科後期課程在学中にパリ留学。2004年に京都産業大学経済学部専任講師に着任。同大学経済学部教授を経て2017年から現職。2008～2009年にパリ・ナンテール大学社会学部人口社会研究所の客員研究員。著書に『発展途上国の児童労働』（明石書店、1994年）、『不思議フランス魅惑の謎』（春風社、2014年）など。

ステファニー・エネット＝ヴォーシェ（Stéphanie Hennette-Vauchez）──第Ⅱ部第2章
パリ・ナンテール大学教授、フランス大学研究所の上級会員、CREDOFの所長、UMR7074「法の理論と分析のためのセンター」の副所長。法哲学、生物倫理、社会的権利、基本的自由、政教分離など、さまざまな法的テーマに関する数多くの著作、業績を残している。REGINE研究プロジェクトにおいて、デイアヌ・ロマンと多くの法とジェンダーについて多数の本を執筆した。『法とジェンダー』（CNRS出版、2014年）など。

ディアンヌ・ロマン（Diane Roman）──第Ⅱ部第2章
ソルボンヌ法律学校の教授、フランス大学の名誉会員、ソルボンヌUMR8103の法哲学研究所の会員、権利研究センター CREDOFにも所属。REGINE研究プロジェクトにおいて、ステファニー・エネット＝ヴォーシェと多くの法とジェンダーについて多数の本を執筆した。『法とジェンダー』（CNRS出版、2014年）など。

シモン・サルヴラン（Simon Serverin）──第Ⅱ部第2章・第3章
フランスのリヨン生まれ。パリ第7大学文学部日本文化学科政治思想専攻修士課程および神戸大学大学院人間発達環境学研究科博士課程修了。博士（人間環境学）。知識社会学の観点から、日本の憲法学を研究し、日仏の比較憲法・政治思想研究を行っている。現在は、上智大学外国語学部フランス語学科に所属している。共著『フランスに学ぶ男女共同の子育てと少子化抑止政策』（明石書店、2014年）。

ジュール・イルマン（Jules Irrmann）──第Ⅱ部第4章
1974年生まれ。学歴：トゥルーズ政治学院（1992 ～ 95年）、国立東洋言語文化学院日本語科（1995 ～ 98年）、ナント行政学院（2000 ～ 01年）。職歴：在日フランス大使館 広報部 広報担当官（1998 ～ 2000年）、フランス経済財政産業省本省 国庫・経済政策総局（2001 ～ 2005年）、在日フランス大使館経済部 財務副参事官（2005年 ～ 2008年8月）、在日フランス大使館広報部 参事官（広報・内政担当）（2008年9月 ～ 2012年8月）、在フィジーフランス大使館公使（2012年9月 ～ 2016年8月）、フランス外務省本省アジア・オセアニア局 オセアニア課長（2016年9月 ～ 2019年8月）、在京都フランス総領事、アンスティチュ・フランセ関西館長を兼務（2019年9月より）、関西領事団団長（2021年5月より）。

伊藤 公雄（いとう・きみお）──第Ⅱ部第5章
1951年、埼玉県生まれ。京都大学文学部・同大学院文学研究科博士課程で社会学を専攻後、イタリア政府給費留学生としてミラノ大学政治学部留学。現在、京都産業大学客員教授・ダイバーシティ推進室長、京都大学・大阪大学名誉教授、一般社団法人ホワイトリボンキャンペーン・ジャパン共同代表。著書に『＜男らしさ＞のゆくえ』（新曜社）、『男性学入門』（作品社）、共編著に『女性学・男性学』（有斐閣）、『新編 日本のフェミニズム』（岩波書店）などがある。

牧 陽子（まき・ようこ）──第Ⅱ部第6章
上智大学外国語学部准教授。専門は社会学、社会政策論、ジェンダーと就業・ケアの問題など。NHK番組制作ディレクターや全国紙記者を経て、パリ第一大学政治学部修士課程、一橋大学大学院社会学研究科博士課程修了。博士（社会学）。著書に『フランスの在宅保育政策：女性の就労と移民ケア労働者』（ミネルヴァ書房、2020年）、『産める国フランスの子育て事情：出生率はなぜ高いのか』（明石書店、2008年）など。

香川 孝三（かがわ・こうぞう）──第Ⅲ部第1章・第2章
1944年、香川県生まれ。東京大学大学院法学政治学研究家博士課程単位取得退学。神戸大学名誉教授、大阪女学院大学名誉教授。元ベトナム公使。日本ジェンダー学会会長。専門領域：アジア法、労働法。著書：『インドの労使関係と法』（成文堂、1986年）、『アジアの労働と法』（信山社、2000年）、『グローバル化の中のアジアの児童労働』（明石書店、2010年）、『女性クリスチャンの生きざま』（コンポーズユニ、2016年）他。

佐々木 正徳（ささき・まさのり）──第Ⅲ部第3章
1977年、北海道生まれ。北海道大学文学部卒業、九州大学大学院人間環境学府博士後期課程修了、博士（教育学）。同大学院助教、長崎外国語大学外国語学部教授を経て、現在、立教大学外国語教育研究センター教授。専攻 教育人類学、ジェンダー論、韓国社会・文化論。主要著書・論文『アジアのなかのジェンダー（第2版）』（共著、ミネルヴァ書房、2015年）、「現代韓国社会の男性性──軍事主義との関係から──」（『ジェンダー史学』第9号、2019年）。

小縣 早知子（おがた・さちこ）──第Ⅲ部第4章
神戸大学大学院国際協力研究科修了。国際協力専門家として仏語圏アフリカ（セネガル、ベナン、モロッコ、チュニジア他）で開発計画に携わる傍ら、国内では健康運動指導員でもある。2002年パワーリフティング世界チャンピオン。主な著書・論文：『海外事情16モロッコ』（共著、海外職業訓練協会、2002年）、「セネガルの村落開発計画とジェンダー問題」（『日本ジェンダー研究』9号、2006年）、「アフリカの開発とジェンダー──モロッコ、モーリタニア、ギニアにおける開発とジェンダー事情から学ぶ──」（『日本ジェンダー研究』4号、2001年）他。

斎藤 真緒（さいとう・まお）──第Ⅳ部第1章
1973年、秋田県生まれ。立命館大学社会学研究科博士課程修了。博士（社会学）。立命館大学産業社会学部教授。2018年9月から2019年9月までシェフィールド大学the Centre of International Research on Care, Labour and Equalities客員研究員。「男性介護者と支援者の全国ネットワーク」運営委員。思春期保健相談士。（公財）京都市ユースサービス協会「子ども・若者ケアラー事例検討会」事業発起人。『男性介護者白書：家族介護者支援への提言』（共著、かもがわ出版、2007年）。

西尾 亜希子（にしお・あきこ）──第Ⅳ部第2章
ロンドン大学教育研究所（現ユニバーシティ・カレッジ・ロンドン教育研究所）教育学研究科博士課程修了、PhD。武庫川女子大学共通教育部教授。専門は教育社会学（高等教育とジェンダー）。著書に『アジアのなかのジェンダー（第2版）』（共著、ミネルヴァ書房、2015年）、*Widening Participation in the Context of Economic and Social Change*（共著、University of East London、2017年）など。

上杉 孝實（うえすぎ・たかみち）──第Ⅳ部第3章

1935年京都府生まれ、京都大学大学院教育学研究科修士課程修了、京都大学教授等を経て現在京都大学名誉教授、教育社会学、社会教育専攻、日本ジェンダー学会理事、前基礎教育保障学会会長、元日本社会教育学会会長。主な著書に『地域社会教育の展開』（松籟社）、『生涯学習・社会教育の歴史的展開』（松籟社）、編著書に『生涯学習と人権』（明石書店）、『大学はコミュニティの知の拠点となれるか』（ミネルヴァ書房）などがある。

大束 貢生（おおつか・たかお）──第Ⅳ部第4章

大阪府生まれ。佛教大学大学院社会学研究科博士課程単位取得退学。佛教大学社会学部准教授。専門分野はジェンダー論、共生社会論、ボランティア論。京都市はぐくみ推進審議会委員、向日市男女共同参画審議会委員。「学校を中心とした地域活性化の可能性について──南丹市美山町でのコミュニティ・スクールの展開から──」（『佛教大学総合研究所紀要』27号、2020年）、「地方自治体における男女共同参画計画策定をめぐって」（『佛教大学社会学部論集』73号、2021年）。

塚本 利幸（つかもと・としゆき）──第Ⅳ部第5章

滋賀県生まれ。京都大学大学院文学研究科博士後期課程単位取得退学。福井県立大学看護福祉学部教授。専門は社会学、社会調査。著書に『男女共同参画の実践－少子高齢社会への戦略』（共著、明石書店、2007年）、『日本・ドイツ・イタリア 超少子高齢社会からの脱却：家族・社会・文化とジェンダー政策』（共著、明石書店、2009年）、『フランスに学ぶ男女共同の子育てと少子化抑止政策』（共著、明石書店、2014年）、『三世代近居の健康長寿学：福井・北陸・日本・世界』（共著、晃洋書房、2019年）など。

西野 悠紀子（にしの・ゆきこ）──第Ⅳ部第6章

1943年、京都府生まれ。京都大学大学院文学研究科博士課程単位取得退学。専門は日本古代史・女性史。京都府立高等学校教諭を定年まで勤める。橘女子大学（現、京都橘大学）、立命館大学非常勤講師。現在、女性史総合研究会「女性史学」編集委員長。「古代文化」編集委員等。共著等：女性史総合研究会編『日本女性史』原始・古代（東京大学出版会、1982年）、脇田晴子編『母性を問う：歴史的変遷』上（人文書院、1985年）、服藤早苗編『歴史のなかの皇女たち』（小学館、2002年）、大口雄次郎他編 新体系日本史『ジェンダー史』（山川出版社、2014年）、女性史総合研究会編『日本女性史研究文献目録』Ⅰ～Ⅴ（古代担当）。

フランスに学ぶジェンダー平等の推進と日本のこれから
パリテ法制定 20 周年をこえて

2022 年 1 月 20 日　初版第 1 刷発行

編著者　　冨士谷 あつ子
　　　　　新川 達郎
発行者　　大江 道雅
発行所　　株式会社　明石書店
　　　　　〒 101-0021
　　　　　東京都千代田区外神田 6-9-5
　　　　　TEL　03-5818-1171
　　　　　FAX　03-5818-1174
　　　　　https://www.akashi.co.jp/
　　　　　振　替 00100-7-24505

装丁：金子 裕
組版：朝日メディアインターナショナル株式会社
印刷・製本：モリモト印刷株式会社

（定価はカバーに表示してあります）　　　　　　　ISBN978-4-7503-5324-1

全国データ SDGsと日本

誰も取り残されないための人間の安全保障指標

NPO法人「人間の安全保障」フォーラム 編
高須幸雄 編著

■B5判／並製／276頁 ◎3000円

国連の持続的開発目標（SDGs）指標を、国としてはほぼ達成しつつある日本。しかし、SDGsの理念「誰も取り残されない社会」が実現しているとは言いがたい。90あまりの指標から都道府県ごとの課題を可視化し、改善策を提言する。

●──内容構成──●

第1部 日本の人間の安全保障指標
SDGs指標との比較と指標別ランキング／都道府県別指数／アンケート調査による主観的評価／都道府県別プロフィール

第2部 取り残されがちな個別グループの課題
子ども／女性／若者／高齢者／障害者／LGBT／災害被災者／外国人

第3部 結論と提言
日本の人間の安全保障の課題／誰も取り残されない社会を作るために

地図でみる日本の女性

武田祐子、木下禮子編著
中澤高志、若林芳樹、神谷浩夫、由井義通、矢野桂司著

◎2000円

ジェンダーについて大学生が真剣に考えてみた

あなたがあなたらしくいられるための29問

一橋大学社会学部佐藤文香ゼミ生一同著
佐藤文香監修

◎1500円

同意 女性解放の思想の系譜をたどって

ジュヌヴィエーヴ・フレス著 石田久仁子訳

◎2000円

フランスの同性婚と親子関係

ジェンダー平等と結婚・家族の変容

イレーヌ・テリー著 石田久仁子、井上たか子訳

◎2500円

男性的なもの／女性的なもの

I 差異の思考
II 序列を解体する

フランソワーズ・エリチエ著
井上たか子、石田久仁子、神田浩二、横山安由美訳

◎各5500円

アンダークラス化する若者たち

生活保障をどう立て直すか

宮本みち子、佐藤洋作、宮本太郎編著

◎2300円

リスクコミュニケーション

排除の言説から共生の対話へ

名嶋義直編著

◎3200円

住民力

超高齢社会を生き抜く地域のチカラ

宮城孝著

◎1800円

〈価格は本体価格です〉

図表でみる男女格差 OECDジェンダー白書2

今なお蔓延する不平等に終止符を！

OECD 編著
濱田久美子 訳

A4判変型／344頁
◎6800円

男女平等を阻む「ガラスの天井」、そして蔓延するジェンダー・ステレオタイプにどう立ち向かうか。女性の教育、雇用、起業、政治参加、社会的・経済的成果に関する統計指標に基づいて男女差の状況を精査し、男女平等に向けた取り組みを評価する。

● 内容構成 ●

第Ⅰ部 男女平等：世界の概観
OECD加盟国と世界の男女平等：概観／持続可能な開発目標と男女平等のためのガバナンス／ほか

第Ⅱ部 教育における男女平等
教育において女子がまだ後れを取っている分野／STEM分野では女性の割合が過少である／男子は学校では後れを取っているがその後すぐに追いつく／ほか

第Ⅲ部 雇用における男女平等
職場における女性：女性労働力の全体像／男女賃金格差／女性のキャリアパスと所得流動性を妨げる障壁／ガラスの天井はまだ破られていない／ほか

第Ⅳ部 起業における男女格差／女性起業家に今なお残る男女格差／女性起業家の障壁を改善するための政策

図表でみる教育
OECDインディケータ（2021年版）
経済協力開発機構（OECD）編著
矢倉美登里、伊藤理子、稲田智子、坂本千佳子、松尾恵子、元村まゆ訳
◎8600円

地図でみる世界の地域格差
OECD地域指標2020年版
都市集中と地域発展の国際比較
OECD編著 中澤高志監訳 オールカラー版
◎5400円

OECDレインボー白書
LGBTIインクルージョンへの道のり
経済協力開発機構（OECD）編著 濱田久美子訳
人生の始まりこそ力強く：OECDのツールボックス
◎5400円

OECD保育の質向上白書
OECD編著 秋田喜代美、阿部真美子、一見真理子、門田理世、北村友人、鈴木正敏、星三和子訳
◎6800円

幼児教育・保育の国際比較
OECD国際幼児教育・保育従事者調査2018報告書［第2巻］
国立教育政策研究所編
働く魅力と専門性の向上に向けて
◎4500円

無意識のバイアス
人はなぜ人種差別をするのか
ジェニファー・エバーハート著
山岡希美訳 高史明解説
◎2600円

世界を動かす変革の力
アリシア・ガーザ著
人権学習コレクティブ訳
ブラック・ライブズ・マター共同代表からのメッセージ
◎2200円

日常生活に埋め込まれたマイクロアグレッション
人種、ジェンダー、性的指向：マイノリティに向けられる無意識の差別
デラルド・ウィン・スー著
マイクロアグレッション研究会訳
◎3500円

〈価格は本体価格です〉

女性の世界地図
女たちの経験・現在地・これから

ジョニー・シーガー 著
中澤高志、大城直樹、荒又美陽、
中川秀一、三浦尚子 訳

■B5判変型／並製／216頁
◎3200円

世界の女性はどこでどのように活躍し、抑圧され、差別され、生活しているのか。グローバル化、インターネットの発達等の現代的テーマも盛り込み、ますます洗練されたカラフルな地図とインフォグラフィックによって視覚的にあぶり出す。オールカラー。

女性の世界地図
女性を通して
見えてくる、
世界の現実。

●──── 内容構成 ────●

世界の女性たち
差別の終結（CEDAW）／差別を測る／ジェンダー・ギャップ／平均寿命／レズビアンの権利／二分論を超えて

女は女の場所に置いておく
出産／避妊／妊産婦死亡率／中絶／男児選好／殺人／DV／レイプ／犯と結婚させる法律／合法的な束縛／結婚と離婚／児童婚ほか／さまざまな箱の王国／レイプ／殺害される女性ほか／「名誉」

出産にまつわる権利

身体のポリティクス
スポーツ／美／美容整形／女性器切除／セックス・ツーリズム／買売春／人身売買／ポルノグラフィー

健康・衛生
乳がん／HIV／結核／マラリア／飲料水／トイレに関する活動ほか

仕事とつながり
有償・無償の仕事／分断された労働力／世界の組立工場／収入の格差／失業／児童労働／水のために歩く／農業と漁業／仕事のための移民／コンピューター数／学歴が積める／学位への前進／識字率ほか／インターネット／ソーシャルメディア／オンラインハラスメントほか

教育とジェンダー
就学年数

財産と貧困
土地の所有／住宅の貧困／毎日の貧困／極限の貧困ほか

権力
女性の選挙権／政治における女性／軍隊／国連／いろんなフェミニズム
